书山有路勤为径,优质资源伴你行
注册世纪波学院会员,享精品图书增值服务

U0526231

性格红利

避开60个职场陷阱，设计理想职业路径

费晓霞——著　陈茜——绘

电子工业出版社
Publishing House of Electronics Industry
北京·BEIJING

未经许可,不得以任何方式复制或抄袭本书之部分或全部内容。
版权所有,侵权必究。

图书在版编目(CIP)数据

性格红利:避开 60 个职场陷阱,设计理想职业路径 / 费晓霞著. -- 北京:电子工业出版社,2025. 5.
ISBN 978-7-121-50211-8

Ⅰ. C913.2-49

中国国家版本馆 CIP 数据核字第 2025G0U198 号

责任编辑:晋　晶
印　　刷:三河市良远印务有限公司
装　　订:三河市良远印务有限公司
出版发行:电子工业出版社
　　　　　北京市海淀区万寿路173信箱　　邮编100036
开　　本:720×1000　1/16　印张:21.25　字数:340千字
版　　次:2025年5月第1版
印　　次:2025年5月第1次印刷
定　　价:85.00元

凡所购买电子工业出版社图书有缺损问题,请向购买书店调换。若书店售缺,请与本社发行部联系,联系及邮购电话:(010)88254888,88258888。
质量投诉请发邮件至zlts@phei.com.cn,盗版侵权举报请发邮件至dbqq@phei.com.cn。
本书咨询联系方式:(010)88254199,sjb@phei.com.cn。

前言

在瞬息万变的现代社会中,你是否曾感到困惑:

为何有人天生擅长社交,有人更享受独处?

为何有人决策果断,有人犹豫不决?

同样的工作,为何有人如鱼得水,有人却举步维艰?

这些差异的背后,隐藏着一种强大的底层逻辑——性格。

作为职业规划师与心理咨询师,在十余年的咨询生涯中,我发现许多人终其一生都在与自己的"天性"对抗:内向者强求自己外向,理想主义者被迫妥协现实,创造型人才困于重复性工作……这种对抗不仅消耗能量,更让人迷失方向。而破解这一困境的钥匙,正是对性格的深度理解与科学运用。

MBTI(Myers-Briggs Type Indicator,迈尔斯-布里格斯个性分析指标)作为全球应用最广泛的人格测评工具之一,为我们提供了一面洞察自我的镜子。它并非简单的标签分类,而是一套揭示思维模式、行为偏好与内在需求的系统语言。本书《性格红利》的诞生,正是为了帮助读者掌握这门语言,将性格特质转化为个人发展的"红利"。

如何阅读本书?

除了阅读你最感兴趣的章节,请了解本书暗藏的"宝藏"。

本书第1章为MBTI概述,第2-17章每章的第1、2节为典型案例,不但介绍了该类型最具代表性的相关问题,还涵盖了常见职业规划及个人成长类问题及解决思路。在案例主人公的年龄选择上覆盖了大学生到45岁以上的职场人士，并包含了特定人群的职业规划问题。

第2-17章每章的第3节，为大家深度剖析了每种性格类型的性格解读及发展建议，以帮助你：

看见自己——理解行为背后的心理机制，接纳性格的独特性；

超越局限——识别盲点，将短板转化为成长契机；

创造可能——在职业、关系与自我实现中，找到与天性共振的路径。

愿这本书陪伴你踏上自我发现的旅程，活出独一无二的人生。

致谢

最后，请允许我借此机会感谢项目组长姚远、初稿主笔杜婉真、插画师陈茜，正是你们的全力支持才有这本书的诞生。感谢电子工业出版社世纪波副总经理兼总编辑晋晶女士的耐心指导和全程跟进，感谢编辑刘铮老师帮助这本书成功问世。感谢家人和朋友多年来给予我的支持和陪伴。感谢每一位客户授权创作，你们的故事将照亮更多人。

谨以此书献给我的父亲费贵忠先生、我的母亲杨欣女士。

——费晓霞

2025年4月21日 西安

目 录

第一章　MBTI概述　　　　　　　　　　　　　　　　　001

第二章　INFP　　　　　　　　　　　　　　　　　　　013
温润如玉的贵公子、孤独而受伤的白天鹅

2.1　警惕成为系统里的"阴影"角色　　　　　　　　　014
2.2　跨文化人群适应与回归的双面旅程　　　　　　　　019
2.3　INFP治疗师/导师/化解者性格解读及发展建议　　　025

第三章　INFJ　　　　　　　　　　　　　　　　　　　033
思想深邃到中古时代的智慧老人

3.1　破除完美主义的40岁女所长　　　　　　　　　　　034
3.2　资深职业规划师的自性之旅　　　　　　　　　　　039
3.3　INFJ咨询家/作家性格解读及发展建议　　　　　　046

第四章　ENFP　　　　　　　　　　　　　　　　　　　052
骨子里都透着自由洒脱的社交达人

4.1　"性格误判"导致我6年换了30多份工作，我该怎么办？　053
4.2　小镇女青年的自我抗争与蜕变　　　　　　　　　　057
4.3　ENFP倡导者/激发者性格解读及发展建议　　　　　063

第五章　ENFJ　　　　　　　　　　　　　　　　　　　071
热情洋溢，行走在人群里的太阳

5.1　"985"博士也迷茫　　　　　　　　　　　　　　　072

5.2 不会开飞机的老师不是好的股票操盘手　　077

5.3 ENFJ教导者/公关专家性格解读及发展建议　　083

第六章　INTP　　091
行走在高智领域里的逻辑鬼才

6.1 被剥夺人生选择权的女孩勇敢跨考法学硕士　　092

6.2 期货分析师的职业危机和中年危机　　097

6.3 INTP设计师/建造师性格解读及发展建议　　103

第七章　INTJ　　111
运筹帷幄之中，决胜于千里之外

7.1 酒店经理"向前一步"跨进大型外资银行　　112

7.2 "孤狼"程序员　　118

7.3 INTJ智多星/科学家性格解读及发展建议　　123

第八章　ENTP　　131
乱局之中也能推陈出新的发明家

8.1 "曲高和寡"姐妹花　　132

8.2 11年忠诚老员工遭遇公司背刺？　　137

8.3 ENTP发明家/企业家性格解读及发展建议　　142

第九章　ENTJ　　150
掌控全局，天生的领导者

9.1 清醒而强大却让我陷入众矢之的　　151

9.2 酒吧驻唱创业赛道"三切换"　　156

9.3　ENTJ统帅/调度者性格解读及发展建议　　　　　　　　　　　161

第十章　ISFP　　　　　　　　　　　　　　　　　　　　169
极具艺术天赋，拥有自由灵魂

10.1　被判"死刑"的留美心理学硕士重获新生　　　　　　　170
10.2　"艺术家"在现实生存中寻找平衡　　　　　　　　　　176
10.3　ISFP作曲家/艺术家性格解读及发展建议　　　　　　　180

第十一章　ISFJ　　　　　　　　　　　　　　　　　　　188
正义仁爱，默默付出的"守护天使"

11.1　"扶弟魔"卸下包袱轻松奔前程　　　　　　　　　　　189
11.2　全职妈妈的第二职业曲线　　　　　　　　　　　　　　194
11.3　ISFJ守护者/护卫者性格解读及发展建议　　　　　　　199

第十二章　ESFP　　　　　　　　　　　　　　　　　　　207
生活就是舞台，每个人都是你的观众

12.1　我要为了北京户口再忍辱负重10年吗？　　　　　　　208
12.2　娱乐圈经纪人遭遇行业和生涯寒冬　　　　　　　　　　215
12.3　ESTP表演者/示范者性格解读及发展建议　　　　　　　221

第十三章　ESFJ　　　　　　　　　　　　　　　　　　　230
端庄大气、国泰民安的代言人

13.1　"花瓶"纹绣师的转型之路　　　　　　　　　　　　　231
13.2　职场和谐背后的自我压抑和内耗　　　　　　　　　　　237
13.3　ESFJ供给者/执行官性格解读及发展建议　　　　　　　242

第十四章　ISTP　　　　　　　　　　　　251
能工巧匠如现世鲁班

14.1　体育赛事管理者放弃编制重回创业型团队　　　252
14.2　中年危机：技术大咖尝试戴上人格面具？　　　258
14.3　ISTP操作者/演奏者性格解读及发展建议　　　263

第十五章　ISTJ　　　　　　　　　　　　272
忠诚勤奋、使命必达的战术高手

15.1　从"退役军人"到"职场新兵"的二次择业　　　273
15.2　老实人别把自己 活成职场"蠢驴"　　　279
15.3　ISTJ检察官/督察员 性格解读及发展建议　　　285

第十六章　ESTP　　　　　　　　　　　　293
四两拨千斤的商业奇才

16.1　慌不择路的心理学毕业生　　　294
16.2　没毕业就年入百万的"小财神"　　　299
16.3　ESTP发起者/挑战者性格解读及发展建议　　　304

第十七章　ESTJ　　　　　　　　　　　　313
总是站在权力中心的"霸总"

17.1　拒绝"画大饼"的务实青年　　　314
17.2　彻底切换人生赛道的教培行业女老板　　　319
17.3　ESTJ督导/监督者性格解读及发展建议　　　324

第一章

MBTI 概述

一、MBTI历史与发展

1902年，卡尔·古斯塔夫·荣格（以下简称荣格）在伯戈尔茨利精神病医院进行词语联想测验研究时，发现联想结果受到诸多因素的影响，"一个主要因素就是个体的性格"。此后，荣格不断研究和完善相关观点，直到1920年，荣格在《心理类型》中形成了一套较为成熟的系统，他提出两种不同的态度类型，即外倾型（E）与内倾型（I）以及四种不同的功能类型，即感觉型（S）、直觉型（N）、思维型（T）与情感型（F）。不同的态度和功能类型结合为8种典型的意识类型，即Se外倾感觉、Si内倾感觉、Ne外倾直觉、Ni内倾直觉、Te外倾思维、Ti内倾思维、Fe外倾情感、Fi内倾情感，被后人称为"荣格八维"。

需注意的是，许多人以为荣格是对人进行分类，实际上，荣格是对意识进行分类。

20世纪40年代，凯瑟琳·布里格斯与女儿伊莎贝尔·迈尔斯在荣格《心理类型》的基础上设计出一套用于鉴别不同人格类型的测试表，并将其命名为"迈尔斯-布里格斯个性分析指标"（Myers-Briggs Type Indicator，MBTI）。此表用以描述和测量人们在获取信息、做出决策、对待生活等方面的心理活动规律和性格类型，将荣格原有的两种不同的态度类型和四种不同的功能类型拓展为判断和感知两种偏好，以此形成外倾型（E）与内倾型（I）、感觉型（S）与直觉型（N）、思维型（T）与情感型（F）、判断型（J）与知觉型（P）以及不同类型组成的16种性格模式。此表自1942年问世至今，经过多次调整和完善，广泛用于团队建议、职业发展、婚姻教育、职业咨询等方面。

约翰·毕比是资深的荣格心理分析师、心理

瑞士心理学家：荣格

迈尔斯母女

类型学专家。他在荣格《心理类型》的基础上对心理类型背后所包含的原型以及原型意向进行分析，著有《类型与原型》一书，被国际公认的"毕比模型"对心理类型的发展有着突出的贡献。除此之外，还有许多心理从业者和学者对心理学类型理论及临床有着重要贡献，包括梅尔、曼恩、奥斯蒙德、马歇尔、夏皮罗、科什……

至此，MBTI测试表及心理类型理论被广泛应用在临床工作中。

二、MBTI阅前须知

1. 是倾向性，而不是非黑即白

一个正常人通常既有内倾的特点也有外倾的特点，只是更倾向哪一种偏好，而绝不会是绝对的内倾型人或相反。在本人的咨询实践中，遇到过客户在几个维度上的偏好是非常极端的，如他们可能是极致的INFP，ESTJ的测评分值极低。这些人通常存在适应不良的现象，也就是说，他们难以适应外部环境，同时，内心非常痛苦。

因为一个正常的内倾型人需要具备社交能力，外倾型人需要安静独处和思考；感觉型人需要想象力，直觉型人需要踏实的执行力；思维型人需要维护关系，试着理解他人的感受和需求，情感型人需要做出理性判断，否则可能损失惨重；判断型人需要一些变化，知觉型人需要具备规划能力。这样，这个人既能适应社会，也能更好地发挥优势，发展自我。

因此，性格偏好没有好坏和优劣之分，各有各的价值。社会需要各种人才，而不是用一个模板生产同样的人。有的人善于决策，有的人善于执行；有的人善于发起，有的人善于跟随……

2. MBTI不是贴标签

约翰·毕比说过："荣格不是对人进行分类，而是对意识进行分类。"MBTI并不是把60亿人分成16种性格类型，然后概括地描述这16种性格类型。其实在不同的性格类型中，人们的8种意识类型的发展程度不尽相同；同一种性格类型，由于个体差异，其8种意识类型的发展程度也不尽相同。

例如，同样性格是ESFP类型的客户，有些客户很认可自己，他们利用自己对色彩的敏感度成为形象管理师、美妆博主；有些客户由于出生在传统家庭，即使非常喜欢脱口秀，也拒绝进一步发展相关能力；还有客户因为同为ESFP性格类型的父亲总是被贬低，而拒绝承认自己是ESFP这种性格类型，更拒绝发挥相关天赋，反而试图努力成为ENTJ——一名女强人，她可能事业有成，心里却总是痛苦拧巴。在临床咨询中，咨询师也要结合每一位客户的实际情况制定属于他们的咨询方案，帮助他们理解自己、成为自己，减少自己的痛苦，并在此基础上不断发展和完善自我。

MBTI中对性格类型的描述不可避免地会带给人们"贴标签"的印象。读者一定注意，同一种性格类型存在共性特点的同时，一定因个体不同而存在差异性。

3. 认清真实性格的艰难之处

如上文所述，成长环境、重要抚养人的特殊性可能会引发个体对性格接受程度的高低，也会影响个体的性格发展——可能一个ESFP却表现出ENTJ的特点。

除此之外，个体经历的特殊事件也会引起性格的扭曲。例如，一位ENTJ性格类型的女性客户，在初中阶段家境巨变，为了达到目的，只能和债主委婉周旋，她过早地表现出ISFP看上去内敛、安静，没有攻击性，需要被同情和保护，善于隐忍的特点。

长期的学科教育及工作训练可能改变个体的性格表现。例如，一位INFP性格类型的客户，在高中开始学习理科，本硕7年学习光学专业。在初始咨询时显得理性、与人疏离，可只有他自己清楚，在从事光学分析工作时多么手忙脚乱。

集体价值观对个体性格的影响显而易见。如后文第二章案例一中紫兰的经历，当今快节奏的社会使得人们更认同外倾型（E）、感觉型（S）、思维型（T）、判断型（J）的特点，而贬低内倾型（I）、直觉型（N）、情感型（F）和知觉型（P）的价值，这种集体价值观也会让个体陷入迷茫，难以自我认同。

由此可见，识别自己的真实性格存在一定的困难，除了咨询师的辅助，还需要个体对自己感兴趣，愿意持续地自我觉察，主动促进自我理解和自我发展。

三、初步识别自己的MBTI类型

为了便于读者快速识别自己的性格类型，我对MBTI的4个维度、8种意识类型进行对比和总结，读者可以根据以下描述初步判断自己的性格类型。

1. 外倾型（E）与内倾型（I）——从哪里获得能量？

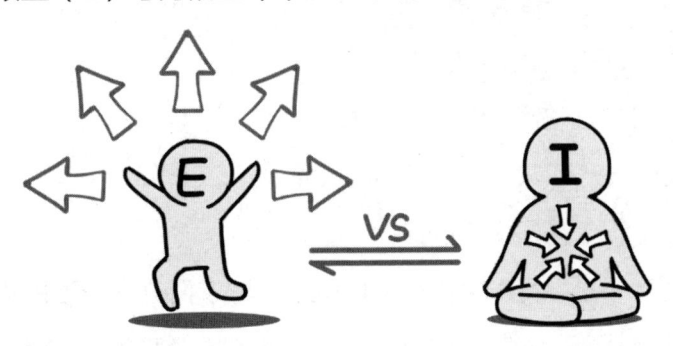

E是外倾型，外倾型人的能量（注意力）来源于外界的人、事、物、环境。外倾型人通常精力充沛，喜欢外出或社交，喜欢快节奏，说得多听得少，先行动，后思考，不适合长时间独处——他们会感到空虚，坐立不安。

外倾型人在遇到问题时倾向于先借助或寻求外界资源或人脉的帮助。

例如，当一位ENFJ性格类型的客户与人发生冲突或职业规划遇到问题时，他会先找到身边可能对问题有帮助的人（而且是很多人）逐一描述问题，寻求对方的建议。当一位ESTP性格类型的人感到在新媒体行业创业能赚钱时，会马上到学校附近的产业园对各公司进行"扫街式"探访，询问是否有应用新媒体的需求，如果没有，其身边人是否有需求，是否能帮忙引荐……他快速尝试了许多内容方向后，根据市场的反馈，快速锁定星座赛道，并赚到了第一桶金。

I是内倾型，内倾型人的能量（注意力）来源于内在世界和对外界环境的观察、思考、总结。善于独处和独立思考，喜欢小范围社交或一对一的沟通场景，听得多说得少，三思而后行。他们需要独立的空间和时间，否则会感到被消耗，然后焦虑。

内倾型人在遇到问题时倾向于先想好解决方案，而后行动，且极大程度独立完成整个过程。例如，一位INTJ性格类型的海外市场经理在面对新的市场拓展任务时倾向于搜集当地文化、经济、竞品等信息，分析产品的竞争力强弱，逐渐明确客户画像、产品适合的销售渠道和策略，由此明确具体的行动计划和方案。

当一位INFP性格类型的女性被长辈催婚时，她会先想清楚自己对婚姻的态度，明确自己和家人的分歧点，接受人和人之间的差异性及多元价值观，然后尊重自己的选择和判断。

需要注意的是，MBTI中的内倾与外倾与人们日常所说的内向与外向不是一个概念，这一维度的核心是能量来源。内倾型人可以善于言辞和社交（看起来外向），只是，他们的"电量"会迅速消耗殆尽。外倾型人喜欢独处、内省，只是，他们的独处时间不长，内省程度有限，他们的注意力会很快被外界环境吸引。

那么，根据以上描述，你更倾向于内倾型（I）还是外倾型（E）呢？请记下那个字母。

2. 感觉型（S）与直觉型（N）——如何获取信息？

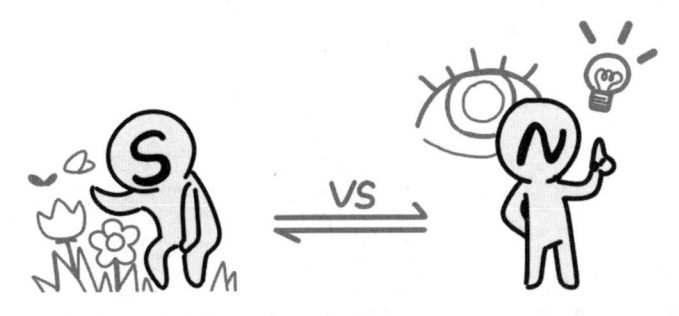

S是感觉型，感觉型人更容易通过视觉、嗅觉、听觉、触觉等获取信息。他们着眼于现实，注重细节，讲究精确，记忆力强，像一个巨大的信息存储库一样，随时能调用出关于某人、某事的具体信息。有的感觉型人讲究秩序，会记住许多规则、规范，善于将杂乱事务和流程进行清晰的梳理和归纳。有的感觉型人讲究体验，追求感官刺激，对颜色、味道、声音声调等非常敏锐。

例如，一位ISFJ性格类型的写作者，先要明确自己的写作对象、主题、结构、风格特点，在确定了写作规范之后，他会在未来的写作中一以贯之。

一位ESFP性格类型的形象管理师，能迅速识别出用户的形象特点，适合的妆造风格，然后从众多衣服中帮助她的用户做好几套搭配方案。在业余时间，她喜欢语言方面的学习，能生动地表达印式、韩式、日式英语的口音或模仿不同地区的方言。

N是直觉型，直觉型人更容易通过第六感洞察世界。他们着眼于未来，注重宏观、抽象和概念性的信息，善于创新创造。他们喜欢学习新的知识、技能，但想得多做得少，容易三分钟热度。他们追求新的可能性，思维发散，善于高度归纳、总结规律。

例如，一位ENTP性格类型的财务经理并不满足按部就班的工作，看到了露营及户外生活方式的创业机会。

一位ENFP性格类型的民宿主理人，尽管在民宿和设计行业已有多年经验，且颇有成就，却在努力转型成为一名IP操盘手。

一位INFJ性格类型的咨询师能从大量且毫不相关的来访者信息中快速总结对方的性格特点、核心优势、择业需求、外部机会及资源，并提出适合对方的职业规划方案。他可能会梦到这位来访者，梦境能为她补充白天工作时所忽略的重要线索。

感觉型（S）和直觉型（N）的核心区别是人们更善于记住并利用什么样的信息，是看得见的、摸得着的、能计算的、基于过去已有经验的，还是抽象的、宏观的、指向未来的"可能"却难以证明的。

根据以上描述，你更倾向于感觉型（S）还是直觉型（N）呢？请记下那个字母。

3. 思维型（T）与情感型（F）——如何进行判断？

思维型人善于分析，通过逻辑分析进行判断，决策方式较为客观、公正。他们理性、冷静，较少受个人的情绪影响。他们善于制定规范制度，有冲动将该规范制度推广到组织和团体中的可能，以此提升集体效率；他们善于发明某种理论或方法论，并不断完善，使之能够最大限度解决某类问题。

例如，一位ISTP性格类型的电力工程师，具有多年工作经验，熟知火力发电设计相关标准和规范，有大量项目和技术创新经验，现在已加入各种新标准编审专业团队。

一位ESTJ性格类型的校长，新学期伊始，她发现核心成员的精神压力大，产生职业倦怠，并有辞职或转岗的苗头。于是她找到相关咨询团队，帮助成员评估压力源、压力水平，制定团队辅导及个体咨询方案，以提高核心团队的稳定性和凝聚力，提升个体的抗压能力。

情感型人更重视人的因素，考虑规范制度对人的影响，基于个人价值观或信念做选择。他们重视人际关系的和谐和集体利益的最大化，善于共情、理解他人，善于做与人打交道的工作，并希望得到他人的认可、赞赏。

例如，一位ESFJ性格类型的副总，善于组织各种规模的会议，富有亲和力，能快速记住别人的个人信息，并适时反馈，拉近与在场的人的距离，让在场的人都感到宾至如归，当所有人都感到满意时，她会对自己感到满意。

一位ISFP性格类型的舞台剧演员，能通过细腻而丰富的表情、语言、动作表达人物的情感，直抵观众的内心。她之所以选择演员这一职业，恰恰是因为这一职业符合她的核心价值观——通过艺术表达内心深处丰富的情感，并带给更多人生活以外的情感体验。

因此，思维型（T）和情感型（F）的核心区别是人们在做决策时更重视什么，是客观的、符合逻辑的推断，还是基于感情的、个人价值观的判断。

根据以上描述，你更倾向于思维型（T）还是情感型（F）呢？请记下那个字母。

4. 判断型（J）与知觉型（P）——如何适应环境？

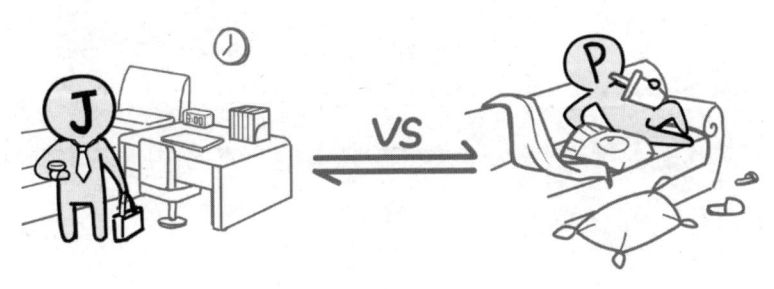

判断型人喜欢有明确的目标和计划，并在完成计划后充满成就感。他们喜欢生活井井有条，生活环境干净、整洁。他们重视时间管理，追求高效，有原则，喜欢先完成紧要任务再娱乐，结构化的思维较强，注重结果，喜欢做决断，更倾向于控制性的行为。

例如，一位ENTJ性格类型的总经理，一定会在年初就制定好整个公司的重要绩效任务，对各部门的指标要求，再将任务分解到各季度、月度。并且，在计划进行中，他很重视任务的完成情况，希望各部门领导能主动汇报进展——这能让他感到一切都是可控的。

一位ISTJ性格类型的项目总经理，在大专毕业后分别担任了工地小组长、项目部长、项目总工程师、项目设计负责人、项目总监、项目总经理。这一过程中，他总是先明确下一阶段的职业目标、职业要求的能力、资历和证书，提前做好准备，步步为营，使命必达。

知觉型人喜欢变化，不善于做计划，即使做了计划也总是束之高阁。他们追求新意，活在当下，重视体验和过程，而非结果。他们随遇而安，时间观念较弱，容易迟到，生活环境较为混乱，容易丢三落四。他们的好奇心强，容易犹豫，不喜欢做决定，喜欢不断收集新的信息却无法下结论，先"玩"再工作，不喜欢控制性的行为。

例如，一个ESTP性格类型的小学生，在从家到学校的10分钟路程中，他从来不会直接抵达教室，而是经常尝试新路线，并在途中有新的发现、新的乐趣。自然而然地，他总是迟到。

一位INTP性格类型的客户，在某一天突然想去三亚看海，于是他查航班、订机票，一家人手忙脚乱地收拾行李，半夜抵达三亚凤凰国际机场后才开始找酒店、订酒店。由于那段期间是旅游旺季，他们最终找到了一间民宿。她向我描述到，凌晨三点他们在漆黑的海滩上拖着行李箱，内心既忐忑又兴奋。

因此，判断型（J）和知觉型（P）的核心区别是对待生活的态度和习惯，是有目的、有计划且乐于执行的，喜欢做判断的，追求秩序感的，还是犹豫的、很兴致所为和充满变化的。

根据以上描述，你更倾向于判断型（J）还是知觉型（P）？请记下那个字母。

你可以写下你的MBTI性格类型，重点阅读相关章节，以促进对自己的理解。

四、MBTI与人格发展

自2015年从业至今，MBTI是我长期应用的一个工具，我也一直利用这个工具观察和帮助亲友及客户们。我发现很多人容易陷入一些误区，其中有代表性的想法是"我是一个内向的人，所以我选择销售工作来提高社交能力、公众表达能力"。通常，这种想法的结果是很悲剧的——既没能充分发挥外倾能力，又丢失了内倾能力的优势，甚至迷失自我，成为面目模糊的人。

首先，MBTI帮助我们先理解自己，再理解他人，从而与他人建立更健康的关系。

有人说MBTI更像一种"语言"，让我们知道自己更适合哪些语言频道。别人可能与我们并非同一频道，当我们与人相处时，我们要适当调整自己的频道。例如，情感型（F）妻子向丈夫抱怨："你都没洗过衣服。"思维型（T）丈夫立马反驳："你说得不对。某年某月某日，我可洗过一个套袖呢。"如果这位丈夫能把自己调整到情感型（F）的频道，他就能理解妻子只是想表达自己做家务的辛苦，希望丈夫能看见、认同、赞美，而不是对她的付出视而不见。

我们应该理解，若一位ENTJ性格类型的女性进入了音乐创作领域，她可能会成为一名优秀的经纪人乃至经纪公司的主理人，而不是一名歌手——不同的性格拥有不同的优势，适合不同的行业、职业和赛道。因此，我们在选择职业时要尽可能发挥性格优势，而不是利用短板去工作。

其次，在充分发挥自己的性格优势后，MBTI可以帮助我们认识自己的盲点或被压抑的方向，继而更好地发展自我。

在第二至第十七章的第三节中，我们会用大量篇幅介绍每种性格类型的高频问题，帮助大家了解每种性格的常见盲点，规避风险和损失。例如，一位ISFJ性格类型的咨询师富有助人情结，缺乏Te商业思维，如果她在职业道路上不能突破这一盲点，将必然遭遇职业危机。而她之所以缺乏商业思维，可能源于父母总是贬低有钱的亲友，并评价他们功利性强、目的性强，导致她视金钱如猛虎野兽一般，否定并压抑自己对金钱的需求。

最后，MBTI帮助我们实现自性化——成为更完整的自己，而不是完美的自己。

荣格将自性视为个体发展的终极目标，他这样描述自性（Self）：它是我们生活的目标，因为我们正是把那一至关重要的整合所做的最完整的表述称为人格。约翰·毕比在《类型与原型》中将MBTI性格类型和8种意识类型与原型进行匹配，例如，INFJ的英雄原型对应Ni，父母原型对应Fe，永恒少年对应Ti，劣势功能即阿尼玛/阿尼姆斯对应Se。这一理论模型帮助我们更完整、图形化地理解不同性格类型和意识类型，以及如何进一步发展完成人格的整合。

第二章

INFP

温润如玉的贵公子、孤独而受伤的白天鹅

2.1 警惕成为系统里的"阴影"角色

前言

《红楼梦》中林黛玉作为文学作品中的复杂形象，其性格的多面性引发了读者强烈的共鸣和分歧。有人爱她的才华横溢、纯洁善良；有人说她尖酸刻薄、多愁善感，让人难以接近。林黛玉作为INFP性格类型的代表人物，人们对她的两极态度往往代表着人们对INFP人群的态度。而当我们从他们的视角看待世界和遭遇时，则伴随着许多困惑和不解。

一、令人困惑的迷局

紫兰，女，35岁。高考时以超过一本线70分的绝对优势进入某一流医药大学药学专业，本科毕业后顺利进入当地一家药企研发技术员岗位。工作7年后跳槽到饲料领域一家大型公司，经历多次岗位调整，去年绩效评价低，被调岗调薪。

明明很努力，结果和反馈却总是很差。

领导和同事总说："你怎么做得这么慢！""你怎么这么拖延！""你很偷懒！""你对自己的要求太低了！""以你的学历和能力，1个月就该脱岗了！"实际情况是，紫兰在那个岗位上适应了8个月，每天忙到脚不沾地。

紫兰困惑不解，问题到底出在哪里呢？

我和紫兰探讨了她的经历、优势和劣势、兴趣爱好、发展水平、价值观、需求、原生家庭、人际环境。然而，在结束了4次咨询后，我甚至无法清楚紫兰的核心问题，我们像走在一个迷宫里一样，搜集了大量信息碎片，却无法拼凑出一个完整的脉络。自2015年从业以来，我还是第一次遇到这样的情况。

当第5次咨询一开始时，紫兰就告诉我她辞职了。紧接着，她说明了辞职的经过。

紫兰和同事一起开车到另一个城市参加会议，原计划当天返回公司，结果被临时告知，其他同事要留宿当地参加第二天的另一个会议，只有紫兰不需要参会，但是她没带身份证、换洗衣物及必要物品，没办法一个人回公司，也没人安排住宿。紫兰很生气，但毕竟"应变经验"丰富，她很快解决了问题。第二天在当地闲逛，拍拍照打发时间。

会后同事打电话通知紫兰与他们汇合，她赶紧打车前往汇合地点。可是会议地点变了，没人通知紫兰会议地点变了，路途还有些远，汇合后同事纷纷抱怨："你怎么这么久才到，我们这么多人等了你足足一个小时！"

回到公司，紫兰感到难以抑制的愤怒和委屈，她找组织方吵了一架，并提出辞职。

紫兰认为这件事就像一个缩影："公司的管理太混乱、太模糊了，总是朝令夕改，从来不考虑随意变动对相关人的影响，也没人认为这是有问题的。"

"拿开会这件小事来说，同事一定质疑我：'你都有那么多出差经验了，居然不带身份证？哪怕短程出差也带个换洗衣物呗！你完全可以和同事蹭个房间解决住宿问题嘛'……"

我突然理解了紫兰：她不是不懂如何适应，而是拒绝像其他同事一样适应。我清楚了她的境地，告诉紫兰："你好像成了这个集体的阴影。"

二、我成了他们的阴影？

阴影（Shadow）是心理学家荣格提出的一个重要概念。他认为，阴影代表了个人无意识中最深层、最原始的那部分，包含了个体内在未被承认、被压抑、拒绝或忽视的特质、冲动、恐惧和欲望。通常，人们拒绝看清也难以看清自身的阴影，他们会把这些特质投射到别人身上，当那个人具备某些阴影特质，就会遭到人们的激烈打击、厌恶、否认。

"集体阴影"则将个人阴影的概念扩展至整个社会或文化层面，指集体无意识中的共同阴影，包含了在社会或文化集体中被压抑、拒绝或忽视的共有特质、经验、历史事件、文化禁忌、普遍恐惧、偏见和歧视。

紫兰则成为公司的集体阴影承载者。

当今时代，学校、职场、社会倾向于把人们培养成"外倾型（E）——积极外向、主动社交和沟通，感觉型（S）——务实审慎、重视物质需求的满足，思维型（T）——理性的思考和分析判断，判断型（J）——以目标为导向高效执行"的ESTJ性格类型，人们就会向外倾、感觉、思考、判断的方向努力，使自己更好地适应社会和职场。紫兰是典型的INFP性格类型——内敛内省、直觉思维发散、情感丰富细腻、个性随性自由，这些被人们压抑的特点使她更大概率成了阴影承载者。

从公司角度而言，紫兰所在公司的企业文化：管理模糊、吃大锅饭。当大家都适应了公司说变就变的特点时，紫兰却拒绝，就显得她格格不入；高管言行不一，当大家不把领导开会和公司规章制度当回事时，照章办事的紫兰就显得较真又死板；当大家没事也要"加班"到很晚时，按时下班的紫兰就成了"自私鬼"……

从个人角度而言，当大家放假只能回家陪伴家人时，到处旅行、生活丰富的紫兰就成了"有罪"的快乐人……这样一来，紫兰被扣上的罪名就会越来越多。

当一个人或一个群体被集体投射为阴影承载者时，便意味着他们成为集体无意识中不被接纳或具有恐惧特质的象征性目标。他们可能会遭遇社会孤立与排斥，被污名化与诽谤，成为替罪羊，受到安全威胁，遭遇心理压力与创伤，自我认同混乱等现象。

三、识别阴影

投射阴影的人往往无法意识到自己的行为，而单纯归纳为某人奇怪、令人难以理解甚至厌恶，持续伤害对方乃至酿成悲剧。集体投射则更难被人们意识到。

阴影承载者极难从中挣脱。因为就现实而言，别人说的似乎总是"对的"，有理有据。就像人们评价林黛玉多愁善感一样，可那并不是全部的真相。人们都下意识地忽视了她在5~6岁就失去母亲，远离故土，被迫进入陌生环境生存，过了一年多又失去父亲这些频繁遭遇巨大创伤的事实。对林黛玉而言，她极难摘掉"多愁善感"这个标签。

因此，阴影承载者的首要任务是能识别出核心问题，这往往需要有资深心理学背景的咨询师的协助才能完成。即便如此，我们也能从前期咨询的实况中窥见这一工作的艰难。我们要努力区分是紫兰工作多年仍然缺乏适应性，还是她成了阴影承载者。

一旦阴影被识别出来，承载者就能卸掉笼罩多年的晦暗和精神压力，开始较为客观地看待自己，之前咨询时收集的信息才得以整合。

写在最后

据我观察，INFP和ISFP是当今社会最容易被投射成阴影的性格类型，但不局限在这两种性格类型中，阴影的投射是普遍存在的现象。例如，高知父母无法接纳孩子的"平庸"；网络流行的"厌蠢"现象等。

实际上，阴影蕴含了未被发掘的潜力和创造力。个人在成长和自我探索的过程中，面对和整合阴影是心理发展和成熟的重要步骤，这有助于实现更完整的自我认识和个人潜能的发挥。

对此，荣格曾经写道："整合阴影是对个体道德发展的最高要求，因为'接受邪恶'的做法不亚于质疑其整个道德体系。"

对于集体发展而言，需要极具影响力的人进行更多的觉察和自我反思、回归现实，并且带动更多人打破投射现象，这样则有可能促成企业管理和文化的完善。

因此，不论是阴影承载者、投射阴影的人还是整个社会都有责任反思，尽早识别这一现象，收回投射。

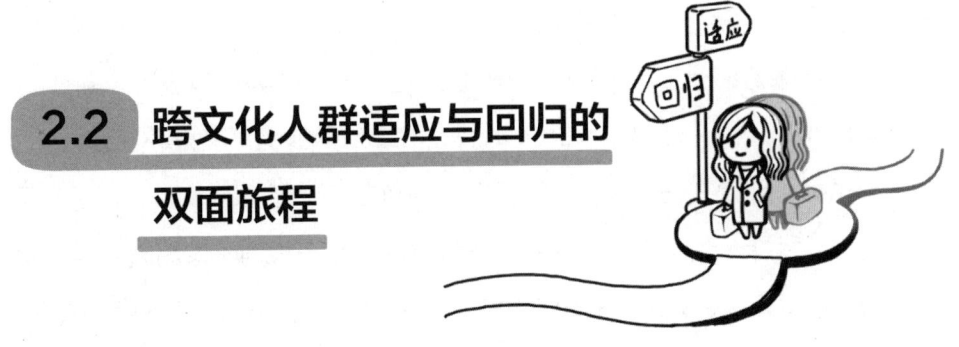

2.2 跨文化人群适应与回归的双面旅程

前言

全球化时代，人口流动日益频繁，越来越多的人选择跨越国家界限和文化界限生活，无论是留学、跨国工作还是移民。那么，这类人群必然要面对出海的文化适应和归来的逆文化冲击。

文化适应，是个体在移居或长期访问一个与自己原有文化背景显著不同的新环境时，通过学习，调整自己的行为、态度和价值观，以更好地融入并有效地参与全新文化的过程。

逆文化冲击，也称为反向文化冲击，是个体在长期生活在异文化的新环境后，当他返回自己的母文化或原本熟悉的环境中时，所经历的一种意外的不适应和心理困扰。

INFP人群在跨文化的适应与回归中，往往较其他性格类型的人群更为艰难、缓慢和痛苦。我的一位咨询客户，熙娣，五年前是一名海归，在她的身上，我们可以具象化地看到这个过程。

一、多年留学经历，难以融入国内职场

熙娣出生在高知家庭，条件优越，个人成绩优异，她在国内读完本科后就申请到国外读研。留学期间，她在当地一家互联网公司有过一年多的实习经历，亲身感受了欧美国家的职场文化，规范的体系建设、友好的人际环境以及完善的人才培养和晋升机制让熙娣对职业生涯充满期待。

回国后，熙娣在一所高校就职。不用坐班，工作轻松，收入高，简直是理想工作。熙娣却认为工作**节奏快、竞争激烈、职场规则不够清晰、人际关系复杂、话语权少、人才培养机制匮乏**，这些感受让她难以认同和适应。

熙娣的专业是艺术类，在国内就业机会少，好像国人不太需要艺术，哪怕是艺术教育领域都充斥着功利主义。这让熙娣感到在国内找不到合适的环境、发展机会和土壤，难以实现个人价值。

熙娣在生活方式上也"水土不服"："我非常不喜欢人多嘈杂的地

方，KTV和火锅店是我最不喜欢的娱乐场所……"熙娣抵触参与集体聚餐等活动，因此难以融入周围的人际环境。

熙娣很怀念自己在国外的生活、旅行，同学们来自不同国家，和亲友距离恰当又舒适，没人干扰自己。现在，家人们非但不理解她的痛苦，反而总是插手她的事，试图干预她的职业选择，催婚催生甚至催买房理财……这让熙娣痛苦加倍。

熙娣是典型的INFP性格类型，个性内向，喜欢独处，内心向往干净纯粹的环境，慢节奏和高品质的生活。相比于评优评先、升职加薪、买房生娃，她更追求精神需求的满足，可现在，她感到精神需求持续匮乏。

至此，我们看到，尽管熙娣回国已有5年，但不论是国内的职场文化还是社会文化，她都没有适应。

适应性问题是INFP人群在成长和自我发展中普遍遭遇的问题。不论是跨国、跨组织（如从国企跨入私企）还是跨区域文化（如从城市跨入农村），INFP的适应过程往往缓慢而痛苦，尤其在高度结构化、强调效率和竞争的环境中，对INFP而言，是一种更大的挑战。

二、35岁之后，生涯重规划

适应性问题引发了熙娣对生涯规划的重新思考——自己到底认同什么样的文化、环境，想要什么样的生活、工作？从现实角度看能实现的可能性高吗？下一步该采取哪些行动？我们从以下三个方面进行了系统梳理。

1. 理性看待文化认同

虽然熙娣似乎更认同国外的职场文化，但我们要建立更广阔、更长远的视角来看待这个问题。

首先，以美国为例，并不是全美的职场文化都像熙娣实习公司那样包容、友好和开放。如纽约、旧金山等地对国际人士相对友好，而得克萨斯州、中西部城市则相对传统、保守。

因此，个人在决策前应该尽量收集城市信息，结合生活成本，锁定选择城市的范围。

其次，作为学生和职场新人，社会的包容度普遍较高，因此能得到较多关照，而一旦进入职场中高层选拔和竞争，则是另一套职场规则。

客户Helen在德国留学和就业20多年，前期她认为外国人友好、就事论事，可当她进入高层竞争时，发现他们会在工作中夹杂私人情感，模糊操作甚至恶性竞争。

因此，个体在决策前要对和国外发展不同阶段的职场人士进行生涯访谈，了解真实情况，避免过度理想化国外职场文化。

最后，归来人群可能对国内某些社会现象或文化反应过激，带有不合理认知。例如，当他们外出旅行，恰逢这个城市举办国际赛事活动，安检的加强给人们的出行造成不便时,他们可能就会给这个城市/国家贴上"过于保守、不尊重人权"等标签。解除此类不合理评价能减小个体适应环境的阻力。

2. 现实条件的充分考虑

适应性问题普遍遵循一个原则:快乐=能力-期待。

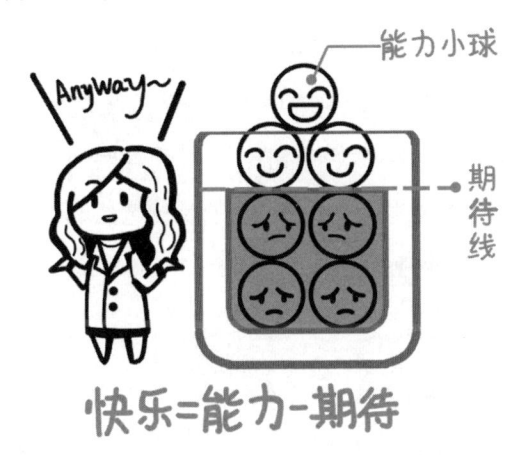

如果个体拥有较好的经济基础和社会支持系统,有充分条件选择适合自己的生活环境,那么他就可以进行自由选择(能力>期待)。熙娣具备这些条件,我们结合熙娣的期待明确了国外发展规划,包括职业定位、学历投资、就业机会拓展、建立社会支持系统等,以帮助她更好地适应新生活。

如果缺乏上述条件,个体就要改变能改变的,接纳不能改变的,以更好的状态在环境中生存。

客户茜茜，性格类型同样是INFP，学习珠宝设计专业，留学回国6年也难以适应国内环境，但她缺乏定居国外的经济条件，父母年迈，不能离家太远。因此，我建议她调整到一线城市或珠江三角洲地区发展，那里的职场文化相对国际化、多元化，同时满足她职业发展和平衡的需求。

如果缺乏条件且个体无法改变，则需要主动适应环境。个体能够做的有：阅读社会学相关书籍，理解文化适应的发展过程，提升文化知识水平；保持开放心态，建立跨文化的沟通技巧；借助公司、学校提供的心理咨询等服务（不同城市提供的免费心理援助热线）；充分表达，持续沟通，争取获得家人的理解和支持；利用社交媒体等平台保持跨文化联系，维持精神（文化）层面的需求。

3. 心理冲突的处理

经历文化适应和逆文化冲击的个体有种"系统粘连"的感觉，像长了两个脑袋、两个心脏一样，当他们重新选择和规划职业生涯时，就像做一场切割手术一样，切割后还要缝合，避免感染。以熙娣为例，她会过于担心年龄对她在国外就业的影响。美国大部分的职场环境对年龄、性别较为保护，熙娣这种非理性的焦虑和担忧源于国内职场的"潜规则"带来的压力。在咨询过程中，我们需要识别并处理诸多类似的情感体验，使个体能分清两套系统分别带给自己的体验，避免"中国心"长着"外国脑"，给后续生活带来不便。

另外，决定离开母国、定居国外需要面对来自潜意识层面的焦虑，尤其是道德焦虑、分离焦虑。人们会不自觉地感到罪恶、恐惧，似乎定居国外是对母国的背叛。这就需要和心理咨询师进行探讨并实施后续工作。

写在最后

文化适应和逆文化冲击不单发生在跨国层面，还发生在不同地域、不同文化下的人口迁移中。大多数人为了更快适应新环境，都会"模糊化"处理一些细节，而INFP因其对信息的敏锐捕捉能力，则像用0.6倍速看电影一样，放大细节，放缓适应过程，需要更长时间来适应环境或取得世俗意义上的成就。因此，INFP也被网友们称为"大后期人格"。

2.3 INFP治疗师/导师/化解者性格解读及发展建议

一、性格介绍

性格类型是INFP的人口数约占总人口数的1%。他们更关注内心世界，情感丰富且浓烈，因往往不善于表达而显得心口不一或招致误解而感到孤独。

他们直觉能力强，学习能力强，富有创造力，多才多艺（往往对艺术方面充满兴趣）；他们对感官情感的感知能力强，随机应变能力强；对事物的未来走向有较好的洞察力，善于探索多种可能性；他们富有强烈的同理心，善于倾听和理解他人，对识别他人的情绪非常敏感，关注人内心动机的多样性，关注公平性；在群体中，他们关心权利是否被合理使用。

INFP拥有随和、包容的态度，待人真诚，是理想主义者。极度厌恶虚假的、评判性的、官僚的、复杂的人际环境。

典型代表人物：《红楼梦》中的林黛玉、歌手李健。

二、高频问题和发展建议

在职业咨询与辅导中，INFP性格类型的客户在职业发展和个人成长中的高频问题如下。

1. 活在自己的世界里，脱离实际

发展初期的INFP过于注重内在情感，并乐于想象，因此容易活在自己的世界里，缺少向外的表达，缺少对个人观点、判断的验证和外界带来的反馈。久而久之，他们容易沉浸在个人想象的剧情中，而剧情与现实南辕北辙。

客户小江热情地帮两个朋友介绍对象。当女孩听他介绍了男孩的条件后不同意见面。小江很生气，觉得女孩要求太高，"难怪她快30岁了还单身，看来，可怜之人必有可恨之处"。

在咨询时，我问小江，你有没有想过，也许是你介绍的男孩并不符合女孩的择偶标准呢，毕竟女孩是博士学历，各方面条件都很好，而男孩确实条件一般？

他想了想，回答我："也许是这样。"

当外界反馈与主观判断不一致时，往往会引发INFP的防御——他们会通过否定、批评甚至批判的方式给对方扣一顶帽子，或者像林黛玉一样，直接"林怼怼"上线，在一段关系里阴阳怪气地回应对方。但对方对INFP的内心剧情一无所知，只会感到莫名其妙，导致人际关系被破坏。

↘ 发展建议

我们每个人都活在现实世界里，INFP拥有十分敏锐的觉察力，应该充分表达自己的所思所想，以验证自己的哪些猜想是符合实际情况的，哪些仅仅是自己的"内心戏"。久而久之，他们就能把觉察力训练得越来越准确，也能服务他人和社会。

另外，INFP需要抱持力的朋友，能耐心地倾听他们的诉说，回应他们的需要，即使拒绝他们的要求，也不会让他们感到难堪、受到攻击。他们可以把自己的猜想告诉朋友，看他们如何回应自己。INFP需要一些稳定的、安全的重要关系来支持自己成长。

2.缺乏边界感和力量感

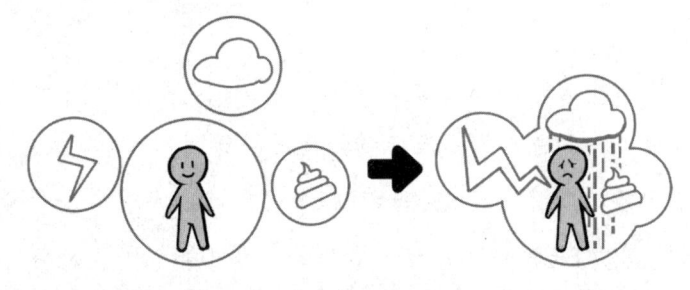

缺乏边界感是指在人际关系中难以分清哪些是别人的事，哪些是自己的事，因此个人的主权经常被侵犯。

客户小美婚后和爱人异地，她在婆婆家待产，自己准备的住院费被婆婆拿去给了弟妹，弟妹生孩子的时候全家都在，她在要生孩子的时候一个人冒着大雨打车去医院，钱不够还得临时给娘家打电话求助。产后，婆婆连件衣服都没给孩子买过，还经常向她要钱，小美爱人的工资也要上交给婆婆。总之，小美被欺负得得了抑郁症，吵着要和爱人离婚。

这就是缺乏边界感，不懂得捍卫自己权利的表现。

缺乏力量感使人在人际关系中容易陷入被动。当INFP知道别人触犯了自己时，却没有力量和勇气拒绝对方，甚至反向怀疑自己的想法和感受是否正确。

客户婷婷被上司骚扰，她跟上司表明不喜欢这样，上司说她太敏感了，这不是骚扰。婷婷就怀疑自己是不是真的太敏感，在半年多的工作时间里，婷婷一直在被上司骚扰。

↘ 发展建议

INFP在人际关系中容易过度妥协，包容他人，牺牲自己，到达阈值后，他们得到的是对方的伤害，却反过来痛恨自己。他们付出和受伤害的程度越高，他们越痛恨自己，以此形成负向循环。以下是当INFP感到过于痛苦时的一些建议。

（1）学会建立边界感：别人穷是别人的事，你愿不愿意被人摸手是你的事。

（2）增加日常的心理学知识储备，了解必要的法律常识，如劳动法、妇女保护法，知道如何处理职场骚扰等问题。

当他们无法摆脱让自己痛苦的人和事时，可以寻求亲友的帮助。他们可能具有NTJ或STJ的特点：理性、有力量、敢于和人发生冲突，他们会帮你分析谁是过错方、责任方以及如何应对这些人和事。

（3）尝试耐受冲突。INFP之所以容易被欺负，往往是因为害怕冲突，担心得罪人，他们希望自己是被周围人认可和喜欢的——这本身就是一个理想化的信念。作为社会人，需要能耐受住人际冲突，当对方言行过分时，要敢于发起冲突，捍卫自己的边界。

3. INFP是决策困难的重灾区

大到结婚对象的选择、职业方向的选择，小到吃哪种口味的冰激凌，INFP是决策困难的重灾区。这是因为INFP通常有着以下几类不太合理的信念。

第一类，完美主义。他们追求完美选项，喜欢钱多、事少、离家近，位高、权重、责任轻的工作。"既要，又要"的态度导致INFP性格类型的决策者停止不前。而且，不论现实条件如何，他们的内心总是活在痛苦里。

第二类，负向思维。他们总是重点关注每个选项的负面信息，忽略积极的一面。在每次决策后都后悔当时的选择，在得到新机会时只看到新机会的弊端，怀念旧机会的好处。于是反复纠结又畏惧困难。

第三类，习惯性纠结。他们无法决策两个看上去难分胜负利弊的选项，导致他们长时间停留在原地，消耗自我。

↘ 发展建议

（1）有意识地培养个人独立决策的能力。把提高独立决策能力作为目标，尝试独立做决策，不论结果好与坏，观察自己在大小决策中的反应、行为、想法，并记录下来，不断提高决策的有效性，总结个人价值观。

（2）明确个人核心价值观。对于重大决策，如专业、职业、婚恋对象的选择，要充分搜集主客观信息，了解最大的风险是什么，只要个体能承受最坏结果，就以个人核心价值观为准绳做决策，而不是社会或传统价值观。

（3）决策仅仅只是开始。决策后制定长短期发展目标和与之匹配的行动计划，让身边ST或NT性格类型的朋友帮忙审核计划；让身边SF或NF性格类型的朋友支持计划的实施。决策的有效性需要与之匹配的行动，否则，再好的决策都无用。

4. 稳定性较差会破坏生涯连续性

直觉型（N）的个体思维跳跃，想得多做得少；情感型（F）的个体在情绪好时有一个想法，在情绪不好时立马换一个想法；知觉型（P）的个体生活态度比较自由，喜欢随机变换。以上这些特点导致INFP性格类型的人们容易频繁、胡乱地跳槽，破坏生涯的连续性，从而降低竞争力，高开低走。

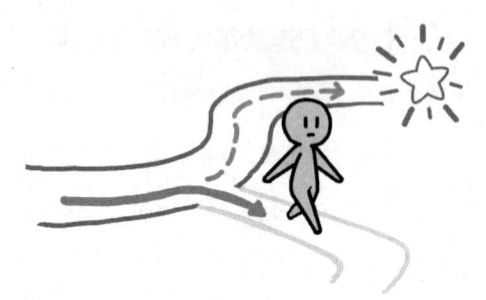

更有甚者，外倾功能的发展极度匮乏，整个人都活在内在世界里，和外界脱轨，难以适应职场环境。曾有一位客户无法适应任何规则，只接受自由无拘束的活动。在咨询时，他说："老师，我们随便聊聊吧，聊到哪里就是哪里，如果咨询带着目的和任务，会让我很不舒服。"我说："随便聊聊不能保证解决你的职业困难，你能接受花着几千块钱不解决问题这种咨询吗？"

↘ 发展建议

（1）充分结合现实经济条件，即使无法学习感兴趣的专业，也要长期培养专业兴趣和专业能力。等时机成熟时，调整到真正热爱的领域就业。

（2）选择专业及职业前，充分调研对口专业的就业方向、工作场景。有条件的学生可通过寒暑假的实习来验证自身的调研，进而判断此专业是否适合自己长期发展。

（3）培养意志力。从迎接小的挑战开始，有意识地锻炼以目标为导向、使命必达（Te）的能力，学习写成功日记，逐渐挑战更大的困难和险阻。推荐阅读《小狗钱钱》《习惯的力量》《微习惯》等书籍，通过目标拆解、习惯养成来应对较大的困难。

三、职业选择和发展建议

1. 在职业选择上，INFP要避开的工作

一方面，避开需要逻辑思辨能力的工作和专业，如法律、金融、数据、财务类的工作，工程等典型理工类学科。

另一方面，避开注重细节、重复性较多的工作，如行政、护理、客服类的工作，与数字化、机械化相关的工作。

从发展路径而言，他们通常擅长专业技术路线，不擅长管理路线。

2. 推荐职业方向

INFP的第一大优势领域是人文和教育领域，哲学类、思政类方向，他们适合大学老师、大学辅导员等岗位。

他们能捕捉、洞察他人的感受和变化，能倾听、共情，善于发现他人的优点，帮助他人走出困顿。所以，他们的第二大优势是心理咨询领域，情感咨询、儿童心理、教育心理、艺术治疗等方向。

第三大优势就是人力资源领域，如对人才的选用育留，人力资源与心理学衔接的应用等方向，比如从事职业规划、学业规划、高考志愿填报、家庭教育指导等工作。

第四大优势是艺术创作领域，如从事摄影、美术、音乐、写作、编剧、策划等工作。

3. 在职业环境上，建议选择相对宽松、包容，有个人的独立和自由空间的人文环境

如大学，有稳定的寒暑假和双休，时间宽松自由；外企，沟通文化相对平等；公益组织，具有项目制的工作特点，人与人之间友好互助的氛围；独立执业或小规模创业，自己开一家书店、咖啡店、花店。

4. 除了主业，在业余时间，利用兴趣爱好，打造多重身份

INFP非常需要，也非常适合自由职业状态，这限于发展水平较高的

INFP。发展初期的INFP通常自律性差，很难进行目标管理和行动规划。所以，我建议INFP可以发展业余爱好，如演讲、主持、咨询、支教等。这样，既有主业的外部要求，持续调动INFP的专业成长，也有副业打造的多重身份，拓展生活宽度，丰富个人体验，提高自我效能感，满足INFP天生的好奇心。综合发展，INFP会更加健康！

四、如何与INFP相处

INFP需要独立的思考空间，不被打扰，有好奇心和广泛的兴趣爱好，有独立的价值体系和个人信念，往往能带给身边人深刻的启发。

如果你的孩子是INFP，需要你倾听他们，培养其独立分析问题和解决问题的能力以及独立决策的能力，给予其充分肯定，而不是用世俗的眼光评价他们的尝试。他们通常喜欢并擅长的专业和"热门专业"相去甚远，如果家庭条件尚可，希望你充分支持他们专业的选择和发展。如果家庭条件困难，可以与他们保持沟通、交流，一起分析客观条件，在有限的条件下，尽可能帮助其持续发展他们兴趣爱好的空间。

如果你的领导是INFP，他们会是很好的倾听者和职业教练，能为你提供许多新的解决思路，但不要指望他们从具体操作层面给你指导。他们反感具体的执行路径，不善于主动社交，因此，通常不会主动为你们部门争取合理利益，需要ESTJ或ENTJ性格类型的人替他们开路，作为代言人去争取更多资源以支持部门业务的发展。

如果你的配偶是INFP，通常他们需要深度的共情，只要生活过得去，他们并不特别在乎世俗的钱、权、物。你们可以培养共同的兴趣爱好，他们在关系里较为被动，容易过度忍耐并在妥协后集中爆发情绪，在发生矛盾和冲突时，最好由你来主动沟通，并保持真诚和耐心，直到问题解决。

第三章

INFJ

思想深邃到中古时代的智慧老人

3.1 破除完美主义的40岁女所长

前言

"完美主义"指个体对自己或他人总是有着更高的要求，这种要求已经脱离了现实情境和需要。弗罗斯特等人认为完美主义是"伴随着过度批评的自我评价而对工作设置过高标准"。这种过高标准与恐惧、失败相关，导致回避行为，使一个人不断处于警戒和防御的状态，因而出现了完美主义的行为成分，如仔细检查、反复考虑、拖延和中途放弃等。

完美主义是NF人群常见的思维模式，对INFJ的影响尤为突出。客户小林的故事将让我们看到完美主义如何带给个体极致痛苦。

客户小林，女，40岁，单身主义，在某事业单位工作15年，一年前晋升为副所长。

在晋升前，她工作轻松又稳定，福利待遇好，业余时间还兼职过几年英语老师，兴趣广泛（写作、配音、瑜伽），每年利用年假到各国旅行，生活丰富多彩、逍遥自在。

在晋升后，领导当甩手掌柜，员工能力弱又缺乏责任心，她分管安全部门，稍一出错就有失责的风险。小林指望不上别人，只能加班加点，自己硬扛。可精力有限，她连做梦都担心工作出错。半年来，小林失眠、头疼、焦虑，白天精力下降导致小错不断，周末无法安心休息。因此，小林暂停了所有副业和爱好的发展。即便如此,在年终考核时被领导批评团队凝聚力不足,员工成长缓慢,下属更是对她怨声载道:"她永远都不满意,搞得大家疲惫不堪。"

怎么办?

小林曾经向领导提出降职转岗,被拒绝;想辞职转行,但她发现众多副业都缺乏核心竞争力,不足以养活自己,也不能为将来提供保障;再想到自己单身,如果不能经济独立,老年恐怕难以善终……小林想了很多条路,却发现没有一条能走得通。

一、应激进入强迫型人格状态

听完小林的描述,我想起金树人老师在《生涯咨询与辅导》中描写强迫型人格的特点:典型的工作狂,在需要奉献的工作中鞠躬尽瘁,忠心耿耿,小心谨慎;自我要求甚高;犹豫不决和完美主义的倾向常会影响工作效率;严以待人。

根据小林的描述，我初步判断她并不是强迫型人格（某种人格是指长期的、稳定的状态），而是由于内外部因素导致她应激性地进入强迫型人格状态：当人们感到生活失去控制和秩序时，就会采取一系列防御措施，试图恢复自己生活的掌控感和秩序感。

我帮助小林梳理了以下几个"致病因素"。

（1）客观方面。晋升带来职业角色的变化，小林的职责范围和权限皆有变化，这就带来了在适应方面的挑战。小林缺乏与安全相关的知识储备，所以作为主要责任人会倍感压力；小林缺乏管理技巧，与员工人际冲突的剧增给她带来了人际压力；小林缺乏领导、专业技术人员和下属的支持，孤军奋战，导致她进入前所未有的失控和混乱状态。

（2）主观方面。小林的性格类型是INFJ，有着典型的完美主义思维模式——期待自己和他人在短时间内提高安全意识、提升安全知识；期待短时间内将混乱已久的管理状态改为分工明确、责权清晰、合作默契的管理状态；小林总是关注负向结果，害怕最坏的情况发生，因过度恐惧而盲目卷入繁杂的工作细节中。

小林过度重视人际关系的融洽，无法耐受人际冲突；怕领导评价自己无能，不敢向领导提要求；对下属不满意，却不坚持自己对他们的要求和标准，最后一个人承担整个团队的工作和责任。以上的核心思维模式便是完美主义：期待自己是完美的，被所有人认可和喜爱；期待关系是和谐的。

完美主义是NF人群常见的思维模式，其对INFJ的影响尤为突出。出于对失败的恐惧，INFJ会过度内倾地处理信息，封闭对外沟通通道，任由负面情绪主导自己的思考，为了避免最坏的结果发生，尽所能地追求细节。在这个过程中，INFJ已经忽略了宏观的、客观的工作视角，偏离了角色和责权，忽视了外部人员的需要、感受和资源，把自己活成一座"孤岛"。应急性进入强迫型人格状态的人，好像时刻走在高空的钢丝上一样，精神紧绷、恐惧、焦虑，难以放松。

在咨询中，我向小林解释了完美主义的行为模式及其带来的影响。由于以往缺少资金积累，副业的几个方向都停留在兴趣层面，缺乏核心竞争力。小林更适合主副业发展的策略，在短期内需要保留主业，以保障物质条件和安全感，同时副业要做取舍，找到最认同且能实现个人价值的方向，积累竞争力。

二、主业：在控制与失去控制中探索，保持开放性

由于所在单位目前缺乏合适的调岗机会，小林仍需在当前的管理岗位上任职，尝试并适应管理者的角色。我建议，小林的重心应整体向以下几个方面转移。

（1）通过组织内外部资源，学习安全管理知识；结合单位实际情况，拟定安全管理制度，安全管理团队搭建、分工、流程管理文件，交领导审批，并寻求修改和完善建议，从宏观、客观角度解决问题、减少压

力。整个工作过程要做记录，沟通过程有迹可循，确保本人履行岗位职责，争取相关专业人员重视。

（2）学习管理方法和领导力课程，明确管理者的角色、权利、职责，积累在管理方面的人脉资源和社会支持系统。当自己在管理过程中遇到问题时，可寻求老师和同学的建议，逐渐提升管理能力。

（3）针对管理者必然遭遇的人际冲突带来的失控感以及安全管理制度未确定时期的任职压力，积极寻求心理咨询师的帮助。

三、副业：在广袤的兴趣草原上锁定一条轨道，保持专注性

小林的兴趣爱好极为广泛。她去过很多国家旅行；写作能力不错，能够投稿给媒体；坚持了几年基础瑜伽；在喜马拉雅平台做过配音；兼职了几年英语私教。但由于主业太忙，小林的众多副业都没有形成核心竞争力，渐渐地，这些方向就被搁置了。

结束痛苦的方法就是学会取舍——在广袤的兴趣草原上锁定一条轨道，集中精力发展核心竞争力。其余只作为放松身心的爱好就好。

我问小林，如果只能保留一个方向，会是什么？尤其从以下三个方面考虑，最终会保留哪个方向？

（1）有兴趣。

想象一个人，喜欢看电影，闲暇时间都要看几部电影打发时间、放松心情，这属于感官兴趣。

如果这个人更进一步，喜欢研究电影知识、编剧技巧、导演风格，甚至喜欢写影评，能够为影片做推广，这种兴趣就升级为自主兴趣，有成为职业的可能。

还有的人，愿意承担决策风险，把余生时光都投入在电影的发展中，这种兴趣就会成为"志趣"。

（2）有能力或潜能。

你有什么能力或潜能？什么东西或事情使你能做得最出色？与你所认识的人相比，你的长处是什么？不论是生活中、工作中还是任何时刻，你都可以罗列自认为的优势，包括取得的成绩。

（3）除了有兴趣、有能力，还要确保你的能力有高价值。

你所处的行业有哪些新趋势？在行业内年收入超过50万元的职位有哪些？最受欢迎的技能是什么？你可以尝试的切入点是哪一个？

结合以上三点，小林把副业的方向锁定在写作上，并明确了写作方向、能力提升途径和具体行动计划，确保这些计划可落地。

写在最后

通过小林的故事，我们能够看到完美主义曾经如何成就她：主业发展顺利，副业和爱好广泛，生活丰富多彩。但随着外部环境和岗位角色的变化，完美主义如何一步步让小林进入"孤岛"状态，每天都像走在钢丝上一样。NF和NJ人群都有着明显的完美主义倾向，应当尤其注意这种思维模式带来的影响。

3.2 资深职业规划师的自性之旅

前言

荣格将自性化看作每个人成长和发展的终极目标。有关自性化的解释有很多种，我认同的一种解释是生命状态的转化和超越。庄子在《逍遥游》写道:"北冥有鱼,其名为鲲,化而为鸟,其名为鹏。"蒋勋在《说庄子》中解读道:"似乎生命修炼到一定程度可以超越本来的状态——做鱼做得没趣了,就能变成一只鸟飞走。"

本人作为典型INFJ的性格类型,其近10年的经历能让你看到我成为INFJ、超越INFJ,向自性化探索的过程。

一、自我意识的觉醒——暗夜里的启明星

2012年,我的儿子出生,我辞掉人力资源岗位的工作,开启三年全职家庭主妇的生涯。产后抑郁让我的情绪非常糟糕,爱人工作繁忙,经常加班、出差,我独自带着儿子生活,无数次陷入无助、绝望、崩溃中。所有关系都令我感到疲倦。同时,我对脱离社会感到焦虑、恐惧、不甘——从小家境贫困,遭遇辗转求学,多次面临辍学危机才走出农村的我,迫切希望回到职场,赚钱养活自己。

2014年,儿子开始上幼儿园,我开始求职。已婚已育女性重返职场并不容易,辗转了3个月后终于拿到Offer。可是,我却迷茫了。我发现,一直以来自己都被生活推着走,求学、毕业、求职、生子、待业、再求职……完成了一个又一个的"任务",却没有好好想过:我要一辈子从事人力资源的工作吗?我要一直坐在格子间里吗?我最终能做到什么位置,总监吗?我一辈子的事业就这样了吗?

为了解开心底的困惑,我决定参加职业规划师的系统培训。在课堂上,老师讲到了MBTI,我很快就锁定了INFJ这个性格特点:内倾、直觉、情感、判断。尽管连字母都记不全,但书中对INFJ的描述令我振奋,我醍醐灌顶般"惊醒":原来,从小到大做出的选择、坚持的原则都与我的性格有着分不开的关系。而在此之前,我一直在"沉睡",30年来,我竟不自知自己活在"混沌"之中!

这是我第一次"意识"到,在万千世界中,有一个"我";有一种工具叫作MBTI,它帮助人们认识自己;有一种职业叫作职业规划师,它帮助人们走出迷茫和困惑,解决难题,明确职业方向和规划。而这就是我一辈子要从事的工作!

应该说,是MBTI带给我意识的觉醒,也带给我巨大的力量。那天课程结束,我从西安南二环培训基地出发,骑着一辆又小又破的自行车,一路骑到秦岭山下,竟不知疲惫。那种感觉很像"混沌世界,天地初开",又像在暗夜里航行时,终于看到了启明星,找到了方向!

2015年,我一整年都在积极准备并扎实地完成职业规划师的培训,除了反复翻看机构推荐的书单,还拓展阅读了很多书籍,如饥似渴,并决定从事全职职业规划工作。

2016年初到2017年底,我在反复摸索中前行,却经营惨淡,在年底复盘时发现咨询总收入不足2000元,尽管我看到了那颗启明星,一心所向,在暗夜里摸索行走,却一直原地盘旋,没能找到正确的路径。

二、职业意识觉醒——找到实现路径

2017年底,我参加了一位业内咨询师的营销课程,课程主题是"职业规划师如何变现"。咨询师提出了两个灵魂拷问:"你每天投入多少时间工作?""如果互联网是个大集市,所有咨询师都有一个摊位,你的摊位摆在哪里?它能吸引客户吗?"

这两个问题问住了我。我每天工作2~3个小时,有个"流动摊位",不定期"出摊",吸引不到客户。这让我意识到自己与专业的咨询师之间有两个巨大的差距:一是时间投入所代表的专业能力的差距,二是收入所代表的营销能力的差距。

在此之前,我以INFJ自诩,"我是天生的咨询师""我擅长做时间规划",而现在,我认识到INFJ性格类型的阴面和盲点:理想化、完美主义,想得多、做得少,三分钟热度,缺乏商业思维,穷思竭虑、闭门造车、脱离现实,在关系中过于追求和谐而牺牲自我,情绪积累到一定程度导致关系被破坏。

明确了核心问题,我开始建立年度工作计划和成长计划,再将其分解到每个月,形成月度能力提升计划和自我成长计划,双管齐下。有句话说得好:"习惯造就性格,性格造就命运。"相应地,我们可以通过建立一个又一个稳定的习惯来重塑性格、重塑命运。

通过制定计划,我每天投入学习和工作的时间稳定在8个小时,有时甚至能连续工作10~12个小时;通过自己的生物钟规律,合理安排学习、工作、休闲、育儿的时间;通过写情绪日记的习惯持续提高情绪管理能力;通过发布成就事件提高自尊心和自信;通过特定的咨询记录表提高对咨询时间的掌控能力;通过新媒体写作、社区课程运营提高打造个人IP的能力;通过输出倒逼输入,提高学习和转化能力……

从2018年起,在心理学方面,我完成了心理咨询理论等方面的后现代咨询技术的训练,认知行为疗法、精神分析的一年系统训练,目前正接受荣格分析心理学的三年系统训练以及评估、创伤、人格障碍等单项训练。强大的知识系统能让我从多角度帮助来访者,能解决的问题也越来复杂。在个人品牌营销方面，我完成了多期新媒体写作课程的训练，在知乎、B站、小红书、抖音、视频号等各新媒体平台完成公开课、图文、短视频、直播等方式的输出，案源越来越丰富，收入稳步提高；在个人成长方面，我长期参加个人体验和团体成长小组，接受个案督导和团体督导的建议以持续提高专业技能。在社会身份方面，除了职业规划师，我还拓展了讲师、督导师、团体带领人、心理咨询师、作者等业务。

我的家人因为我的改变而改变了对心理学的看法，全力支持我发展事业，我们的关系从一次次矛盾中走向积极、健康。

了解性格盲点，就像了解硬币的另一面一样，能帮助我们补充视角，助力人格的长足发展。简单来说，像外倾型（E）人一样保持对外界的关注和信息搜集有助于让INFJ走出孤岛，明确问题和差距；像感觉型（S）人一样持之以恒的行动有助于让INFJ从想象回归现实，一步一个脚印地实现理想；像思维型（T）人一样建立目标，以任务为导向，发展商业思维，有助于让INFJ集中注意力，锁定锚点，收获成就和现实回报，提升动力；理性的判断和取舍可以让INFJ摆脱完美主义带来的拖延、放弃和精神消耗；像知觉型（P）人一样的积极态度可以让INFJ接受变化，充分利用碎片化的时间和资源……

认识自己性格的阴面和盲点并不是放弃和否定原有性格，而是将其发展。这过程不容易，需要我们持之以恒。如同曾国藩在49岁时的日记中写道："易64卦，384爻，一言以蔽之，曰不恒其德，或承之羞，读之不觉愧评。"由此，曾国藩坚定践行"恒"的道理。他说："吾辈既知此学，便须努力向前，将一切闲思维、闲应酬、闲言语扫除干净，专心一意钻进里面，安身立命，务要换一个人出来，方是进步功夫。"

曾仕强老师曾评价曾国藩的命运由"蹇卦"换"恒卦"，果然换了一个人，逆天改命。

三、螺旋式上升——动态平衡与发展

2021年初，我父亲离世。同年7月，公公确诊喉癌，我们开始抗癌治疗。最近半年，我每天的安排：早上5点起床，学习到7点。之后陪公公到医院进行癌症治疗，在医院一边陪同检查，一边参加读书会。中午先安顿好老人的午饭，再着手准备第二天院校讲座要用的PPT。下午2点把课件发给负责人，又抓紧到食堂吃口饭，开始咨询访谈。接着利用空闲时间完成写作素材的搜集和整理。晚上6—8点治疗完成，带老人回家，吃晚饭、辅导孩子写作业"一气呵成"。8—10点，进行团体辅导，辅导结束后，和客户完成1个小时的月度辅导。夜里11点，终于结束一天的工作。

以上的一天算是我生活的缩影。

在周围人眼里，我强大而自律，长期持续地早起学习，完成人力资源、心理咨询和生涯领域知识体系的搭建，能胜任高强度的工作，应对多线条的任务和压力，同时，能很好地平衡各种角色，生活事业双丰收。

对我而言，更像是2014年的体验重复：为了照顾家人，牺牲个人时间和事业，工作目标和现实条件存在巨大落差，我的时间、空间都被挤得稀碎。由此，你能看到，INFJ的完美主义思维模式仍然在发挥作用：既追求事业成功又渴望家庭幸福，且标准极高，短期目标远高于现实条件；在自我与他人、自我与集体之间一直存在冲突，要不断寻找平衡；在如此高压的情况下，持续多项公益活动，但商业化发展程度或理性判断能力仍然有限。

一切回到了故事的原点，可是，又和10年前完全不同。因为，现在的我已经站在更高的基础上面对来自生活和工作的更高挑战。

写在最后

恩格斯在《自然辩证法》中写道：由矛盾引起的发展或否定的否定——发展的螺旋形势。"螺旋式上升"有着前进性、曲折性、周期性的特点，由低级向高级、由简单到复杂迂回前进。列宁说："发展似乎在重复以往的阶段，但它以另一种方式重复，是在更高的基础上重复。"

我希望MBTI可以帮助大家更好地认识自己、读懂自己、发展自己，读懂自己的另一面，发展自己的另一面、许多面，再重新遇见自己……也许有一天，我们都能完成从大象到蝼蚁或从鲲到鹏的生命状态的转化。

3.3 INFJ咨询家/作家性格解读及发展建议

一、INFJ的性格特点和优势

INFJ是人群中占比最少的类型，占比不到1%。他们的性格特点可以总结为内倾型（I），注重内心世界，需要独处的时间和空间，喜欢安静思考；直觉型（N），具有强大的直觉和想象力，能够进行全局思考并对事物进行深刻洞察；情感型（F）注重情感，真诚友善，富有爱心和亲和力，擅长观察他人感受和需求；判断型（J），善于系统性思考，有计划，条理清晰，执行力强，悟性极好，学习能力强。

INFJ常常能够发现他人的优势，并以一种他人易于接受的方式激励他人解决问题。例如，我曾有一个INFJ性格类型的客户，她在高中时帮助一个学习困难的同桌，在她的引导下，她的同桌在最后一年成绩有了飞跃，成功考入重点大学。

由于其洞察力和系统性思维，INFJ能够应对复杂情况和问题，设计一条贯穿全程的逻辑线索，将问题——解决。这种天赋让他们每天在无形中帮助许多人，因此，他们被认为是天生的辅导型性格。

典型代表人物：列夫·尼古拉耶维奇·托尔斯泰、甘地、特蕾莎修女、卡尔·古斯塔夫·荣格、《西游记》中的唐僧。

二、高频问题和成长建议

在职业咨询中，我遇到的INFJ性格类型的客户有很多，他们常见的高频问题如下。

1. 想得多、做得少，梦想照不进现实

首先，虽然发展初期的INFJ很聪明，很多学科的知识一学就会，但从智慧角度而言，他们有点心智未开。这是由于INFJ沉浸自己的在内心世界，外部人格发展不够健全。他们常常活在当下以外的任何时刻，活在想象中，而现实层面投入的行动极少。一旦开始投入行动，就会发现想象和现实之间巨大的差距，容易高估自己的能力却低估现实的困难，导致计划难产。因此，INFJ常常是"思想的巨人，行动的矮子"。

其次，INFJ的期待过于理想化，过于完美。常规的目标无法吸引他们，只有极具挑战性的目标才能引起他们的兴趣。可这样的目标在实现过程中充满困难，即便INFJ设立一个合理的目标，他们也会在执行过程中悄无声息地提高标准，导致标准被提升到无法达成的程度，行动依然"难产"。

最后，缺乏持续行动能力，无法带来有效结果和正向反馈。发展初期的INFJ过度依赖外部的评价系统，无力继续行动，如此形成能量的负向循环。

↘ 发展建议

（1）找到理想融入现实的途径，赋予行动价值和意义，便能持续行动。

我在写本书的过程中感觉很艰难，常常分身乏术，累到只要一躺下就能昏睡过去的程度，想过放弃。可是一想到最初写作的初心，就觉得还能再坚持坚持；再想到如果本书能成功出版，在清明拜祭父亲时能在他墓前放上一本，就又充满了力量。

这就是一步步地把理想融入现实，赋予行动价值和意义的过程。正如金树人老师在《生涯咨询与辅导》中写道:"生涯咨询与辅导的主要目的在于帮助一个人回归心灵的原乡,步步为营,重整旗鼓,朝向未来。"

(2)学会理性思考,尊重客观情况,在现实世界中验证你的思想。

一旦认定某件事可做,就不要再思考意义层面的问题,而要在行动层面丢弃理想主义的一面,学会用数据和事实说话,理性、客观地做事。例如,通过时间统计、情绪日记、成就事件日记、学习打卡等建立相应的微习惯。让抽象的、模糊的概念变得清晰、直观、可见,便于INFJ更好地了解自己、管理自己,设定合理目标,有效地组织行动,不断反思、总结和完善行动方案,促进更多目标的达成。

2. 太关注人际关系的融洽,过度消耗自我

INFJ容易停留在小我里,不够理性或无法站在全局的角度看待当下的人和事。因他们天赋敏感,善于倾听,能够及时回应别人的情感需要而不求回报,是天生的"咨询师",导致很多人会把他们当作免费的情感能量体,不断消耗他们的情绪资源。但发展不够成熟的INFJ不懂得建立边界,在吸收很多负面情绪之后,自己的能量被消耗殆尽,要充电很久才能找回状态,如此循环往复。

INFJ往往比较纯粹,见不得人性的邪恶,也见不得人与人之间为了一点利益,尔虞我诈,相互设计。他们一旦滞留在办公室政治的环境里,整个人就像被黑山老妖"吸"过了一样。《葬花吟》有几句歌词特别能说明他们的心声:"未若锦囊收艳骨,一抔净土掩风流,质本洁来还洁去,强于污淖陷渠沟。"

精神层面的积累是他们的宝贵财富,一旦精神资源被击穿,INFJ就容易陷入抑郁,全盘放弃。

↳ 发展建议

（1）不断滋养精神世界，确保精神资源永远不被击穿。

献身那些让你深度认同的集体或事业，这本身就能不断反哺你的精神世界。

当你面临丑陋、险恶、艰难时，能够回归内心，把这些现实层面的问题当作考验自己、磨炼心智的素材，就能不断突破小我。

就像荣格一样，他离开弗洛伊德之后精神恍惚了4年多，研究者认为，他这几年都处在精神分裂状态。而荣格创造了一个词：创造性疾病，也就是说，他一边处在精神分裂的状态，一边正常生活和工作。通过自己对精神分裂的深度体验，增加对这个疾病的了解，从而更好地帮助其他人摆脱困境。

"欲做精金美玉的人品，定从烈火中锻来。思立揭地掀天的事功，需向薄冰上履过。"

——洪应明《菜根谭》

（2）建立人际边界，平衡他人期待和自我需求。

INFJ几乎本能式地能够觉察他人的情绪和情感需要，并愿意满足别人。久而久之，就像一节电池一样，持续发电后，自身资源枯竭。因此，INFJ需要有意识地建立人际边界，觉察自己愿意满足他人的"惯性模式"，优先照顾自己，再照顾别人。

3. 缺乏商业思维，严重影响愿景的达成

不少INFJ性格类型的客户对咨询类的工作情有独钟，如心理咨询师、职业规划师。但他们大都选择以兼职、副业的方式发展自我，并且在转型过程中"用爱发电"，羞于开口提钱，更无法持续提高收入。久而久之，难以为继，只能中途放弃。

这是因为INFJ往往缺乏商业思维，甚至批判性的商业思维。他们认为助人就是助人，怎么能谈钱呢？并且他们认为谈钱是一种冷漠的、功利导向的、令他们不齿的行为。其实，他们是把"金钱"和"助人"放在了对立的位置。

INFJ忽略了咨询师也是人，是人就需要生存、生活，人需要满足基本需求是正常的行为。助人可以收取合理的费用以支持生活所需，自己发展得更好，才有能力帮助更多人。

而且，愿意付费咨询的来访客户往往有着更强的改变动机，愿意主动配合咨询师的解决方案，更容易达成目标。而不愿意付费咨询的客户大都存在侥幸心理，不会完全信任咨询师，也不会投入实际行动，咨询效果往往一般。甚至有不少客户具有良好的付费能力，却不愿付费，他们使用各种方式占用公益咨询的名额，最后收效甚微。可见，许多INFJ性格类型的新手咨询师应该了解更多的实际情况，而不是一厢情愿地"用爱发电"。

三、职业选择与发展建议

1. 在职业选择上，INFJ要避开的工作

首先，尽可能避开那些需要发挥思维能力的工作，如金融、财务、证券、法律、计算机等相关技术工作。

其次，感知智能是他们的短板，所以需要避开机械、手工、花艺、烹饪、健身、色彩搭配、造型等相关工作。

2. 推荐职业方向

（1）INFJ善于发现别人的潜力，了解什么人适合什么岗位，擅长在家族、社团、公司中营造一个和谐、友爱、互助的作业环境，因此，他们很适合从事人力资源领域的相关工作。

（2）咨询领域，包括职业规划、心理咨询、亲密关系等帮助个体成

长的工作。

（3）教育领域，尤其是心理学、文学、哲学、外语、写作、宗教等方向，这些方向都是NF气质类型的理想主义者感兴趣的领域。

（4）INFJ善于从现实环境的人、事、物中获得繁杂多样的灵感和感悟，然后用通俗易懂的方式分享给别人。因此，他们也适合写作、编剧类的工作。

（5）基于直觉型（N）的创造性，品牌规划、市场策划等相关工作也能发挥INFJ的优势。

四、如何与INFJ相处

如果你的孩子是INFJ，在成长初期，他们充满幻想，有时分不清幻想和现实。你需要包容他们，逐渐引导他们回到现实。他们在青少年时，可能因理想与现实的落差产生情绪波动，你需要及时与他们沟通并进行疏导。

如果你的领导是INFJ，那真是幸运，因为你有一个免费的职场教练。无论是工作问题还是个人成长发展问题，你都能在他们那里得到支持和帮助。作为INFJ的下属，你需要提升工作能力，培养独立思考和学习的能力，因为他们不喜欢被过度依赖。实事求是很重要，因为他们厌恶虚伪。定期沟通也是必要的，但不要在琐事上频繁打扰他们，因为他们需要独立处理工作。

如果你的配偶是INFJ，你会感到幸福，因为他们愿意在各个方面支持你，但你们需要情感和精神上的交流。值得注意的是，他们的要求容易理想化，采用减分制的方式对待感情，他们会根据你的表现对你进行评价，减分到一定程度可能导致关系结束。

第四章

ENFP

骨子里都透着自由洒脱的社交达人

4.1 "性格误判"导致我6年换了30多份工作，我该怎么办？

前言

"性格伪造"是指个体因特殊情况引起的与原有气质截然不同的性格特点，往往给个体造成长久、深远的影响。在咨询实践中，性格伪造容易引发咨询师对来访客户性格类型的误判，从而导致解决方案与来访客户实际情况相去甚远，加剧性格伪造对个体的破坏。ENFP是16种性格类型中最容易出现性格误判的类型，其中一部分来访客户存在性格伪造的现象，这使得他们的寻找自我之旅更加坎坷。

一、两次性格误判的代价

小宸30岁，在找我咨询前6年多的时间里换过30多份工作，最长的一份工作的时间为18个月，其余分别在1天、3天、一两周、3个月、6个月不等，销售、行政人员、技术员等不同岗位，尝试过的行业五花八门。

看完小宸的资料，让我意外的是，他如此五花八门的经历竟深受2次MBTI咨询的影响。

2018年底，小宸曾因职业迷茫而求助一位MBTI施测师。在咨询前，他自测MBTI性格类型为ISFP，这位施测师收到报告后帮他解读了ISFP的性格特点，并建议他尝试做导游。

尽管对导游一无所知，对方案有些疑惑和担忧，但小宸把MBTI和施测师奉若神明，决定听从建议。接着，小宸用了3年的时间一边打零工，一边考取导游证，最终成为一名导游。

目标达成，却让他大失所望：接待老年团、服务低素质旅客、变相推销、常年各地跑，这种体力活让他内心厌恶这份工作。小宸既不擅长也不喜欢这份工作，几番纠结后，小宸辞掉工作，重新找了一位MBTI专家，这位专家用一个半小时的时间为他解读I、S、F、P的含义，然后结合ISFP的艺术天赋，建议小宸尝试服装陈列的工作。

求助无门的小宸选择再次相信MBTI专家的话。可入职后小宸发现服装陈列师还是个体力活，并且很难有发展空间。不到一个月的时间，小宸又辞职了。

这次辞职，小宸陷入了自闭状态。他不再相信MBTI，认为这个工具一点都不靠谱，同时推翻了前两位咨询师的方案，小宸认为是他们让自己白白耽误了好几年的宝贵时间，为此愤懑不已。

了解了小宸的咨询经过，我告诉小宸：

第一，MBTI需要澄清真实性格类型，因为在外部因素的影响下，个体自测结果可能和真实性格有偏差；

第二，MBTI的应用需要结合个体的实际情况，不能仅凭性格测评报告就推荐职业方向，因为同样是ISFP性格类型的人之间存在着巨大个体差异；

第三，职业方向的选择不但要考虑性格因素，还要考虑兴趣、能力、价值观、需求、家庭条件、经济条件、他人期待、外部机会等因素；

第四，在确定职业方向前需要对职业要求、工作内容、薪酬福利、未来空间等客观情况进行基本的信息搜集，确认这些信息符合个人实际情况后，再进入求职、入职适应等环节，以避免高成本试错。

接着，我们开始了MBTI的澄清工作。澄清的结果令我们二人都十分意外！小宸的真实性格类型是ENFP！小宸在初高中时期长期遭遇校园霸凌，又缺少家人保护，他变得内敛，默默行动，隐藏自己，"不被人注意，就不会被欺负"。越是这样，小宸越被孤立、排挤。上大学后，小宸再次经历同类恶性事件，他再次受到重创。渐渐地，小宸发展成了ISFP。

所以，小宸ISFP的性格类型是"伪造"出来的。

二、性格伪造带来的"面目模糊"

除了器质性病变的影响，重要教养人、长期接受的教育、工作、特殊经历及重大事件都可能引起性格伪造的发生。

在16种性格类型中，ENFP性格类型更容易出现性格伪造和性格误判的现象，因为ENFP的核心功能是Ne，这使得他们富有极强的想象能力；第二核心功能是Fi，有深度共情的能力，却缺乏Te代表的客观、理性的判断能力和Si代表的内在经验存储与核实的能力，这导致他们看哪一种性格描述，都会认为"这和我好像啊！我就是这样！"（性格误判）。外界客体如何塑造他们，他们就被塑造成什么样（性格伪造）。

性格伪造对个体伤害极大,它会引起个体产生以下现象。

(1)自我认知不清晰,"面目模糊",不知道自己到底是谁,喜欢什么,擅长什么,难以发展出稳定的、一致的自我概念。

(2)能力发展不充分,同时感到自我消耗:既缺乏外倾型人的社交优势和影响力、能言善辩,又缺乏内倾型人的深度思考和内省;既缺乏直觉型人的想象力和创新,又缺乏感觉型人的踏实、忍耐;既做不到客观、理性思考,又无法与人建立健康关系,感受内心丰富的情感;既无法像判断型人一样使命必达,又不能像知觉型人一样轻松自在地享受时光。

(3)发展出各种不合理的信念。如小宸的负向思维——他总是更加关注自己的年龄劣势、恶性经历、缺点、问题、困难以及过去被耽误的时光。他在关系中过度理想化咨询"专家",不加思考地全盘接受对方的建议,转眼间又贬低他们,彻底否定他们的工作,其实,在过度理想化及贬低客体的过程中,小宸推卸了自己作为主体应该承担的责任。

三、性格的恢复和发展

小宸的案例非常复杂,难度很大,整个咨询历经几个月,总结包括以下几个方面。

(1)澄清。澄清真实性格类型,结合小宸的特殊经历和实际情况,探讨性格伪造给他带来的影响;澄清个人愿景、价值观、兴趣、能力、个人需求、经济条件、家庭环境、外部机会等要素。

(2)转换。针对小宸的不合理信念,引导他把注意力放在未来、目标和期待上,并探讨其合理性、可实现程度、与现实的差距;多关注小宸过往的成就事件、解决问题的方式和能够获取的资源,提取能力和潜力。

(3)恢复。初步提出5~8个备选职业方向,经过详细的职业信息调研和生涯访谈后,小宸将方向锁定为HR。在咨询过程中观察并记录小宸的真实感受和体验,寻求外部反馈,谨慎验证个体与职业的匹配度,根据感受和体验,验证小宸真实的性格偏好,在确定性格偏好无误的情况下逐渐帮小宸恢复到ENFP的性格类型频道,指导小宸尝试利用ENFP的方式待人接物。

(4)巩固成果和发展性格。小宸后来成功入职一家台企HR部门,他确实喜欢也擅长HR的工作内容,得到领导重视。但他觉得工资稍低,和投入不成正比,频繁地想要辞职……我建议他用ENFP擅长的方式工作,像ISTJ一样步步为营,巩固工作成果直到实现短期目标。

写在最后

性格伪造和性格发展有着相似之处,个体都发展了与原本气质不符的性格特点。但他们有着本质区别:性格伪造是个体受到剧烈冲击或长期外界影响下的被动选择,是为了生存而采取的防御措施,对个体的破坏性较强;性格发展是个体原本的气质得到充分发展后,在受到外界影响时的主动选择和适应,使个体更加"完整"。因此,无论是个体发展还是培养学生、教育孩子,都应符合其性格特点,顺应基本规律。

4.2 小镇女青年的自我抗争与蜕变

前言

动画电影《长安三万里》中的李白才华横溢,游历祖国大江南北,诗句流传千古。同时,在当时重农抑商的时代背景下,他无法参加科举,入

仕无门。李白一生都致力于打开这道门，最终却含恨而终。李白是典型的ENFP性格类型，浪漫、自由，不甘被桎梏，始终寻求新的可能性和实现理想的路径，亦如客户阿珍近10年对命运的抗争。

2020年，阿珍通过平台预约了我的咨询。她的基本信息令我十分意外：阿珍生活在我国西北地区一个不知名的小城里，已婚已育，在国企上班，工作稳定，如今花费一个月的工资前来咨询，为什么？

我继续看她的资料，又有新的疑问冒出来：阿珍是典型的ENFP性格类型，一心向往外面的世界，高考后离开老家，学的是让自己更"International"的英语专业。毕业后，阿珍走南闯北，最终在一线城市落地。她在酒店、互联网、通信行业从事过管培生、企业讲师、销售等工作，谈着刻骨铭心的爱情，到了谈婚论嫁的时间。那时的阿珍好像一只自由的小鹰一样在天空翱翔，羽翼渐丰。可这样的"激情岁月"在2015年戛然而止。有一天，她带着未婚夫回老家，第二天就入职当地一家国企，一个月后两人分手，之后阿珍就在父母的安排下相亲、结婚、生子。

我十分不解：阿珍在2015年发生了什么？

带着这两个疑问，我开始了对阿珍的咨询。

一、折断羽翼，走进笼中

阿珍在视频的另一头泣不成声，诉说着几年来的委屈和辛酸。

从高中开始，阿珍父母的矛盾就不断，暴躁的父亲、隐忍流泪的母亲，他们之间暗流涌动却从不爆发的冲突让阿珍感到压抑，所以高中一毕业，她就逃到外边走南闯北、远离家庭。可即使身在远方，她还是摆脱不了原生家庭的羁绊。

无论是上学还是工作，阿珍最怕的就是妈妈打来的电话。无尽的、悲伤的哭泣，向她诉说自己的苦闷，对问题闭口不提，让阿珍束手无策。直到2015年，阿珍母亲因长期独居，出现了严重的抑郁症状，不断出现轻生的念头，医生的建议是有家人陪同生活。

年轻的阿珍没有条件把母亲接到大城市照顾，又不能置母亲于不顾，只能放弃外面的世界，回到家乡，绚丽多彩的生活突然被蒙上了一层灰暗。还好的是，她当时说服了男友一起回去。

回到老家的阿珍，一边担负陪伴母亲和处理家庭矛盾的重任，一边陪男友在老家找工作，适应环境。但小城市的工作机会极其有限，收入的断崖式下降让男友对未来没有信心。陌生的城市、模糊的未来……各种因素的影响让一个20岁出头的年轻人退缩了。

就这样，阿珍不仅失去了广阔的天地和热爱的事业，也失去了即将一起步入婚姻的恋人，多重打击让她一蹶不振。"小鹰"为了拯救母亲，自行折断羽翼，走进笼中，其委屈、苦闷可以想象。

我终于明白她为什么肯花一个月的工资前来咨询——这是阿珍的自救！小城市的机会空间少，体制内的规矩制度多，阿珍做着文字方面的行政工作，流水账般的工作模式、工作内容，被安排的相亲、结婚生子，所有循规蹈矩、按部就班的生活将再也没有变化和其他可能性。一切都与阿珍ENFP的天性格格不入。

在"笼子"里生活了5年，她越来越"枯萎"。

二、小镇青年的困境

同时，阿珍让我看到了小镇青年的困境。

"小镇青年"是指出生在三线、四线及以下的县城、乡镇，在老家生活、工作或前往大城市及省会周边城市打拼的青年。国家统计局数据显示，目前小镇青年数量达到2.27亿人，是一线、二线城市青年数量的3倍以上。他们可能接受过高等教育，尝试过在大城市的生活，出于各种原因回到家乡。但小城市的机会和社会资源有限、发展空间有限，想外出谋发展却受家庭责任牵绊，这让他们进退维谷。信息获取滞后导致跟不上时代潮流，和曾经的同窗相比带来的自卑感让他们逐渐缺席一期又一期的同学会。

阿珍的特殊经历带给她极大的委屈、愤懑和不甘。为了照顾母亲，她牺牲了自己的事业和爱情。ENFP的性格类型使她容易陷入两种极端：要么无论环境如何，追求自由、追求梦想，永远寻求新的可能性，难度越高，内心的不甘越强，执着精神就越发强烈，就像李白一样；要么彻底向现实妥协并放弃希望，变得麻木、颓败，甚至陷入抑郁状态。

无论哪种极端，都脱离了现实，放弃了现实的资源。

阿珍经历了五年循规蹈矩、一成不变的生活，却能主动寻求咨询师的帮助，说明她并没有放弃自己，内心仍然有股力量在支撑她重塑自我、走出束缚。而作为她的咨询师，我既希望能立足现实，帮她找到可行的路，又希望她能活出应有的风采。

我们一起探讨了三线、四线城市的特殊性，从业者幸福度较高的职业包括以公务员、老师、医生等为代表的传统职业；本地龙头企业管理者；创业主或个体工商户。另外，随着自媒体和直播经济的发展，小镇青年在副业领域开辟了新机遇。

经过两次咨询，阿珍决定尝试主副业的发展策略，副业为职业规划师方向。一方面，通过互联网连接外部世界，打破职业发展的地域局限；另一方面，规划主业+副业的变现路径，减少职业转型期的经济压力，实现职业转型稳"着陆"。

接下来的三年时间，阿珍一边工作，一边学习职业规划师的专业知识，主副业计划都在有序地开展。

三、创伤经历重现

当阿珍调整好状态准备逐步脱离主业时，她却因表现突出在一年之内连升两级，从下属子公司基层职工跃迁为集团总部中层干部，领导对她期待很高，希望她向董事会秘书的方向发展，逐渐接手集团的各项行政事务工作。阿珍始料未及。

阿珍职级和薪资大幅提升，周围人都为她高兴，她却痛苦不已，急切地想要结束主业，哪怕生活困顿，也要实现转型。

此时的阿珍让我想到晚年的李白,以近乎疯狂的、执着的姿态想要摆脱桎梏,实现理想。可现实是,阿珍和爱人背负房贷,二胎养育充满压力,副业未成规模不能稳定变现——经济是不可忽视的因素。我问阿珍:"如果孩子上学都成了问题,你会不会后悔辞职?"

她冷静了下来。

我提醒她,尽管她不喜欢主业,但确实做得十分出色,说明工作本身对她挑战不大。那么,为什么主业晋升反而让她如此难以忍受,迫切渴望转行?我想,是因为曾经创伤经历的重现:集团高层对她寄予厚望,对她采取的职业发展规划不符合她的内在价值观。她不愿意走的路,权威却偏要她在这条路上下苦功夫。就像当年她被迫回老家一样,虽然母亲不是有意"胁迫",却是"爱的绑架",她被迫回乡就业。当年接受安排的结果是,她失去了进一步探索世界的机会,也失去了刻骨铭心的爱情。现在,再次面对被安排,她想用近乎"惨烈"的姿态辞职,去"捍卫"当年逝去的青春。

阿珍再次泣不成声,坦言深藏多年的心结终于打开了。她不能不顾孩子和家庭,就像当年不能不顾母亲一样。但她可以在照顾别人的同时照顾自己,在追求理想的同时扎根现实情况。这几年,她一边学习职业规划知识,一边利用这些知识解决自己的问题,同时,增加了对外界信息的了解。她发现环保、养老行业前景不错,在当地也有发展空间,接下来,她会进一步探索相关就业或创业机会。

阿珍不再单纯地拘泥于专家的建议或解决方案,她发展出自己的力量,顽强地和过去、命运博弈,我相信她会找到真正适合自己的方向。

4.3 ENFP倡导者/激发者性格解读及发展建议

一、性格特点

ENFP约占总人口的6%。外倾型（E），能量主要从外部获取，热情、精力旺盛，爱好社交并善于社交，朋友多、爱好多。直觉型（N），好奇心强，想法多，富有创造力，能发现不同可能性，有强烈的探索和表达欲望，乐观，不自我设限，善于表达。情感型（F），倾向于依靠情感做判断和决策，温柔体贴，擅长觉察他人内在的情感需求并乐于满足他人，适合从事跟人打交道的工作。知觉型（P），崇向自由，善于随机应变，善长营造文化氛围，他们不喜欢枯燥乏味且压抑的氛围，喜欢轻松娱乐的工作环境。所以，有他们在的场合，更像一个脱口秀现场，非常欢乐热闹。

典型代表人物：李白，喜交友、爱喝酒，生性豁达，典型的浪漫主义诗人。

二、高频问题和发展建议

1. 容易误判自己的性格类型

首先，在我辅导过的千余名客户中，ENFP性格类型的人群最容易误判自己的真实性格类型。主要是因为ENFP富有极强的想象能力和联想能力，深度的共情能力，却缺乏客观、理性的判断能力。

其次，这种误判离不开重要教养人、特殊成长经历对他们的影响。就

像案例一中的小宸一样，他的真实性格类型为ENFP，可成年后测评结果为ISFP。这是由于他在青春期时曾遭遇过严重校园霸凌，又缺少外界必要的干预和支持，为了规避风险，被迫转变成内敛的性格。久而久之，真实性格被隐藏起来，连自己也无法辨识。

↳ 发展建议

当ENFP在厘清性格类型时，可以多回忆自己初高中时期的性格特点、行为表现，包括回想自己和重要教养人之间的互动，她/他对你有哪些影响，是否经历过特殊事件，事件过后你的性格发生了哪些变化。问自己："如果不受某人、某事的影响，我本来应具备怎样的性格特征。在进行重大选择时，更多地顺从原本的性格特征。"

2. 三分钟热度

ENFP性格类型的客户热衷于职业"大换血"，跨行业、跨城市地换工作。如案例一中的小宸和案例二中处于探索阶段的阿珍。

三分钟热度会让他们看一行、爱一行，入一行、换一行，高开低走的情况频繁发生。这是因为ENFP性格类型的人群好奇心强、爱好广泛，需先投入某种场景，有了切身体验后，继而能判断自己是否喜欢、擅长这件事。这种模式带给他们巨大的新鲜感、刺激感，不断吸引他们频繁投身不同领域。同时，他们想法多，易受外界重要人的影响，缺乏对个人核心价值观的提炼。因此，ENFP常陷入"样样通、样样松"的境地，他们看似有很多选择，却难以抉择并忠于抉择。

另外，由于ENFP想法多、思维灵活、善于应变，他们容易在职业发展关键期遭遇困难时回避问题，通过换行、换岗等方式另辟蹊径，可这并不能解决实际问题。

↘ 发展建议

区别对待职业和兴趣。在不影响主业的情况下，兴趣的拓展可以多多益善，丰富个人体验，充盈业余生活。而职业选择需要慎重考量，要专一且持续地打造核心竞争力。在选择职业前，最好通过生涯访谈、实习、实践等多种方式进行充分的职业探索和体验，阶段性评估自己与岗位的适配性，并做有效总结。

例如，针对实习工作1. 实习工作2. 实习工作3等分别列出：

我喜欢的工作内容有……

我擅长的工作内容有……

我不喜欢这份工作的原因是……

通过清单对比，不断加深对自己、行业的了解，从而具体、客观地梳理和分析岗位适配度，快速锁定适合自己的岗位。

当职业发展遇到阻碍时，可以借助自身的优势解决问题，而不是通过跳槽回避问题。

当ENFP性格类型的从业者进入职业发展成熟期或平稳期后，如果产生倦怠心理，就很容易受情绪支配选择转型或跳槽。但要理性地看清，频繁换行只会削弱他们的竞争力，加大未来生活的风险。必要时，成长意味着能够耐受住眼下的困难、枯燥，并在其中发现和创造新的可能。

3. 不善于情绪管理和时间管理，影响交付结果

ENFP往往是人群中的小太阳，给人留下快乐、轻松的印象，并且是各种社交场合的核心人物。但是，当他们一个人静下来的时候容易陷入负面情绪，是"把快乐留给别人，把悲伤留给自己"的类型。ENFP往往羞于

与他人提及这些负面体验，这使得他们在遭遇困境时，独自品尝苦涩，却较少得到外界支持。

因此，我建议ENFP能够更多地表达内在的情绪、想法，积极寻求外界的支持和鼓励，通过与外界连接获得更多资源，帮助自己解决问题。

在面对高压复杂情况时，ENFP的时间管理能力较弱，这导致他们极度拖延，浪费大量时间，直至交付节点前，才逼着自己匆忙交差。可是，临阵磨枪的后果通常是无法保障质量，容易让周围人失望。

另外一种常见的行为模式是他们的想法太多，一旦发现方向错了便频繁调整多次，反复后就会失去行动的动力，直至交付节点时，项目进度近乎停滞。这也令人沮丧和失望。所以，对于一个高管来说，花费他们精力较多的是ENFP性格类型的下属。

如果ENFP没有独特的商业价值，就容易被上级抛弃。

↳ 发展建议

对于重要项目而言，ENFP一定要学习时间管理技巧，学会坚持，能坐得住，完成任务的交付和对别人的承诺，这样才能避免使周围人频繁失望的局面。专注并深度工作对ENFP来说挑战性很大，但他们要知道，它是有价值的，是值得他们深耕相关能力的。

4. 缺乏深度思考和逻辑思维，影响事业发展

ENFP在语言表达上很有优势，却不擅长写文章、做工作汇报，以及需要数据、逻辑思维、条理性极强的文字表达。他们在写作中常会出现主题不明确，小章节和主题毫无逻辑关系，不同章节之间没有主

次，重要内容一笔带过，不重要内容长篇大论，语句不通顺，上下文衔接不清楚等情况。

这是由于ENFP缺乏逻辑思维。逻辑思维通常需要调动NTJ的能力，而TJ是他们的短板。这会导致在权威人士看来，ENFP是逻辑不清晰的人群，ENFP因此错失关键机会。

此外，ENFP容易陷入逻辑混乱的局面中，进而干脆彻底放弃，退出全局。

我督导的一位女性客户，毕业于双一流院校，本硕均为计算机专业，毕业后在某互联网大厂担任产品经理。在职业发展上升期，她的爱人既想让她多抽些时间陪伴家人，又不愿意让她放弃年薪45万元的高薪工作，同时还想让她趁早备孕。在家人的期待中长期纠结的她，偏偏职场晋升失败。多种因素混杂在一起，她产生了严重的职业倦怠，于是向我咨询是否能辞职，并转行做一名职业规划师。

此案例包含职业发展、工作和生活的平衡、现实经济压力、职业规划、职业倦怠、职业转行等多重问题。如果作为ENFP性格类型的她无法用逻辑思维理性分析局面，就很容易自相矛盾，陷入困局。

针对这种情况，ENFP一定要先建立自己清晰的价值观体系，再根据问题的轻重缓急依次解决问题，并提高逻辑思维和深度思考的能力，避免重复进入复杂、混乱的决策境地。

↘ 发展建议

学习并训练结构化思考的能力，培养逻辑思维，提高深度分析问题、解决问题的能力。推荐阅读《结构思考力》《金字塔原理》《控制论》（阅读难度由浅入深）。

5. 容易忽视个人优势补短板，试图成为专家型人才

在我辅导过的ENFP性格类型客户中，有不少客户意图放弃他们的核

心优势，转而成为某个领域的"专家"。比如，成为工程师、会计师、程序员等。

一方面，ENFP容易受主流价值观影响，尤其当主流价值观作用在他们的重要教养人之上时，会严重影响他们的判断和决策。

客户菲菲，在强势母亲的影响下，高考志愿填报了与个人特质极不适配的会计专业。毕业后她先后尝试过审计、会计工作，倍感痛苦，可在咨询时仍然希望自己成为一名会计师。

实际上，时代发展至今，心理咨询师、教师、IP操盘手都属于专家技术型职业，并不是看得见、摸得着的技术才是技术。

另一方面，ENFP容易因为多次探索，频繁调换行业、赛道和岗位无果，陷入极端自卑的状态，进而选择稳妥、技术类的工作，试图获得安全感。这是不理智的，因为在通常情况下，ENFP在从事会计、工程等技术工作时，既不擅长，也不喜欢，这些工作并不适合他们长期发展。

↘ 发展建议

（1）明确个人优势，在团队中卡对位置。

ENFP的核心优势是能说会道+社交、营销宣传+造势，他们会打造团队的文化氛围，在项目中擅长做发起者、倡导者。在团队中适合担任前端，专注跟人打交道的工作。如宣传推广类的雇主品牌打造、IP打造、广告策划、活动策划等；市场推广类的渠道管理、大客户管理等。

避免中台执行类的工作，如质量管理、生产制造或与后勤相关的工作。他们尤其不适合财务类的工作。

（2）在资源层面打造核心竞争力，以此兑换机会空间。

ENFP善于社交，各行各业的人脉资源都非常丰富，而且大都思维敏捷，不受传统框架束缚，他们最大的核心优势就是人脉资源系统。要知道，大多数职场人要在职场立足，拼的是能力系统，也就是精专某方面技能，擅长解决某类问题，实现个人价值，兑换相应的资源和空间。而ENFP可以考虑资源系统，这是独立于能力系统之外的存在。

比如，同样是销售人员，别人擅长用产品、销售技能搞定客户，ENFP则擅长通过关系搞定客户，这就是他们独特的商业价值；同样是人力资源岗位，别人擅长招聘、员工发展，ENFP则擅长搞定对外关系，推动跨部门协作，他们比其他人更容易走向管理岗。总之，当他们有大量的人脉资源，或者上下游的粉丝时，他们就能从中衍生大量的商业价值。

（3）ENFP需要打造知识体系，梳理自己的方法论。

ENFP在30岁以后要有意识地打造个人的知识体系，形成一套自己的方法论从而持续夯实核心优势，保持市场竞争力。例如，一位医药行业的市场经理要能围绕医药、市场、团队管理、行业人脉资源、个人成长方向，不断更新知识体系；再如，一位在大厂从事雇主品牌策划的客户要能围绕行业、人力资源、品牌管理、团队管理来打造知识体系。

三、职业选择与发展建议

1. 在职业选择上，ENFP要避开的工作

首先避开单一、重复、需要注重细节的工作，如与会计、数据分析、行政等相关的工作。

其次避开需要高度预测性的工作，如律师、金融、证券等相关岗位，ENFP可能很喜欢预测，但经常因为偏离实际情况而预测不准确。

另外，在通常情况下，ENFP的动手操作能力不强，因此尽量避开机械操作、维修等工作。

2. 推荐职业方向

（1）擅长社交和人际关系处理，适合销售、市场、渠道管理、人力资源等方向。

（2）能够在各种关系中游刃有余，适合公关、供应链管理等方向。

（3）具备源源不断的点子和创意，适合营销策划、广告策划等方向。

（4）善于语言表达，适合培训、教育、翻译、咨询等方向。

3. 适合的工作环境

大公司、大平台，这些工作环境具备完善的公司制度和薪酬福利；多元、包容的企业文化；相对清晰的工作流程和协作方式以及创业型团队。在通常情况下，ENFP不适合规则、制度过于严格的工作环境。

四、如何与ENFP相处

ENFP具有丰富的内心世界和广泛的兴趣爱好，且他们外向、热爱社交以及在与人互动中获得能量。

如果你的孩子是ENFP，你要多鼓励他参与社交互动。社交是ENFP性格类型的孩子的能量源泉。支持他们的社交活动不仅能满足他们的情感需求，还能促进其社会技能和情感智能的发展，帮助他们成长为更加全面的人。

如果你的领导是ENFP，他们热爱交流和互动，乐于倾听团队成员的想法和建议。因此，你可以尽量展示自己的热情和开放性，主动参与到讨论中，分享你的创意和见解。ENFP性格类型的领导者在具体执行层面上可能不如他们在创意方面的表现，作为团队成员，你可以主动承担起实施计划的工作，确保将想法转化为实际行动，这样可以弥补他们在细节管理方面的不足。

如果你的配偶是ENFP，你需要耐心倾听他们的故事、梦想和感受。不断地给予你的配偶情感上的肯定和鼓励，让他们感受到被爱、被尊重和被需要。他们的内在价值观和信念对他们来说非常重要，认可这一点会加深你们之间的联系。

第五章

ENFJ

热情洋溢,行走在人群里的太阳

5.1 "985"博士也迷茫

前言

"冲动型决策"是ENFJ人群的常见问题。由于外倾型（E）的视角，ENFJ在做选择时把更多注意力投入到外部的环境和评价体系中，忽视个人主观体验和价值观；由于情感型（F）的判断方式，ENFJ过于关注关系和谐，在选择时易受重要他人的影响。ENFJ凭直觉快速判断并形成决策，好处是快速完成决策过程，收到反馈；坏处是不够严谨、细致、理性。这种决策模式被应用于生涯、择偶等重大决定时，会带给他们巨大损失。

客户晓玲，某"985"高校管理科学与工程专业博士，专业是人因工程和用户体验方向。临近毕业，晓玲面对着一系列选择：是听父母的话回老家还是留在大城市发展？是进高校任教还是进研究院工作？是从事原专业对口方向还是转换方向？

这是典型的职业决策伴随着职业定位的问题。

一、冲动型决策模式

在咨询中，我先了解了晓玲过往的决策模式。

晓玲告诉我，在高考填报志愿专业时，她为了好就业，报考了某"211"高校财务管理专业。后来，晓玲觉得自身学历优势不够，不喜欢财务工作，决定考研，报考更好的学校。于是，晓玲用两年的时间将综合成绩冲到年级第一，从"211"末流高校成功考入"985"第一梯队高校。为了跟随合适的研究生导师，晓玲选择了市场营销专业。在博士阶段，晓玲发现自己对心理学感兴趣，于是选择了人因工程和用户体验专业——一个理工大学各专业中最贴近自己真实兴趣的方向。

这真的很符合她ENFJ的性格特点。

在博士阶段，晓玲发现自己不喜欢也不擅长科研，不喜欢设计实验参数、编程、建模这些工作，更喜欢并擅长与被试者交流，通过对话和交互实验不断挖掘用户需求，从而提出产品优化建议。这样一来，晓玲对职业方向感到迷茫，去高校任教和去研究院工作都有大量的科研任务——这让她感到绝望。可换方向就业，自己缺少社会实践经验，不知道自己能做哪些工作。

这时，父母催着晓玲回老家，想让她去大学当老师。对她来说，优点是工作稳定、体面，生活成本低，买房、买车压力小，亲朋好友能相互帮助；缺点是发展前景较为局限，没有可以改变的空间。晓玲更想留在大城市，优点是机会多，未来孩子的教育资源、医疗资源更好，可选空间大；缺点是经济压力大，充满了不确定性。

晓玲过去的决策像做选择题一样，总有几个选项可供挑选。现在，已知选项各有利弊，还有众多未知选项，要考虑的因素太多，且对未来生活影响深远，选择题一下子变成开放式的讨论题，没有老师教过相关知识和方法，一时之间，她束手无策。

作为晓玲的咨询师，我想我应该先帮她把如何做决策这堂"课"补上，毕竟，我们的一生都伴随着大大小小的无数个决策，而这无数个决策构成了我们的一生。

二、决策类问题的拆解

1. 跨越选项看目标——以终为始

当我们沉迷于分析不同选项时，选项和考虑的因素越多，越一团乱麻。这时，我们可以借用时间维度，跨越当下的选项，看向更远的未来——5年、10年以后，你期待的理想生活是怎样的？请为自己描述几个经典的工作和生活场景。只有确定了目标，才能罗列所有可实现目标的路径，才能评估哪条路径是最优解。

晓玲的回答让我哭笑不得。她说："我就是不知道自己想要什么样的未来才迷茫的。我只能想象成为一个大学老师的工作和生活，勉强接受，但一眼望到头，像过去这些年一样，有股力量被'封印'住了。可我没有实习经验，不知道还有哪些职业状态是我能向往的。"

这的确是博士群体的常见困扰，长期求学导致他们环境单一、路径单一，难免产生路径依赖。他们没体验过校园以外的世界，无从想象，既好奇又充满忐忑和恐惧。

解决方法一是观察身边的榜样人物。观察那些让你敬佩的人，他们的职业和生活状态，榜样人物是我们内在理想自我的投射，能帮我们拼出未来的目标。

解决方法二是回溯过往的经历。从性格、兴趣、能力、过去获得的成就事件中分析自身的核心需求和价值观，推测理想状态。

经过初步澄清，晓玲说自己内心真实的声音是向往校园以外的社会，对外面的世界充满好奇，幻想有一天成为一名女高管，拥有能力强，能赚取高薪的职业状态。可未来的不确定性令她恐惧。

2. 合理的决策态度和信念

（1）沉没成本不参与重大决策。

晓玲的恐惧也是博士群体面临的困境：本硕博多年的投入已经发生，即便知道不喜欢也不擅长高校和研究所的科研方向，碍于沉没成本和对未来不确定性的恐惧，他们因此裹足不前。

可是，沉没成本不参与重大决策。相比过去，未来的价值空间更大。而且，进入社会并不意味着过去对学历的投资是一种浪费，其中积累的知识、技能很大程度可迁移到工作岗位上。

（2）重大决策要充分整合个人现实与集体现实，理性与感性并存。

ENFJ往往过于看重集体现实，做出的决策也许人人满意，唯独忽视了自己的真实想法、需求和感受，即使勉强执行决策，时间久了也极易导致职业倦怠、中年职业危机，不利于长期发展。重大决策需要充分整合个人现实和集体现实，对晓玲而言，正视自己的想法和感受是需要勇气的。

理性决策是指个体要充分了解自身情况，包括性格、兴趣、能力、价值观、需求、家庭及重要他人的意见和影响；充分了解职业领域的信息，包括行业、职业、未来发展路径和策略等。在职业咨询中，咨询师能帮助客户有条理地、系统地梳理这些信息，这是形成决策的基础。

感性决策被称为"积极的不确定性"，是指个体用积极乐观的态度面对及接纳做决定时不可避免的不确定——信息的不确定、情绪的不确定、认知判断的不确定以及成功几率的不确定。

了解做决策的基本态度和合理信念，能扫除决策前的阻碍。

3. 明确备选项，形成决策和后续行动方案

我给晓玲介绍了传统职能部门中和她匹配度较高的几个方向，包括国际战略、国际商务、人力资源、市场、销售、供应链等，考虑到她的高学历和过往学历投资成本，我优先建议大型国央企的国际商务方向，未来向综合管理者角色发展。

基于这一未来角色定位，晓玲在咨询之初带来的一系列问题就迎刃而解了：一线城市，国央企大型平台，国际商务或战略方向，未来走管理路线。

不到一个月，晓玲就收到了好几个offer，她最终选定某药企战略咨询顾问这一岗位，ENFJ社交悍匪的特点让她很快就适应了新环境、新团队，成为同批新员工中最受重视的一员。

在晓玲发给我的团队合影中，她站在领导的右侧。这让我不禁想起在咨询中她曾说的"多年封印"，现在是不是已经打开了呢？

5.2 不会开飞机的老师不是好的股票操盘手

前言

ENFJ爱转行，经常爱一行、干一行，干一行、换一行。由于不得要领，高开低走的情况时有发生，因此，尽管ENFJ转行经验丰富，但他们并不是转行高手。

客户舒克，在咨询时38岁，飞行员，给我的印象像一个东北大男孩一样，高大帅气，完全符合人们对飞行员这个形象的想象。他的简历略为传奇，在任职飞行员期间完成了硕士和博士学历，荣获了"中国最帅飞行员"国家级称号，国家领导在视察工作时，他代表公司参与陪同讲解，还上了央视晚间新闻，是公司里的"风云人物"。

除此之外，舒克像一个"印证机"一样，利用业余时间考取了各类飞行员专业资格认证和航空证书、无人机指导教师资格证。考取完行业内的就考取行业外的：基金从业人员资格认证、高级短视频运营策划资格认证、心理咨询师资格证书、健康管理师资格证书、初级会计师资格证书等各类与他飞行员身份"八竿子打不着"的资格证书。他精力旺盛，果然不负ENFJ的性格特点！

5年后，舒克受不了体制内的风气，也受不了驾驶室的机械操作，连个唠嗑的人都没有，生活单调乏味，坚信"天生我材必有用"的舒克选择了辞职。在之后的6年里，舒克做过公司高管、无人机高级教员，但兜兜转转还是和老本行打交道。舒克不甘心如此，于是选择了创业，可连续三次都失败了。最惨的一次是当时做口罩出口贸易，因无法及时交付货物导致公司倒闭。舒克说，那一天他站在广州的一个天台上，差点一跃而下。

舒克现在年近40岁，背负着200万元的辞职违约金。求职？薪资会越来越低；创业？会赔掉家底儿。接连的打击让曾经意气风发的舒克一蹶不振。

我问舒克："后悔辞职吗？"

舒克回答："不后悔。即使现在能回去当飞行员，还完债还会再辞职。"

原行业实非心中所属，舒克的问题属于转行类问题。

一、转行的三角模型

转行和决策都属于复杂问题，过往心理学和生涯领域针对此类问题有过许多研究，理论和技术流程较为复杂，我结合咨询经验，总结了一个简易的三角模型（见图5.1）。

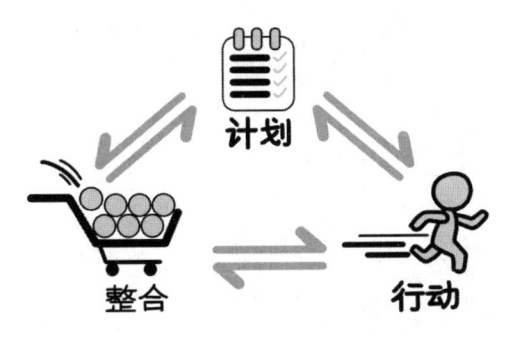

图5.1 简易三角模型

（1）传统的转行经过整合—计划—行动—再整合—再计划—再行动形成正向循环，促进转行成功。例如，整合内外部认知、因素、资源，总结过往成功经验和失败教训；形成定向计划，设定合理目标；收集内外部反馈，快速行动，将该阶段经验纳入下一次整合中。

（2）在现实中，个体可能在任何一个位置开始，正向或逆向促进转行的成功。埃米尼亚·伊瓦拉曾在《转行》中写到"转行要'先行动、再计划'"。她主张通过创造实验机会、改变关系网、为职业生涯转变做出解释来塑造和实现个人职业身份的转变。实际上，这一观点以行动为起点，再拟定初步计划，整合经验，开启下一步的再次行动。

（3）在现实中，个体可能卡在薄弱环节，无论正向还是逆向都会导致转行的枯竭或失败。

以舒克为例，他有着很强的行动力，但在计划和整合方面较为薄弱：舒克在计划的定向部分缺乏理性思考，缺乏对风险的评估和控制；在整合方面问题尤为突出，对个人优势和可利用资源认识不足，存在认知偏差，不善于总结各阶段经验。

在咨询中我问舒克，是什么让他从天台走下来的。

舒克告诉我，他想起爱自己的父母和家人，如果自己出事了，他们怎么承受丧亲之痛。但同时，他也想起军人出身的爷爷说过的话："没有一门专业技术，你就难以立足社会。"他丢掉了赖以生存的飞行技术，现在的他什么也不是。他没有价值，他什么都不会，他什么也做不好……

二、转行是重塑自我的过程

1. 调整不合理信念

"人必须有一门专业技术，才有竞争力，才能在社会上有一席之地。我丢了这个技术，还失败了很多次。果然爷爷是对的，我陷入了绝境，我的生活没有希望了。"舒克的心里似乎形成这样一套逻辑和核心信念。在这种信念下，他很难重启循环。

在咨询中，我做的第一件事就是向他澄清什么是"技术"。我问他："你觉得我作为职业规划师，帮助客户梳理职业困境并给出解决方案，算不算能吃饭的本领？"

"当然算了。"

"好，那么你作为一名无人机教员，你把掌握的专业知识通过转化变成通俗易懂的课程教给学生，帮助他们掌握无人机操作技术，这种讲课能力、表达能力以及对复杂信息的转化能力，算不算技术？"

舒克有点懵，他没想到我会这么问。思考片刻，他长舒一口气，肯定地点了点头。

我继续问道："那么，现在的你是否要重新思考，到底什么才算是技术？只有飞行员、程序员、工程师这些传统职业能够掌握的才算吗？短视频博主的内容创作能力，律师的谈判能力，高管的组织管理、解决复杂问题的能力，投资人评估产品和项目的能力，网红的影响力、实现粉丝资源变现能力，这些算不算呢？"

铺垫得差不多了，我给舒克介绍了竞争力金字塔模型，告诉他，在当今社会，管理、授课、创作这些软技能是竞争力，能让人安身立命，在此之上若能发展资源层面的竞争力，赚钱会更容易。

竞争力金字塔

2. 总结经验，充分认知个人优势和资源

我和舒克一起梳理了他的性格、能力、工作经验。舒克善于社交，人脉资源丰富；精力旺盛，擅长多线条工作同时推进——除了无人机教员，他还是一名UP主，同时跟着一位老师学习理财，在股市中盈利不少，发展了多种社会角色；舒克知识转化和语言表达能力强，能组织一群人一起备考，帮助他们梳理知识点，快速通过考试；舒克拥有东北人的幽默天赋，并凭借此天赋轻松应对人际危机并扭转局面。

在舒克过往的信念里，这些优势和资源一文不值。否定一个人的核心特质，在某种程度上相当于对这个人的全盘否定。而在转行过程中，需要整合一切优势和资源，才能形成新的定向计划。

舒克听到这里，一改往日的颓败，眼里开始有了希望。

3. 总结教训，分析盲点和改变

硬币的另一面，是总结盲点和过去失败的教训。以口罩出口贸易为例，舒克听说这个生意很赚钱，仅凭主观臆断觉得时机对，虽然对出口贸易过程中的风险点一无所知，但为了想象出来的巨大利益愿意一头扎进从未涉猎的领域，这是舒克常见的问题模式，也是他必须吸取的教训。

三、提纲挈领，重启三角循环模型

我们总结了舒克的转行重点：

（1）能解决债务危机；

（2）能发挥自身的优势和资源；

（3）领域集中在曾涉猎过，有过成功经验，能控制风险的领域。

接着我们从职能角色定位分析了哪条路径能快速实现解决债务的目标。拥有专家技术的飞行老师、培训班老师、自由职业和职能型管理者的变现能力相对薄弱，首先被排除。高管和创业者的经济收益可观，有利于实现经济目标。因此，我建议舒克的长期规划以创业为主，短期内可以到大型航空学院做管理者，解决生活所需。同时积累资源，寻找创业项目和机会，尤其是股票投资方向，可以利用半年时间尝试运作，观察收益情况、探索有效方法和把控风险。

半年后，舒克的股票投资业务已小有起色。为了吸引更多的优质客户，他开了一家公司，专门服务线下客户。同时，他开展着新媒体相关副业，组织管理着一个线上成长社群。这半年里，舒克已经完成了转行三角循环模型的两次循环，步入正轨。

写在最后

不论是做决策还是转行，ENFJ容易以他人评价和客观结果来评价自己的成败。若能将探索经验看作行为实验，通过实验不断提高决策或转行的能力，会更有力地推动他们持续成长。

5.3 ENFJ教导者/公关专家性格解读及发展建议

一、性格特点

ENFJ约占总人口的2%~3%。外倾型（E），能量从外向内流动，这意味着，他们更关注外在世界的人或物，有着很好的社交能力。直觉型（N），直觉能力强，有创造性，对哲学等抽象概念感兴趣，同时具有宏观视角，能跨越当前的问题看现状。情感型（F），感性，容易依靠情感做决策和判断，追求人际关系的和谐，回避冲突，不喜欢甚至害怕被批评。判断型（J），做事有计划、有条理，目标感强。总体来说，ENFJ是人群中的小太阳，阳光、积极、热情，生命力强，非常有感染力。

通常直觉型（N）人都有语言表达天赋，ENFJ尤其如此，他们的言语不仅有感染力，而且有煽动性，因此，他们要小心使用自己的天赋。

ENFJ非常勇敢、坚强，他们古道热肠，看不得人间疾苦，有着非常高的道德感和博爱精神。生活中的ENFJ乐于助人，难以拒绝别人的求助，不仅帮别人解决问题，还照顾别人的感受，是非常值得信赖的伙伴。

这个性格类型的代表角色是教育家，是最适合为人师的性格类型。他们有着16种性格类型中最强的文化输出的能力，能够把复杂思想深入浅出地传达给别人，影响别人。

典型代表人物：孔子，周游列国，结交无数，弟子三千，是我国乃至世界最伟大的教育家之一。

二、高频问题和发展建议

1. 冲动决策，导致发展频繁遇挫

爱跳槽、爱转行。ENFJ对世界充满好奇、充满爱，他们在全国到处跳槽，要是有条件，可能在全世界到处跳槽，东西南北，哪儿都能住上几年。这使他们的资源非常分散，难以聚沙成塔，形成有效势能。

他们不但爱跳槽，还爱转行，行行风马牛不相及。我有一位同学，毕业后在服装行业创业，创业不行，改行人寿保险，保险行业难，改做医美销售，医美销售没做成，转做汽车销售，后来又改做微商，再后来改做玉石直播……以上源于他们的一个决策模式——冲动决策。

ENFJ性格类型的人，通常在萌生一个想法时，就行动起来了，有时候甚至行动远快于他们的头脑和心情。最让我们咨询师挠头的是，他们总说"我不后悔"。这是与INFP恰恰相反的一类人。INFP就算选择了最优选项，也会后悔；ENFJ在冲动之下做出再愚蠢的决策，都不会后悔。

但是，总体来说，这种冲动决策会让他们付出非常大的代价，造成时间资源的浪费与热情的消耗，对事业发展和个人成长都非常不利。

↳ 发展建议

在做重要决策前，提高ST维度的能力，多搜集相关信息与事实依据（这一点极其重要）。或者，寻找身边ST类型的人，听听他们如何分析利弊、应对风险以及针对对决策的具体建议。尤其是被证实过可以信赖的ST类型的朋友，且你的决策与他没有直接的利益，那就听听他们的建议。听人劝，吃饱饭。

2. 过于感性，遇人不淑

我们在前文介绍了ENFJ的性格特点：热情、乐于助人、好为人师，难以拒绝别人的求助。像人群中行走的太阳一样，照耀其他人。于是，这样的性格特点就会招致一些索取型的人，甚至居心不良的人，对他们索求无度。

我的客户小舟是典型的ENFJ。大学期间，她和自己的初中同学恋爱，这个男朋友既无所长，又境遇悲惨，小舟决心拯救他。尽管亲友反对，但小舟在大学毕业后就选择了结婚。然而，她忽视了两人在学历、兴趣、社交圈子和家境上的巨大差异，导致日常生活摩擦不断。为了照顾丈夫的感受，她放弃专业工作，随他回到小县城经营小生意。几年后，小舟多次被丈夫骗取数十万元，却仍为其辩解，直到发现他出轨才提出离婚。

离婚时，前夫让婆婆出面哀求，小舟不忍让孩子与奶奶分离，男方因此获得抚养权。之后，前夫称自己无法偿还外债，孩子可能受苦，小舟想到自己因高学历能找到工作还债，于是主动承担了外债。离婚后，前夫立马翻脸，小舟连自己的孩子都见不到了。

ENFJ过于感性，因此他们难以拒绝他人的求助，甚至在许多关系中，都被过度索取。

冲动决策导致他们做事难以取得成就；感性决策导致他们身边有太多低质量的人际关系。虽然ENFJ是太阳、是光，不怕黑暗。但是，《易经》里有一卦，叫作明夷卦，地火明夷，呈现出太阳埋到大地之下的现象，表示光明有损，主伤。ENFJ勇敢、坚强，

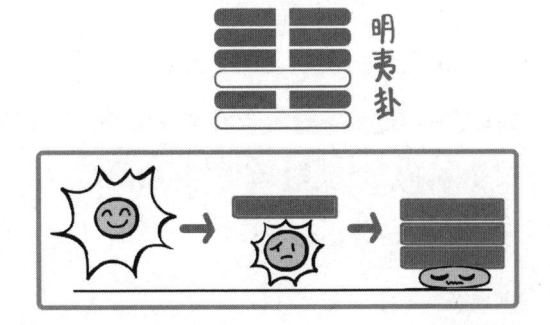

不怕黑暗，可是不代表不会受伤。我希望他们可以珍惜自己的能量，用智慧保护自己的赤诚和热情。

▶ 发展建议

（1）定期自我觉察，识别身边别有用心的人，能够意识到这种被"寄生"的关系是不合理、不正常的。

（2）然后，果断地拒绝。否则，ENFJ就会像一只脚踩进了沼泽地一样，越陷越深。

3. 周围人和ENFJ自身，都容易轻视其核心能力

ENFJ认识很多人，可都是点头之交；ENFJ擅长演讲和表达，可那是夸夸其谈，好像没啥实用；ENFJ尝试过很多行业，去过很多地方，他们又怎么样，你发现自己毫无一技之长。

不仅ENFJ自己这么想，周围很多人都认为，没有一项专长，就没有竞争力，就无法在当今职场混下去。但是，我要说的是，周围人和ENFJ自身，都轻视了核心能力。

事实上，管理能力、语言表达能力、文化输出能力、内容创作能力、组织协调能力、统筹安排能力、培训与写作能力、社交能力等，这些在常规能力中总是被划分为软技能的能力，是ENFJ最擅长的部分，在某些领域，它们是核心的硬技能。比如，ENFJ要走管理路线，那么以上这些能力都非常重要。

↘ 发展建议

明确自己在团队中的角色、功能价值，建立自信。

一个团队常见的配置与分工如下。

NT类型，战略高手、船长，明确团队目标和方向的决策者。

NF类型，文化高手、孔雀型人，向内负责组织建设，向外负责宣传推广；让内部有凝聚力，外部有影响力的角色。

ST类型，技术高手，擅长解决各类技术难题。

SF类型，后勤高手，有"战争"时，是后勤保障；和平时，是负责日常管理的大管家。

在一个团队里，有人搞技术，但是没人宣传技术，打开市场和销路，团队还是无法实现目标。而ENFJ是NF家族最有代表性的性格类型，他们最擅长宣传、演讲以及各种形式的文化输出，让更多人知道这个团队和品牌，把产品或技术推销出去。

ENFJ生来就是这方面的专家，因此，他们大可不必成为一个"攻城狮""程序猿"（理工技术专业调侃词）……他们已经非常有价值了。

4. 个性张扬，不善于守护期待

ENFJ个性张扬，适应能力强。他们不仅在学习和工作中表现出色，能迅速适应新环境，还能迅速融入新的人际圈。他们擅长公开演讲和表达，给人留下良好的第一印象。因此，在新员工中，领导通常会最先关注和重用ENFJ，愿意培养他们。

然而，在具体工作中，ENFJ可能会有些马虎和挑剔，这与他们给人的第一印象不符，有时会让人感到失望。

例如，一位ENFJ性格类型的客户小卓，本科毕业后进入大厂担任管培生岗位，在无领导小组面试时就有出彩的表现；在第一批不到10个进厂的新人里，是最快熟悉环境的人；在新人群里有较强的表现力和影响力。领导优先选择带他进项目小组，给他安排搜集市场信息，整理数据，写报告、写PPT等工作。可是小卓对那些基础数据整理和待人接物的工作很不耐烦，觉得大材小用，几次出差拜访客户态度都很冷淡，这引起领导的不满，很快小卓就被劝退。

↘ 发展建议

耐住性子，稳扎稳打。《素书》曰："名不胜实者耗。"任何职业都需要切实落地，基础扎实才能谈上层建筑。因此，我建议ENFJ在进入岗位后能够耐住心性，完成工作必需的基础内容。

就像一位职业规划师一样，他们要有扎实的理论基础（需要大量学习、背诵、识记），行业、职业信息的持续搜集和整理，系统的技能训练，咨询经验的积累，每次咨询结束后都要进行记录、复盘乃至督导。

三、职业选择与发展建议

1. 在职业选择上，ENFJ要避开的工作

他们的社交欲望非常强，因此，避开一个人哼哧哼哧干活的职业，如档案管理员、纯技术类工作。

他们缺乏对细节的耐心，不够细致，因此，避开行政、会计、金融、计算机等和数据打交道的工作。如果从事人力资源方向的工作，不要涉及绩效、社保相关的模块。

他们过于感性，缺乏理性，避开与法律相关的，人际冲突较多的工作以及与机械、工程相关的工作。

2. 推荐职业方向

（1）ENFJ是天生的教育家，擅长因材施教，深入浅出地把抽象概念具体化并高效输出，与人互动能力强，能够快速建立情感联结。他们创新且有个性的引导方式能及时得到他人反馈和回应，让他们产生更大的热情去分享、输出。因此，各方向教育岗位都适合他们，大学教授、初高中老师等，再延伸，演讲师、培训师、教练、翻译、主持人、导游等，这些职业都能发挥他们的第一天赋：表达。

（2）第二天赋：社交及说服能力。对外，采购、销售、市场营销、渠道管理、公关、编导、制作、品牌策划等与人打交道的工作都适合他们。对内，人力资源管理相关岗位非常适合ENFJ。

（3）ENFJ善于觉察别人的心理活动和需求以及他人的优势潜力。因此，咨询行业的相关岗位很适合他们。包括各类商业咨询、职业规划、心理咨询等领域。

四、如何与ENFJ相处

如果你的孩子是ENFJ，需要家长和老师注意几个方面。

（1）ENFJ性格类型的孩子往往渴望得到他人的认同和赞美，所以家长和老师应当及时地对他们的努力、成就以及善良的行为给予积极的反馈和表扬，这有助于增强他们的自信心和满足感。

（2）他们对周围人的需求和感受特别敏锐，有时可能会忽略自己的需求去照顾他人。因此，家长和老师要教导他们学会平衡，既要让他们发挥关爱他人的优点，也要让他们学会保护自己，设定个人界限。

（3）ENFJ性格类型的孩子可能基于情感做出决策，家长和老师可以通过实例教导他们结合逻辑和事实进行思考，帮助他们在做决策时兼顾他人感受和实际情况。

（4）他们具备很强的领导潜力，家长和老师可以适时赋予他们一些责任和角色，如家庭中的某些职责或在学校里的团队项目，以培养他们的组织能力和领导才能。

如果你的领导是ENFJ，通常他们富有创意和想法，需要你能适时地表达和赞赏。在意见不一致时，首先进行情感沟通，表达共识的部分，再分析不同之处的利弊，引导其理性思考。通常他们乐于教导、指导他人，在相处过程中，可以对此表达充分的感谢，反馈自己的领悟和收获。他们往往不善于注重细节、核实核算数据等工作，做事不够审慎、精确，因此，在团队里需要搭配善于这方面工作的人。

如果你的配偶是ENFJ，他们喜欢被赞美，因此，你要勤夸奖他们，表达自己对他们的爱意，多多益善。ENFJ喜欢浪漫和仪式感，因此，逢年过节或者纪念日，你最好能用心为他准备一份精美的礼物或难忘的仪式。他们喜欢公开展示自己的生活，你可以多创造一些特别的生活体验，供他们展示，如一份精美的礼物、浪漫的就餐环境、唯美而富有特殊意义的旅行。在他们遭遇挫败时，你要能够倾听并陪伴其左右。

第六章

INTP

行走在高智领域里的逻辑鬼才

6.1 被剥夺人生选择权的女孩勇敢跨考法学硕士

前言

我在咨询观察中发现，发展早期的 INTP 往往因为无法承受来自关系的压力而做出巨大妥协，选专业、选工作、选婚恋对象……在重大决策中放弃个人观点和立场所付出的代价巨大，而结果也令人无比惋惜和遗憾。

客户风清扬是个非常聪明的女孩子，从小学习成绩出类拔萃，关键是她还没怎么努力过。即使在学业压力繁重的高中三年时间里，她照样玩手机、早恋、上课睡觉……是那种虽然上课睡觉，考试成绩却很出众的人设。

我问她是怎么做到的，她说她会自己看书，然后把知识点框架梳理出来，总结逻辑和规律进行推理并举一反三。上课的时候如果听老师讲的和自己推理的一致，就不用继续听了。

这姑娘聪明到让我嫉妒。而且，这很符合 INTP 的性格特点：善于逻辑分析、有创新思维，能从复杂的信息中找出模式和联系，是解决问题的高手。

如此天才型的选手，如今每天都战战兢兢，担心出错，怕给同事拖后腿，怕成为一个没有用却不断给别人添麻烦的人。我不由得好奇，发生了什么？

一、初中放弃科研理想

风清扬的第一次轨迹改变发生在初中阶段。

风清扬和家人提出未来要从事与航天、芯片相关领域的研发工作，被妈妈讽刺："女孩子哪做得了那么高端的工作？快别想了，你可做不成这样的事。"于是，在文理分科时，她"理智"地选择了在分数和排名上更有优势的文科。这是她在分科选择上，第一次偏离真实自我。

为什么这么说？

风清扬是典型的INTP性格类型，Ne使她小小年纪就能够觉察到身边的机会，知道航天、芯片方向是我国技术紧缺的方向，同时，她深知这些技术对国家发展的重要战略意义，并认同相关职业的价值。把职业定位选在研发方向，也符合她优势功能Ti的天赋优势，约翰·毕比曾概括Ti的特点：命名——界定——理解。

命名：尝试赋予一个定义；

界定：解释说明其内涵的意思，确定其边界和极限；

理解：确信某件事的意思，知道为什么发生某事。

利昂娜·哈斯和马克·亨齐客概括Ti的特点为善于质疑已被接受的观点；能看到假设及其逻辑结果的潜在结构；真理和公正是指导原则。

在社会工作中，Ti尤其擅长从事战略制定、理论研究、科学研发、复杂技术等高脑力、智力刺激的社会活动。在我国十三大学科门类中，他们更能发挥自己优势的学科有经济学、管理学、法学、工学、理学、哲学、军事学和医学。

有长期发展的意愿和兴趣作为内动力，而且这个愿景方向符合主客观因素，不可多得啊！可惜的是，风清扬受妈妈的影响，放弃了科研理想。我脑子里闪出的第一句话就是"国防七子欢迎你，可是你怎么错过了呢……"

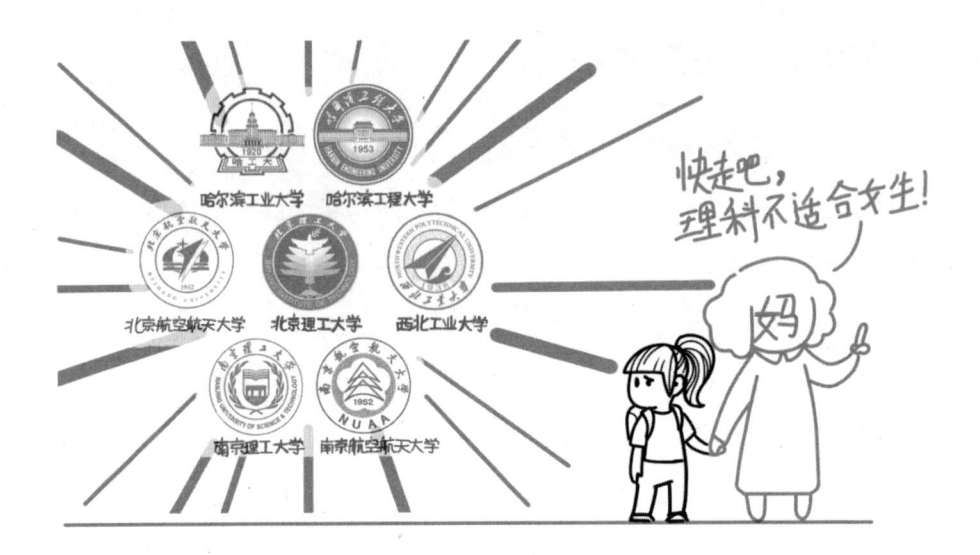

二、一步错、步步错

风清扬的第二次轨迹改变发生在高考志愿填报时。

和很多同龄人的懵懂状态不一样，风清扬很早就做了高考志愿填报的攻略，了解了填报规则、规律、方法，根据往年各大院校的录取情况，结合自己的分数做了填报方案，优先考虑专业方向和自己的匹配度，放弃了排名更靠前的院校。

但妈妈不能接受这个方案，在填报期间不停地说："你连×××大学都考不上吗？"妈妈强烈要求风清扬优先考虑排名更靠前的院校，放弃专业的选择。

风清扬前后15次向妈妈解释为什么要优先考虑专业而非院校，妈妈依然不能接受。最终，为了能顺利被×××大学录取，她放弃了文科里相对更适合自己的法学和经济学，选择了分数门槛比较低的文学中的语言类——英语专业，这个曾经她扬言无论如何都不会选择的专业。

听到这儿，我脑子里闪出一个画面：爱因斯坦去当翻译了……

风清扬的第三次轨迹改变发生在毕业后。

风清扬本来还想跨考法学类研究生，由于跨考的局限性，加上临近毕业班级工作多导致精力分散以及妈妈的强烈干预，她最终选择了考教师编制，进入院校教师岗。又由于岗位调动，她被借调到政府服务窗口，负责收集并报送材料，整理并报批文件，撰写文字材料，接待来访群众的问询电话……

每天对接很多人——需要外倾型（E）的能力；

从事事务性、重复性、要求细致且容错率极低的工作——需要感觉型（S）的能力；

倾听、接纳、处理群众提问，跟人打交道——需要情感型（F）的能力；

被严格的等级制度、时间规则等约束——需要判断型（J）的能力。

从事着与自己性格优势完全相反的工作，使得风清扬每天加班加点，小心谨慎，却还是担心出错给同事拖后腿，害怕成为一个没有用却不断添麻烦的人。

我的脑海里闪现出一幅太极图，白色的风清扬在文理分科时，一刀下去，让自己站在了黑色区域里；在选择专业时，放弃了黑色区域里的白色领域……白色的个体站在黑色领域中，一定很恐慌。

三、问题分析和解决

（1）当我们用约翰·毕比的类型与原型理论理解INTP时，就会显得更加清晰直观。

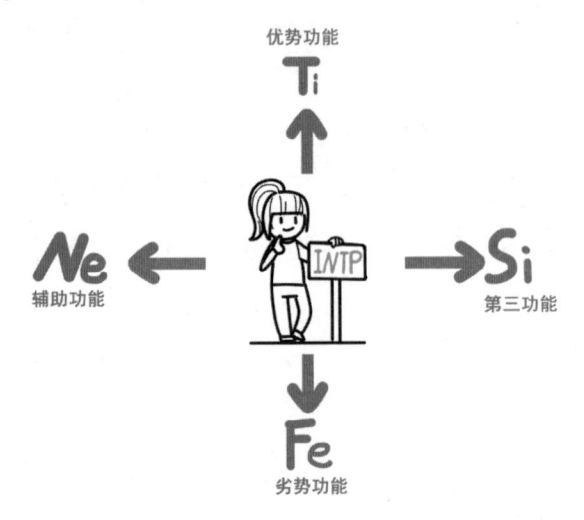

INTP的主导功能为Ti，他们更善于为不同阶段面临的选择进行个人定义界定、范围划定及标准和框架设计，再结合个人的实际情况形成解决方案。

当外界对他们产生质疑、否定和引发剧烈情绪时，会引起他们的羞耻感，这时他们可能被迫调用自己的劣势功能Fe，接受与客体的价值、传统的价值、被普遍接受的价值相一致的标准，向客体妥协，放弃主导功能Ti形成的判断和方案。

这种现象在中年INTP身上较为常见，人际关系和人际冲突总是让他们手足无措，难以应对。

（2）INTP和周围人都容易忽视的事实是，INTP关于某个问题的知识储备可能远超过同龄人、老师和家长，但这个"知识系统"需要一些时间来发展和完善，才能日趋成熟，而发展初期的INTP很难把如此复杂的系统解释或呈现给别人，他们只会讲道理。对于权威而言，一个学生或孩子在跟自己讲道理，太缺乏说服力。INTP并不是因为知识储备不足而无法说服对方，更多时候是因为自己的角色身份不足以引起对方的重视，这会导致

INTP怎么说都无法被接受，进而他们会感到沮丧、无力，放弃个人的观点，结束痛苦的对话。

INTP和INTP的教养人都应了解以上情况，避免在重大决策中为了表面关系的和谐而放弃Ti思考的结果。

（3）INTP在做重大决策时，可寻求相关专家（知识储备优于自身的）的指导。以选择文理分科、大学专业、职业等为例，高考志愿填报师、学业指导师、职业规划师都能帮助INTP补充盲区，核实关键信息和核心概念，完善逻辑架构，确定解决方案。

写在最后

风清扬的故事曾发表在知乎、公众号（"她生长"）上，有很多网友留言，他们和风清扬是同一性格类型，也有类似的遭遇。我想对这样的朋友们说："不论外界如何，永远不要完全改变本真的部分。如果你丢掉了真实的自己，一定要把她找回来。"就如案例中的风清扬一样，后来她毅然决然地跨考了法学硕士，祝你们都前途光明。

6.2 期货分析师的职业危机和中年危机

前言

习惯"绕行"这个现象在35岁以上的INTP人群中较为常见，即使他们已经晋升到高管的位置，一些INTP性格类型的客户仍然不能直面难题，总想寻找其他更省力的路径。有一些INTP性格类型的客户显得很努力，可结果总是不如人意，这时，他们会告诉自己："我尽力了，我现在没有办法，我只能换个行业了！"其实，他们仍没有逃出"绕行"模式。

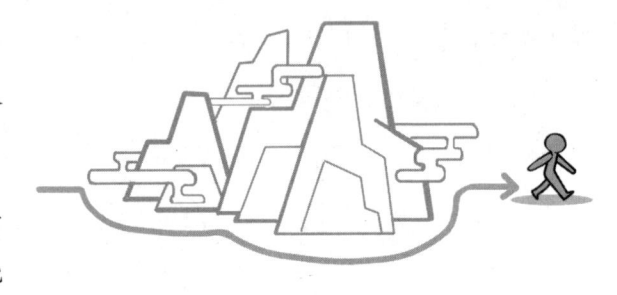

淑红，38岁，双一流院校金融专业本硕毕业，已婚已育，经济压力较重。拥有12年投资分析从业经历，咨询前在行业Top3的某国际贸易公司担任研究员，年薪15万元以上。

部门因业务调整面临解散，淑红自认为工作表现欠佳，辜负领导期待，主动向公司提出辞职。离职后，淑红想到这些年自己像"老黄牛"一样辛苦工作，职级却停滞不前，专业没有精进，收入还处在行业中下游，毫无长进。她严重怀疑自己是否真的适合在金融领域发展。要不要转行？转行做什么？如果不转行，能不能转到股票投资或私募赛道？接下来到底该怎么继续发展？

淑红带着一堆疑问找到我。

一、通过转行解决职业危机？

金融专业硕士学历，12年的投资分析工作经历，前雇主在行业排名前三，淑红的核心竞争力集中在期货分析上。她的性格类型是INTP，主导功能Ti擅长建立分析架构，客观、理性、有逻辑。辅助功能Ne善于预测趋势和机会，和目前工作高度匹配。资料显示，淑红喜欢研究各类投资产品，帮助客户制定投资方案，为销售人员讲授产品知识，相关能力得到广泛认可。淑红的兴趣、能力都不差,她为什么转行?她想转到哪些领域,原因是什么?为什么她对工作的主观体验特别差,自我效能感差?

我也带着一堆疑问开始了和淑红的咨询。

咨询一开始,我就问淑红:"有哪些转行的方向?怎么考虑的?"

淑红告诉我,她考虑过转到股票投资和私募基金领域,但都有难度,如人脉资源和信息渠道的挑战。她还考虑过儿童教育和家庭教育咨询领域,能较好地平衡家庭与工作,陪伴孩子成长,算是换一种生活方式,但缺乏相关知识和能力的积累。

我进一步问她:"看上去都有难度,有解决方案吗?"得到的回答是:"没有。"

"如果转行到陌生领域,可能会有一段时期收入很低甚至没收入,你爱人能承担起家庭的经济压力吗?有解决方案吗?你能接受那个局面吗?"淑红的回答都是否定的。

《素书》有云:"失其所强者弱。"放弃拥有核心竞争力的领域盲目转行显然不可取。

于是,我们很快就明确了淑红当下的核心问题,不是转行问题,而是发展类问题:淑红在职业发展上遇到了阻碍,处于停滞状态,我们需要分析是什么原因导致的这种局面以及如何解决。

二、拆解职业危机

发展类问题往往离不开外部因素的影响:国家经济、政策、行业周期、公司发展与机会空间、家庭与社会支持系统以及文化或性别等方面。我们逐一梳理,最终发现,尽管近年来金融行业的机会空间在萎缩,但并没有影响到淑红所在的层面；公司发展层面也没什么问题；历任领导都很重视并大力栽培淑红，有的领导晋升、调岗都会带着她一起，可谓爱护有加。可见，淑红的问题来自内部。

为了找到问题症结，淑红详尽地为我介绍了她的成长经历、工作经历以及最后一份工作中遭遇的职业危机。

淑红在农村长大，家境贫寒，妹妹因病早逝，实习期投资被骗，淑红在创伤和困境中长大，这让她早早就变得独立，异常刻苦。上大学时，和同学"金融骄子"般的意气风发相比，淑红显得"灰头土脸"，她省吃俭用，一刻不闲地打工攒钱，甚至会饿晕。除了应付学业，淑红还要带妹妹四处求医，最终却无力回天。

创伤带给淑红的影响持续到现在。在工作中，她吃苦耐劳，总是主动加班，遇到问题自己想办法解决。上一份工作是她理想的平台，同事都非常优秀，淑红很珍惜。为了不辜负领导的期待，她拼命地想要表现自己的优秀。为了不给领导找麻烦，淑红从不暴露自己的"无能"，也从不主动汇报。领导交代的任务，即使不懂，她也不敢提出来，她满口答应，回去再费劲儿地从网络上检索专业知识。

一方面，这种沟通方式效率极低，加上淑红对工作交付标准的要求特别高，有几次没能按要求完成任务，她羞愧极了。尽管领导多次宽慰她："有不懂的地方可以问，不用怕麻烦，有困难就说出来，可以一起解决。"但越是这样，淑红就越不好意思张口，等下一次就更拼命加班钻研，淑红自评："闭门造车。"

另一方面，作为投资分析师，淑红的主要工作是关注行业信息并进行投资分析。但她将平日的时间更多用在了帮助销售人员"促单"上。每当销售约大客户面谈时，都会第一时间请她帮忙从专业角度给客户做产品推介。她倒乐此不疲，觉得帮助了同事和客户，感到自己很有价值。

销售按常规分给她提成，但她不好意思接受，都拒绝了。时间久了，大家就习惯了她的"免费付出"，不再提分成的事情……

总体来说，我认为淑红遭遇了INTP的中年危机，而早年的创伤加剧了她的危机。

（1）Te处在人格阴影区，压抑。缺乏长期职业规划，包括未明确角色定位，无清晰的发展路径和策略，缺乏对投资知识的学习导致知识系统难以完善和更新；缺乏目标导向，完美主义倾向导致工作效率低下；主动

放弃属于自己的合理收益导致投入和产出严重失衡。

此时INTP的外显行为像ISTJ一样努力，其实是在用战术上的勤奋掩盖战略上的懒惰。

（2）Fe功能被压抑。回避沟通、回避社交，主观上把领导的助力变成了"阻力"，乐于助人却耻于求助，回避自己的情感体验。

当努力到极致仍然无法突破困境，人际关系带来的仍是羞耻、恐惧等各种主观体验时，INTP可能会启用辅助功能Ne，试图寻求其他途径以回避当前发展的核心问题。

三、走出职业危机

荣格认为，人们在35岁以后将面临几个阶段，每个阶段都有要完成的成长议题，即人格面具和真实自我的整合，面对阴影，男性对阿尼玛/女性对阿尼姆斯的整合，完成自性化。

对于淑红而言，个人成长议题带来职业危机，帮她探索和发展劣势功能Fe，处在阴影区的Te功能会有助于解答问题。

在咨询中，我们重点梳理了淑红的优势能力，发现她擅长结合市场一线进行投资分析，并赋能销售团队，通过深入浅出的解释让客户快速理解投资思路并接受方案。"二销"的角色最适合不过了，按比例收取提成，既可以提高收入，又可以逐步提升人际沟通能力、关系管理能力。因此，淑红可以向"投资分析+业务员"的模式发展。

具体工作方面，可以以目标为导向，针对工作场景需要，降低自我要求和期待，有效进行时间精力的分配。

向上沟通与汇报：学习工作汇报方法，定期和上级汇报进展，沟通困难，寻求支持。

学习投资与管理：向行业前辈、领导、同事寻求知识系统搭建的方法和渠道，结合业务要求制定短期学习计划。

个人体验：参加团体成长小组或公益活动，丰富个人体验，加深对情感的觉察。

写在最后

淑红是我的年度辅导用户，在咨询过程中，淑红已经在老领导的邀约下入职了新公司，担任研究员一职，老领导很了解她、欣赏她，支持她以"投资分析+业务员"的模式开展工作。

这一年多时间里，向内，我们完成了个人成长议题的初步尝试和探索；向外，我们一起应对了面试、试用期考核以及对"投资分析+赋能销售团队""投资分析+个人业务"的发展。

荣格曾经提出，人进入中年以后，女性对阿尼姆斯和阴影的整合是核心议题，也是后半生持续面对的议题，等待淑红的挑战还有很多，祝她一切顺利！

6.3 INTP设计师/建造师性格解读及发展建议

一、性格介绍

INTP约占总人口的1%。他们性格内敛，容易沉浸在内心世界和思考中。在外界看来，他们总是处于游离的状态。他们富有创造性，善于策划，不但自己极具创意，在工作、合作中也非常喜欢头脑风暴的工作方式，集思广益，是"四两拨千斤"式解决问题的高手。他们是逻辑鬼才，分析能力强，善于构建概念和理论模型，善于处理危机，临危不乱，具有合作和分工意识，善于辅助决策者。

我有位女性朋友的性格类型就是INTP，当时她的婆婆突发脑梗，由她来现场指挥安排；出门旅行时，一岁多的小孩子撞破了头，满身是血，别人都慌成一团，她淡定自若地解决问题。所以，在处理大事、危机方面，他们是可以信赖的对象。

典型代表人物：爱因斯坦、老子、庄子。

二、高频问题和发展建议

1. 很有创意和想法，但方案不接地气

INTP的抽象思考很厉害，他们能够快速从纷繁杂乱的信息中摘出有用的部分，利用逻辑，找出解决问题的方案。但通常创意的达成、方案的执行和落地是比较困难的。

我们团队的一位INTP性格类型的老师喜欢的一个创意是打造一个"医院"，制度化管理，每天几点起床、几点吃饭、几点做什么工作，都非常标准化。她为我的团队提出的建议很好，但会忽略我们现实的有限条件和资源，难以实现。

这是由于INTP过于依赖自己逻辑思考的能力，认为一个方案如果能在逻辑上实现闭环，那么理论上就是可行的，而现实并非如此。而且，INTP在关注问题的过程中，容易过度主观化，选择性忽略不利于形成逻辑闭环

的其他客观信息。

就像上述案例中的淑红一样，主观地认为一个人要艰苦奋斗、居安思危，有足够的知识储备才能应对生活中的突发事件，这是符合常理的。可是，生活中还有很多事是无常的，无论我们多么努力都无法改变结果，诚如古人所言：病莫病于无常。

↘ 发展建议

培养宏观视角，尤其可以补充哲学知识，用辩证的眼光看问题；学习历史知识，以史鉴今；敢于实践，只有多行动，方知"知易行难"。这样一来，INTP提出的方案会更容易落地。

2. 缺乏目标感，瞻前顾后，容易陷入低水平问题、当下问题的解决中

上述案例的淑红是我的年度辅导用户，在后续的月度沟通中，我们连续几个月都陷在一种"假性努力"的状态里。每次一个半小时的咨询，她总是列出带有一堆问题的清单，然后我们一起讨论、解决；到了下次咨询，又有一堆问题，其中最多的一次共列出了20多条问题。我向她反馈："淑红，我们每次的辅导好像都解决了很多问题，但下次仍然有很多待解决问题。当我回顾你的咨询历程、你的职业发展目标时，我发现有一些核心问题一直没有得到解决，如在你从研究员向业务员发展的过程中，拓展业务的这个目标好像一直没有完成。对此，你是怎么看的呢？"

淑红沉思了好一会儿，她回复我："大概我太害怕拓展业务这件事吧，所以，我总是忙着解决眼前的事，假装自己很忙碌、很努力、很被公司需要。"

于是，我们开始探讨淑红的职业目标，以此为核心，判断当下的哪些问题与该目标的达成有关，解决问题的优先级是什么。在后来的咨询中，淑红明显建立了以目标为导向的思考方式，工作效率显著提高，连生活上的安排都变得轻松起来。她很快就在业务拓展中取得了一次又一次的成功。甚至能带着一位开户员击败掉另一个带着5—6个人的销售团队，成功拿到订单。

在INTP性格类型的客户中，普遍存在类似情况：满足于解决当下的、容易解决的问题，并以此作为成就感的来源。以战术上的勤奋掩盖战略上的懒惰。

↘ 发展建议

INTP要建立以目标为导向的思考方式，使目标成为标准，判断当下哪些问题与目标相关，哪些无关，把时间和精力投入在与目标相关的问题解决和行动上。

3. 被动社交，情商较低，容易因人际关系阻碍职业发展

INTP说话比较直，看不上那些逻辑思维混乱的人，很少照顾别人的感受；同时，他们非常理性，一旦认为一个人能力或人品不行，就会不动声色地踢人出局，这让他们在无形中得罪不少人。

NT的个性通常说一不二，在关系中喜欢主导，显得较为强势，能找出别人身上一大堆的毛病。INTP是逻辑鬼才，不畏惧权威，甚至会在公开场合质疑和挑战权威。这让他们在职场发展中，常遇到孤掌难鸣的尴尬局面。

职业发展初期的INTP则更为艰难。他们在社交中因过分被动而对人际关系感到过度的恐惧和焦虑，进而发展出不具适应性的行为模式。如淑红

的职业前期，回避和上司沟通、回避工作汇报、拒绝寻求帮助等，使得自己陷入更加被动的局面。

▶ 发展建议

（1）职业发展中的社交策略。

在职业发展的初期，INTP可以接受并尊重自己被动社交的倾向，但同时应积极利用自身的专业优势达成社交目的。例如，我建议淑红充分利用作为研究员的优势，通过产品培训、知识分享和报告整理等方式展示自己的专业能力，从而提升自己在公司内外的影响力。结果，她迅速得到了两大销售团队的合作邀请，赢得了集团研究部门领导的关注和认可以及客户的信任和好评。

此外，INTP在业余生活中展现出丰富的创造力和策划能力，他们尤其擅长组织团体活动。通过策划各类员工活动，向领导和同事展示自己的多面性，可有效地改善人际关系。

有些INTP对佛学和道家思想有着深入的研究，同时，他们通过社交平台分享日常生活和学习心得，也会获得领导和客户的关注。因此，建议INTP在建立和维持重要关系时，尊重自身特点，发挥优势，以助力职业发展。

（2）发展健康的第二人格。

INTP通常具有强烈的好奇心，其中一部分人格表现得幽默风趣，能够高效地解决许多问题。然而，他们给人的第一印象往往是高冷和自命不凡，这可能让他人对自己的理解和接受变得困难，从而影响其职业形象和人脉资源的扩展。

从事业发展的角度来看，INTP需要寻找外向、善于连接资源的人；寻找踏实、执行力强且接地气的人；寻找目标感强、使命必达的人。这些人可以作为INTP有力的助手和支持力量。

同时，INTP还需要有资源丰富、能力突出和人品可靠的同伴来分担风险和压力，并得到领导的支持。对于INTP性格类型的高管，智囊团是必不可少的，包括法律、心理、财务等多个领域的顾问，以处理各种事务和问题。

为了发展健康的第二人格，INTP应学会识别和欣赏他人的优点，打造强有力的支持系统，这将帮助他们将智谋和才华转化为实际成就。当然，INTP常见的问题如过度好奇、喜新厌旧导致精力分散也需要克服。因此，建议他们找到能够满足核心需求的领域，并在该领域专注耕耘。如果INTP存在以上这些问题，应及时改正，因为优秀的INTP试错成本和潜在损失都非常高。

4. INTP通常是"懒癌患者"，执行力差，因为嫌麻烦

INTP出点子的能力强，但执行力差。他们擅长提出概念和方案，但在具体执行时缺乏耐心。这部分原因在于他们太聪明，在遇到问题时，总能用一个新点子轻松绕过具体环节，从而达到目的。次数多了，绕行成了习惯，导致他们在实际工作中变得懒散。

INTP缺乏时间观念，不喜欢规则和被制约，也不惧怕权威。在组织中，他们往往难以被管理。起点不高的INTP在快速从基层向上晋升时，常因为执行力差而被领导否定。如果他们长期处在基层位置，从事执行类工作，他们的天赋容易被消磨，显得平庸。

即使晋升到高管层面，INTP也难逃这种模式。他们会回避发展路上的核心困难，喜欢绕行，这都在无形中花费了大量时间，走了许多冤枉路。在我曾辅导的一个案例中，我的一位客户已升到副总裁的位置，但一直在运营总监的职位上徘徊。尽管薪水涨了，但职级迟迟无法提升。他好不容易争取到年薪百万元的公司总负责人的职位，却因胜任力不足，又想回到

运营总监或转战产品路线。这种行为让他们平白地损失了大量的优质机会和资源。

↘ 发展建议

（1）提高起点，进入高平台、大平台，助你平步青云。

凭借学历优势和人脉资源进入大平台，能够更好地发挥你的优势和天赋。小平台资源有限，难以提供足够的高度和深度，只会不断消耗你的天赋和热情。

（2）直面核心问题，避免绕行。

虽然你在处理他人的危机时表现得冷静、理智且勇敢，但面对自己的核心问题时，常常希望绕行或选择不费力的解决途径。然而，这些核心问题是你必须直接面对的。例如，从公司总监升至公司总经理，资源的积累与整合、战略规划能力和资本运作实践都是无法回避的挑战。你可能暂时没有足够的领导力和影响力让他人替你承担这些责任。因此，你必须直面核心问题，将所有资源集中投入到对达成目标有价值的行动中，才能实现突破。继续在总监级别徘徊无法完成职业层级跃迁，唯有迎难而上，你才会赢得成功。

三、职业选择与发展建议

1. 在职业选择上，INTP要避开的工作

避开事务性、流水型的工作，如医护、行政等方向。

避开社交型工作，如销售、公共事业、服务窗口等方向。

2. 推荐的方向

（1）能够发挥战略才能的：战略运营、咨询顾问、品牌策划、投资分析，首席执行官等岗位。

（2）复杂技术型工作，包括各类型的科研工作，如医药研发、软件开发等岗位，各类型工程师、设计师等职业。

（3）适合走管理路线，适合在各职能部门直线上行，成为高管；或者在乙方咨询机构积累大量经验和资源后再回到甲方的高管岗位。

（4）学术研究，物理、化学、生物、数学、心理等多个专业的学术研究工作或相应专业的教学工作。

四、如何与INTP相处

如果你的孩子是INTP，你需要尊重他们的独立性，给予充足的个人空间和时间，让他们自由探索和学习。通常，他们的好奇心很强，这就需要家长为他们提供多元的学习资源，引导他们运用批判性思维分析问题。在沟通方面，鼓励他们使用逻辑严谨的语言，详细解答问题，避免模糊表达，这样则更有利于提高沟通效率。

如果你的伴侣是INTP，你可以探讨和培养彼此共同感兴趣的话题，分享自己的研究发现，扩展自己的知识边界。还要尊重他们的社交风格和表达方式，避免期望过高带来的失望。理性讨论彼此的意见分歧，待时机成熟再进行深入探讨。

如果你的领导是INTP，请用事实和数据支持自己的观点，展示专业知识和问题解决能力便能获得他们的认可。他们喜欢秉持开放的态度接受质疑和改进意见，希望员工能独立工作、自我驱动；他们喜欢头脑风暴，也很欢迎执行力强的员工，这能弥补他们"懒"于执行的短板。

第七章

INTJ

运筹帷幄之中，决胜于千里之外

7.1 酒店经理"向前一步"跨进大型外资银行

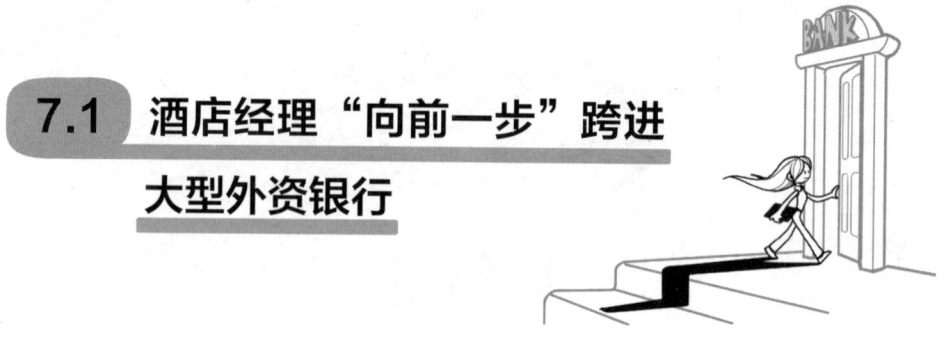

前言

职业规划常见问题分为职业定位与规划、职业决策、职业适应、职业发展、职业平衡、职业倦怠、职业转行、创业类问题。我辅导过的INTJ性格类型的用户的常见问题多以发展类问题为主，极少存在其他层面的问题。本章的两个案例都能让我们更直观地理解INTJ的这一现象。

客户宝琳，32岁，单身女性，照片中穿着白衬衫、牛仔裤，长发飘飘、外貌清新的她，让人不禁想到"软萌妹子"这个词。但看过她的简历后，就会发现，她可不"萌"，她简直是谢丽尔·桑德伯格的《向前一步》中职业女性的典范。

宝琳在西南小城长大，普通本科，学习管理专业。历经7年的时间从酒店大堂经理成为集团公司运营经理。历经2年的时间完成从西南小城向一线城市的迁移，转行进入教育行业（零基础起步），从班主任一路晋升到产品总监，负责产品研发、项目推进和团队管理，月薪2万元以上。宝琳还在业余时间考取了在职MBA。

2022年，完成了城市迁移、行业职业转换、职级晋升、薪酬翻倍、学历提升等诸多指标的宝琳却找到我，希望我帮助她解决她的职业困惑。在客观层面发展一切向好，主观层面却是迷茫、自卑、极度消耗的状态，我很好奇宝琳发生了什么。

一、小城"凤凰"飞进一线"鸡窝"

在咨询中，宝琳向我描述了一年多来的遭遇：在产品研发过程中高层领导注重延期利益，不注重长期效益；跨部门合作沟通不畅，经常出现推诿、扯皮现象，产品优化和落地常常受阻；周围想干事儿的同事少，被动执行和消极怠工的人多；公司人员流动率较高，合作机制长期薄弱。各个领导总是有意无意地提醒她：

"一个快35岁的女性，离开公司，找工作都难。"

"在职MBA可不算什么优势，你看我们公司，随便抓一个人都是'985'院校毕业，根正苗红的本硕研究生。"

"一线城市跟你们十八线小镇可不一样，这里到处是人才，找不到工作，生存都是问题。"

"学历不高就不要到处折腾，离开公司，你可拿不到这么高的薪水……"

宝琳身处其中，搞不清楚是自己的问题，还是周围人的问题。留在公司，自己浑身的力气却使不上劲儿；辞职离开，一线城市到处是人才，竞争激烈，担心自己的学历、年龄和性别会受

到歧视……

听完宝琳的描述，我长叹一口气，因为我也觉得异常憋闷。

从宝琳的经历、工作能力来看，她是典型的INTJ策划者角色，属于高智慧群体。INTJ性格内敛不张扬，意志力强，做事高效，不仅目标感强，而且会付诸具体的行动来实现目标。他们像一架"战斗机"一样，充满干劲儿且实力超群。

而宝琳入职的是家族企业，高管的裙带关系容易影响企业的发展战略和决策，这是很多家族企业的通病。管理者PUA员工的现象普遍，通过打击和否定的方式制造焦虑从而留住员工。各职能部门都不给力，想干事儿？就好比在沼泽地里发射火箭一样困难。同时，小型家族企业的发展空间小，这样的职场环境必然会阻碍宝琳的良性发展。

很明显，宝琳这架"战斗机"整日盘旋在低空且会受到各方压制，无异于一只凤凰落在鸡窝里，还要被多方排挤，真是窝囊！

二、如何"毁掉"一个INTJ

在咨询中，我问宝琳："两年前你如何看待自己？"

宝琳说："意气风发，我觉得我挺厉害的！当时所在的集团已经没有发展空间了，我凭直觉从小城市来到大城市，安顿下来，很快就找到了工作，还考上了MBA……"

我又问她："在那之后发生了什么，让你从意气风发的状态退化到现在迷茫、自卑的状态呢？"

宝琳不确定的口吻："我是不是遭遇了职场PUA？"

对啊！

个体和组织环境的不匹配以及长期遭遇领导的PUA，才让宝琳如此痛苦。

我从MBTI心理类型与原型的角度帮她分析了这一年多的遭遇。

外在来看，领导总是罗列她工作中的瑕疵；掐住她的年龄、性别、第一学历等客观存在的劣势；忽视她的努力，一笔带过她的成就；把失败原因全部归咎在她一个人身上，忽视其他客观因素。

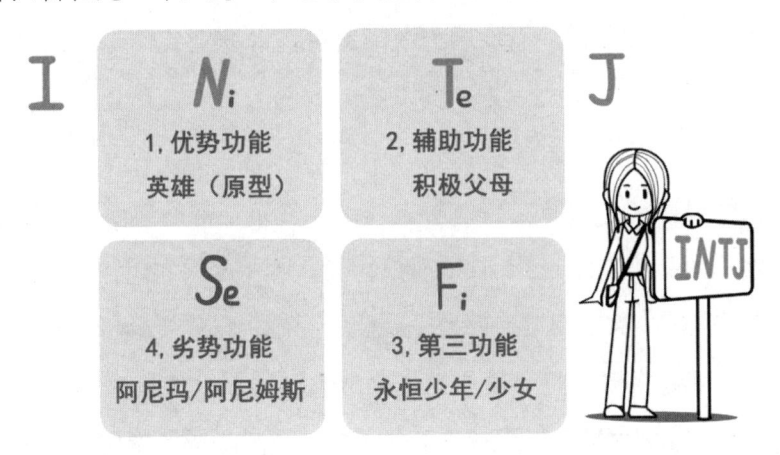

内在来看，由于Te的作用，INTJ总是把注意力放在目标的达成上，以客观成绩和成果为标准评价自己的能力；Fi是他们的第三功能（永恒少年/少女的原型），其导致自我信念、核心价值观不够稳定。当成绩理想时，他们的自我评价水涨船高，不断追求新的事业高度，"躬身入局"；当成

绩不理想时，他们的自我评价随之降低，开始厌倦复杂的人、事和问题场景，"退隐田园"。就这样，INTJ的人生观在两极之间摇摆。由于Ni的宏观、全局视角，势必在行动过程中牺牲部分细节，同时，INTJ对自己要求极高，存在完美主义的特点，这样，当外界抓着他们的瑕疵不放时就"迎合"了他们对自己的完美主义要求，久而久之，他们也抓着细节不放，极度消耗自己。

宝琳的父母和家人对她极为爱护、尊重，在小城市发展时，领导们爱惜她的才华、本领，一心想提拔她，宝琳在一个非常友好的环境下长大。而现在，复杂而混乱的环境、长期"精准"的负面心理暗示势必冲击她的"自我信念"。

三、回到INTJ的轨迹上

做完以上分析和梳理，宝琳感到清晰多了。谈到接下来的计划，我和她打趣道："INTJ通常只有发展类的问题，而非职业定位与规划或能力的问题。"

宝琳问我为什么这么说。

INTJ深度内省，凭直觉便能将内外部的复杂信息有效整合，以目标为导向，选好适合自己的路径，投入有效行动，收割成果。因此，当问题出现时，往往不是规划类的问题，而是发展类的问题，只需要分析原因，针对性解决即可。就像宝琳一样，她原计划是成为一名职业女性，但小城市机会少，于是她迁移到大城市，大城市竞争激烈，于是她提升学历。相比于技术类工作，她更喜欢并擅长管理类工作，所以，她选择了管理路线。

我们只需要在此基础上进一步细化：管理型人才的关键瓶颈是平台的大小。大平台有更多发展空间、机会和资源，能够丰富管理经验；小平台能触及的项目层次有限，能获得的管理经验较为浅显。

因此，无论为了宝琳的职业发展，还是为了她的身心健康，我都建议她赶快辞职，在兴趣和优势领域寻找运营管理、客户管理、项目经理或战略咨询类的岗位。

咨询结束一年后，宝琳已成为一家外资银行的客户经理，并通过了试用期。这家公司的薪资福利很好，工作环境很好，同事素质较高，公司管理制度完善，绩效评价系统公平公正，确实不再有之前在人际和环境上的精力消耗。而且宝琳的生活和工作能很好地平衡，她在业余时间还发展了潜水等兴趣爱好，对当下生活的满意度极高。

宝琳向我分享了她的求职过程：为了尽快拿到Offer，她投递了2万多份简历（这简历的数量恐怕超过了99%的求职者的投递数量）。因为异地求职，为了控制成本，她住在酒店无窗的月租房进行一个月的集中面试，终于拿到了这个Offer。在她33岁缺乏学历优势、行业经验和人脉资源的情况下，可谓创造了一个奇迹。

通过这次求职，宝琳说她终于坚定了信心——只要努力，一定能做到！

我想，每一个INTJ都需要一次真正意义上的成功！从此之后，再也没有人能PUA她了吧！

7.2 "孤狼"程序员

前言

"孤狼模式"是"魔兽世界"中一种特殊的游戏模式,它要求玩家完全依靠自己的力量和智慧进行游戏。在这种模式下,玩家无法与其他玩家进行交流或交易,从1级开始完全依靠自己的探索和技能生存下来并提升等级。

在INTJ人群中,孤狼模式很常见,其往往促进了INTJ早期的职业发展,使得他们即使在艰苦环境下也能快速成长起来。但发展到一定程度,这种模式则会成为阻碍。

客户译锋,30岁,单身男性。填报高考志愿时,凭直觉懵懂又幸运地选择了计算机专业,就业很顺利,进过大厂,8年换了5份工作,年薪已经达到60万~70万元。但最近一年多,薪资和职级不升反降,译锋回顾自己的职业生涯,每2~3年就会遇到低谷,好像进入了某种循环,让他困惑不已。

身在互联网行业,译锋见多了裁员潮,也经历过裁员优化,他很清楚

"35岁危机"的凶险,在种种难解的现象下,难免担忧未来的职业发展。于是,他决定向我咨询。

令我感到意外的是,作为INTJ性格类型的译锋,提出的待解决问题是职业方向的选择,包括行业、公司类型、未来发展路径及当下几个Offer的选择。如前文所述,我辅导过的INTJ性格类型的客户中多以发展类问题为主,还很少有INTJ对职业方向选择如此迷茫,有点反常。

一、孤狼模式下的"野蛮生长"

在咨询时,我们先一起回顾了译锋的成长经历。

译锋的父母靠打工为生,5个孩子给家里带来巨大的经济压力。都说"穷人的孩子早当家",作为长子的译锋从小就坚持"靠天靠地不如靠自己"的原则,在成长过程中养成了吃苦耐劳、孤军奋战的习惯。在工作中则表现出孤狼模式:努力提升生存本领,技术强就有"肉"吃,有钱赚。不依赖别人也不依赖平台,用译锋的话说:"此处不留爷,自有留爷处。"而且他坚信的理念是"干满3年就可以换工作了"。

孤狼模式让译锋在前几年的工作中"野蛮生长",薪资水涨船高。

"干满3年就可以换工作了。为什么?"我对译锋的表达深感意外。一般来讲,普通职场人至少要经过两到三年的时间才能在组织中逐渐展现自己的能力和影响力。而他每次都在关键节点通过跳槽来达到提高薪酬的目的,却牺牲了在一个平台上的发展空间。频繁跳槽会让后续雇主怀疑他职业生涯的稳定性,影响进一步发展。

但他忽视了这种模式的代价和风险。随着年龄的增长，学习能力可能大不如前，体力和精力都在下降，年轻从业者带来的紧迫感与日俱增。30岁面临成家立业的压力，结婚生子之后不能像之前一样频繁加班。只有技术能力，难以维持稳定的收入。

由于市场快速变化，行业裁员不断，他的职级和薪资不升反降。继续专家技术路线？译锋已经感到吃力了；依托技术拓展讲师、咨询师等其他身份？译锋尝试了几个月的自由职业，但零收入让他焦虑得不行；创业？译锋没有合适的项目和机会；走管理路线？译锋之前尝试过带团队，虽有过成绩，但很快就被比下去了。不论是上司还是下属，都让他感到无力，这种不确定性太强了……

听了译锋完整的描述之后，我把自己的感受反馈给他："你对未来的恐慌和焦虑，让我觉得你是缺乏安全感的，但你很需要安全感。几条路径都有困难，是因为它们都需要跟人打交道，但对你来说这很陌生，你回避与人合作。"

译锋听了有些动容，在这个冷静、理性的年轻人脸上，神情也略有些松动。

二、孤狼模式带来的局限

所谓孤狼模式，在心理学中被称为"假性独立"，他们常常表现为不习惯求助，很少表达需求；独立面对问题、解决问题，难以信任和依赖别人；压抑自己的情感，默默消化情绪；即使和家人在一起也会保持较远的距离和清晰的边界，互不亏欠；极少主动参与社交，私交甚少。

在依恋理论中，假性独立往往是为了避免让自己体会到求助的尴尬和羞耻感，习惯了压抑和否认自己的需要和感受，回避社交。

假性独立的形成和个体幼年的抚养环境有着密不可分的关系。个体在幼年极需要父母时，却得不到回应和满足，甚至被冷漠对待，使他们形成了"回避型依恋模式"。

像译锋一样，当他在3～5岁进入幼儿园时，缺乏父母的引导和帮助，缺乏社交技能，过于内敛、胆怯；在小学和初中阶段，由于缺乏社交技能，他难以与同龄人建立友谊……他不懂得如何与他人建立关系，如何在关系中既能表达自己的观点，又能不破坏关系，不懂得重要关系可能会经历许多挑战和争吵，而争吵之后的"缝缝补补"可能让彼此间的关系更进一步。

再则，假性独立的形成和性格类型有关。INTJ性格类型的人看问题的角度往往客观，讲究解决问题的效率，容易忽视人的因素，表达直接，在建立关系方面比较困难。

我告诉译锋，不论是事业还是生活（30岁，处于成家立业期，需要建立亲密关系），他都得尝试着调整这一模式。因为，即使走专家技术路线，也需要依托平台，让平台和领导充分认识到自己的能力和价值，才能持续向上发展，这就需要我们和平台、领导、同事建立基本的信任关系。即便利用自媒体平台实现职业自由，变现的模式各有不同，也无法彻底回避社交——和粉丝的关系、客户的关系、学员及来访者的关系。

三、尝试改变

谈到解决方案，还得结合译锋的长期目标，我们一致认为钱对于译锋而言很重要。他自己制定的财务目标是资金积累达到150万元以上，通过理财实现每月8000元以上的被动收入，有房产，在此基础上每月稳定收入10000元以上，达到生活与财务的平衡状态。

基于这一财务目标，我们很快明确了发展路径的选择：管理路线——这个最被译锋抗拒的路径。哈哈……

因为自由职业看起来自主、自由，但是对个体从业者的综合要求非常高，阶段性低收入或零收入带来的经济及精神压力太大了，只能作为副业考虑。

创业需要合适的方向、项目和合伙人以及抗风险能力，但译锋缺乏这些必要条件。

译锋对专家技术路线已经感到吃力，而且收入的提高程度有限。综合对比，管理路线能更快实现译锋的财务目标。

从行业和平台的选择来看，基于对安全感和生活平衡的长期考虑，我建议译锋跳出原有行业和企业，选择工作强度略低的国企，某大型集团物业公司技术部门，年薪50万元，上升空间充足。

为了匹配这一职业规划，接下来译锋除了要提升自己的技术能力，更重要的是提升自己的软技能：演讲能力、沟通能力、人际关系管理能力、领导力等。

写在最后

经过半年的咨询，译锋通过了试用期，他不断努力来提升自己在公司的影响力。在生活方面，和一个可爱的姑娘建立了亲密关系，登记结婚，买了新房……

为了尽快达成财务目标，译锋省吃俭用到了极致。想给自己买一把电脑椅，看了又看、选了又选，最终看中了宜家的某一个款式，售价2000多元，他舍不得，于是找了平价替代款，售价200多元，还是心疼得不行，纠结了好久。

这个早熟的、克制的、理性的年轻人令我非常心疼。大概是基于反移情后的"见诸行动"，我在创办自己的线下工作室时买了译锋相中的同款电脑椅。

祝他能早日实现财务目标，早日过上理想中的生活，享受生活。

7.3 INTJ智多星/科学家性格解读及发展建议

一、性格介绍

INTJ不超过总人口的1%。他们性格内向，能量走向由内向外，内心世界无比丰富。直觉功能强大，有聚合式思维特点，善于总结规律，理性客观，擅长推理、预测、判断，是逻辑分析和解决问题的高手。同时，他们性格内敛不张扬，意志力强，思想独立，不易被外界影响，有愚公移山的精神。他们做事有计划、有条理,非常高效,往往能走到团队的权力中心。是典型的策划者,属于高智慧群体。

典型代表人物:诸葛亮,运筹帷幄之中,决胜于千里之外。

鞠躬尽瘁,死而后已。
——诸葛亮

二、高频问题和发展建议

1. 起点太低,限制发展

通过对INTJ性格类型的初步描述,大家不难想象这类人的才华卓绝。在职场中他们越往高处走,越有机会激发潜能,发挥他们的优势。但在咨询中,我经常遇到起点太低的客户,导致他们只能在进入职场时从事基层工作,而基层工作大都枯燥乏味,让INTJ感到才华无法施展,郁郁不得志。

↘ 发展建议

(1)如果INTJ的年纪还小,那么我优先建议他们通过留学、读研等方式来提高学历,或者在大学期间多积累实习经验,参与国际级别的志愿项目,增广见闻,拔高起点。学历是进入职场的第一块敲门砖,不要让学历成为未来限制他们的阻碍。

(2)如果他们已进入职场多年,可以考虑攻读MBA提升学历,它不但能为INTJ提供企业管理、战略层面的系统知识,还能丰富他们的人脉资源。

(3)无论如何,INTJ要建立强大的知识系统,包括但不限于原专业知识、历史知识、管理知识、中西方哲学（含儒释道思想）方面的知识。当INTJ发展到高阶水平时，他们所面临的往往是十分复杂的情境，包括对复杂局面的盘点、模糊情境下的决策、身心压力的疏解乃至对人性及对人性信心的考验，没有可参考的成功经验，现实生活和工作中极少人能给予他们支持。因此，需要他们持续储备并打造强大的知识系统，才能应对那些挑战。

2. 容易自负，脱离实际

INTJ对感兴趣的领域能废寝忘食地钻研，进行大量的知识积累，还能在繁杂的信息中快速总结规律并得出结论。这导致INTJ在同龄人中性格早熟，易形成一语中的、一鸣惊人的人设；但也导致INTJ对自己能力的过高评估。因为深刻见解和大量理论知识储备并不等同于实际能力。

发展初期的INTJ往往不善于将理论转化成应用，此过程需要搜集大量现实信息，联系实际情况，分析并解决问题，验证并完善理论，需要极大的耐心。有时，实际情况与理论背道而驰，对INTJ而言无疑是巨大冲击，难以接受。INTJ很可能因为急于求成而跳过这些基础实践的过程，停留在高谈阔论的层面，即使给出方案，也较难落地。久而久之，INTJ缺少外界正向的反馈，便会越来越挫败。

↘ 发展建议

（1）管理目标和期待。在做计划时，学会延长计划的时间线，然后分解目标，最后再秉持愚公移山的精神，尽快完成基础实践经验的积累。

尽管INTJ不喜欢也不擅长这些基础工作，但他们要做的不是抱怨或嫌弃它们，而是要把理论应用到实践中，不断提高解决问题的能力，形成系统方法论，快速跃迁到更高层次。

（2）以"顶端优势"为原则，围绕某个主轴搭建知识体系，形成核心竞争力，积极争取外界反馈。同时，避免精力分散，浪费学习优势——INTJ容易陷入沉浸式的学习模式，兴趣往往在哲学、心理学、历史学等领域，既广且深，却缺乏主次。发展初期的INTJ一定要结合实际需要，有所取舍，合理分配精力。

3. 孤狼模式，轻视"人事"

尼采说："更高级的哲人独处着，这不是因为他想独处，而是因为在他的周围找不到他的同类。"INTJ不爱社交，他们喜欢聊学术、时事、趋势，这么高大上的爱好显得曲高和寡。而大多数人喜欢聊八卦、家长里短——这恰恰是INTJ极度厌倦且不擅长的，于是他们会在人群中保持沉默，对别人有着"居高临下的包容"；偶尔有表达欲望时，他们会专注在问题、观点的清晰说明上，不考虑他人感受，甚至有未受邀请的好为人师式的"指点"，容易引起周围人的反感。他们享受当"英雄"，受众人崇拜的感觉。

INTJ是极致的完美主义者，会习惯性压抑自己的情感，也忽视伴侣的情感需求，更多时候采取理性方式解决冲突，久而久之，他们甚至会从价值角度评估恋爱与事业哪个更重要。

以上种种均容易导致INTJ在职场和生活双方面形成孤狼模式。常态下，可能没什么影响，但在压力集中的非常态下，INTJ可能会衍生出严重的抑郁感、虚无感，与现实隔离或在关系中突然爆发情绪，瞬间成为"孤岛"。

INTJ之所以形成孤狼模式，部分原因在于成长环境：他们在孤独中长大，经历挫折磨难时总是一个人面对，缺少陪伴、关心和支持，"被迫独

立""过度独立"导致他们越来越轻视关系，尤其对爱的需要，在关系中带给对方"被评价、审视、评判"的感觉。

马丁·布伯曾在《我与你》中写道："现在，我又可分辨他头发的色彩，他言辞的色调，他品德的颜色；然一旦如此，他不复为我的'你'，且永不重为'你'。"这意味着，客体成为INTJ物化了的对象，而不再是一个活生生的人，关系将不复存在。

↘ 发展建议

从现实角度讲，INTJ需要学会谦虚，这种谦虚并非表面的、口头的谦虚态度，而是《易经》中的谦卦，是"功高不自居，名高不自誉，位高不自傲"的态度。能欣赏别人的生存智慧、优势和才华与他人在事业发展中优势互补。

曾有一位客户跟我说："人们都说搞定关系需要学会换位思考，关键是你要换到谁的位置上思考！"从个人成长和亲密关系的角度来讲，中高阶INTJ需要尝试体验"我与你"的关系（见于书《我与你》），我认为那是不带评判色彩地倾听另一个人的生命故事，从他全部的视角去体验和看待同一个问题。这既能丰富INTJ的视角，也能培养其慈悲心，在个人经历非常态时刻也许是"救命"的良药。

4. 过度追求确定感

INTJ高度理性，以目标为导向，追求知识的系统化以及对未来的规划。他们的生活像围棋总决赛一样，总是精神紧绷，试图赢得每一场比赛。

INTJ缺乏安全感，恐惧失败，极度重视效率和成果，在做决策时寻求高度的确定性和可预测性，因此，他们总是试图控制尽可能多的变量，以确保结果符合预期。同时，对过程和结果的高度控制使得他们的注意力变得狭窄，只关注那些能够提供安全感的信息，而忽略或低估了其他重要因素，从而限制创新思维，造成决策偏见。这还会在某种程度上塑造他们的现实体验，即通过坚信某些事情会发生，从而在无意识中影响自己的行为和决策，最终使这些预期成为现实。好像是某种难以逃脱的宿命啊！我认为，当INTJ陷入灾难化想象和宿命论时，是他们最艰难、最危急的时刻。

↳ 发展建议

（1）培养良好的工作习惯。INTJ容易陷入深度思考和深度工作中，造成注意力狭窄，因此INTJ要有意识地培养健康的工作习惯，如每半小时休息一次，利用散步、赏花、走进大自然等方式使自己从深度工作中抽离出来，这会促进或拓展INTJ的思维，使他们具备更好的创新和创造性。

（2）课题分离。把结果成败和自我成败区分开来，把一个人是否爱自己和是否会因此而孤独终老区分开来。这能减少灾难化想象，降低以偏概全式的自我评判带来的伤害，逐渐把注意力从目标、绩效、任务、成就这些课题迁移到自身。

（3）在不满中觉察需求，在关系张力中觉察情绪和真实感受。在重要关系中不用道理评判感受和需要，尝试表达、索取，体会得到的快乐和幸福感，慢慢地，这些体验会内化到心里，成为安全感的来源。

（4）回归此时、此刻、此地。INTJ容易关注宏观、本质的话题，百年前、百年后人们还在思考的话题，诸如死亡、自由、爱……这些宏观的话题可能会带给INTJ极大的挫败感、焦虑感、虚无感。这时，需要INTJ回归此时、此刻、此地，可以练习冥想或正念，培养现实感和活在当下的能力。

（5）INTJ在最低谷时容易以"这条路走不通，那条路也走不通"的方式把自己限制住，INTJ可以和Ne类型的朋友多交流，ENTP和ENFP性格类型的朋友能够以更多元的视角看待问题，并看到多种可能性，这能帮助INTJ补充视角，帮他们走出低谷。

三、职业选择与发展建议

1.在职业选择上,INTJ要避开的工作

感觉型(S)功能是INTJ的劣势功能,因此INTJ应避开需要精确计算、审慎核对、单调重复的工作,如会计、审计、行政事务等方向。

同时,情感型(F)功能也是INTJ相对劣势的功能,这导致他们不善于应对他人的情绪,也不喜欢迎合别人的需求,因此,应该避开幼师、老年照护师、护士、心理咨询师、客服等需要照顾、迁就对方情绪的职业。

内倾型(I)的性格特点,导致INTJ需要有更多独立空间的工作,因此应避开过多需要社交技巧的工作,如公关、销售等相关工作。

2.推荐职业方向

INTJ性格类型的人尤其擅长策划、咨询、分析等相关工作。比如,市场营销、企划、金融(分析、投行)、研发(研究、发明)、法律、IT(AI、软件、大数据、编程等)等领域。

另外,INTJ性格类型的人非常适合管理岗位,岗位层级越高,越能发挥INTJ的战略规划才能,因此,管培生→项目经理→总监→高级合伙人/高管这个路径是非常适合的。

3.适合INTJ的环境。

INTJ需要具备独立空间的工作环境,适宜从事高脑力、高回报的行业职业。INTJ不善于处理复杂人际关系(但高阶INTJ会非常善于应对复杂关系),所以,INTJ需要有相对合理的考评机制和充分发挥才能的发展平台。

四、如何与INTJ相处

如果你的孩子是INTJ,你需要尊重他们的好奇心,鼓励他们探索新事物,提供资源和环境让他们

自己解决问题（而不是缺席、不闻不问）。采用逻辑于事实相结合的教育方式解释规则背后的原因，而不是简单粗暴地下达命令。INTJ性格类型的孩子需要独处时间来思考和充电，请尊重他们的需求，避免过度干预。可以设立清晰的目标，当他们达成目标时，给予具体的肯定和奖励，尤其是对于他们努力过程和创新思维的认可。

如果你的领导是INTJ，你需要做好分内事，用专业知识和独立解决问题的能力赢得他的尊重。直接提出想法，说明依据和推理的逻辑、结论，高效沟通。尊重其个人界限和工作习惯，在做决策前充分表达个人意见和看法，在做决策后贯彻执行，当遇到异常情况时，应及时与他们沟通。主动询问其期待和评价标准，获取明确的目标和任务分配。

如果你的伴侣是INTJ，对他而言最重要的是你们能够共享未来。确定在你未来的生活规划中有对方，关系的确认和定位是基础。尊重他独处的需要，过度侵扰他的空间会让他非常焦虑。表达对他的赞赏、认可甚至崇拜，INTJ愿意为伴侣穷思竭虑，英雄理应得到最高的赞誉。

第八章

ENTP

乱局之中也能推陈出新的发明家

8.1 "曲高和寡"姐妹花

前言

ENTP通常会早早地呈现出个性化特征，尤其是女性，她们在青春期时就和大多数女生的表现不同：大多数女生在青春期时更关注爱情、友情，讨论偶像、娱乐八卦的话题，ENTP性格类型的女生则像"快乐直女"一样，研究国际局势、政治经济，听新闻联播。大多数女生听父母的话、老师的话；ENTP性格类型的女性……你不知道她们到底会听谁的话……

正常情况下，她们就会这么快乐而特立独行地长大，而受到各种环境压制的ENTP则会早早地遭遇迷茫。

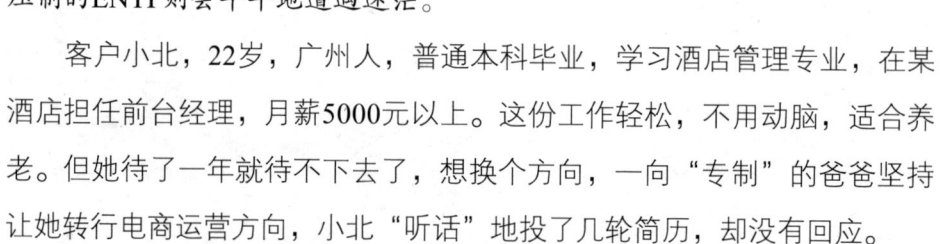

客户小北，22岁，广州人，普通本科毕业，学习酒店管理专业，在某酒店担任前台经理，月薪5000元以上。这份工作轻松，不用动脑，适合养老。但她待了一年就待不下去了，想换个方向，一向"专制"的爸爸坚持让她转行电商运营方向，小北"听话"地投了几轮简历，却没有回应。

小北对电商不感兴趣，为了找到适合自己的职业方向，她研究了MBTI性格测试、DISC性格测试、性格色彩测试、九型人格测试、霍兰德职业兴趣测试……得到很多"代码"，找到很多推荐职业，如市场营销、品牌策划、产品运营、广告公关等岗位，但哪个方向都有难度，尝试投递的简历全部石沉大海。无奈之下，小北向咨询师求助。

小北充满了矛盾性。她既有着ENTP典型的特点——对投资理财、企业管理、创意性工作有着本能的兴趣，崇尚自由，喜欢分析思考；但性格发展得又不够充分——她不像大多数ENTP性格类型的女生一样那么"叛逆"，她畏惧权威、困难，对公开演讲和表达既看重又过于紧张……

一、卡在岩石缝里的种子

小北的性格发展不够充分，处在职业探索期，但对职业和自我的探索都停留在极浅层面，不足以支撑她形成职业定位。通过咨询，我们很快就找到了原因。

从成长经历来看，小北的爸爸太过严厉和"专制"，信奉棍棒教育，力量大，声音也大得吓人，小北说她现在和爸爸说话都不敢对视。

适度的压力往往能催生ENTP的叛逆和主见，就像电视剧《南来北往》中的一位父亲马魁和女儿马燕的"斗争"一样，经过几年的僵持，女儿才"赢得"了父亲，在这个过程中，女儿也成了她自己。但过度的压力对一个处在成长中的孩子而言，则像千斤顽石一样沉重。

小北在"权威"面前的无力感和恐惧，对她有着深远的影响。小北在实习时做房产中介，本来动力十足，业绩不错，成长得很快。她的直管领导却是个喜欢批判的人，对于小北做得好的部分从来不给予肯定，还通过抢占业绩、随意扣钱等方式来打压年轻人。这导致小北不堪重压，愤然离职，对销售工作产生了强烈的厌恶感——她无法处理与这类权威的关系，对兴趣职业的探索也戛然而止。

高中时期的数学老师对小北的影响也很大。她总是布置大量作业，小北怎么努力都写不完，时间久了，就干脆不写了，在这种"习得性无助"的状态下，小北形成了慢吞吞的行为模式。因此，在她接触了品牌运营工作，大量的报告和数据摆在眼前，需要她尽快根据获取的信息形成方案时，她总是感到有心无力，越干越焦虑。虽然对工作很感兴趣，但小北不知道怎么处理工作压力，只能选择回避。

家庭和学校是个体成长过程中的两个重要系统，在性格形成的关键时期带给人深远的影响。对于ENTP性格类型的小北而言，由于外倾的特点，会本能地想和外界环境进行良性行动，但很明显，她的父亲和数学老师带给她的是极大的冲突和压力。她像是一粒种子，被狂风带到了岩石缝中，缺乏自由生长的土壤。

二、职业探索期的成长策略

舒伯在生涯发展阶段理论中指出，探索阶段（15～24岁）的主要发展任务：在学习、休闲活动及打工经验中，进行自我探索、角色探索和职业探索，发展一个符合现实的自我概念，实现职业偏好。

从人格发展而言，个体需要通过初步的经济独立来促进人格独立和自主性的发展。

因此，小北的整个职业咨询将围绕以上目标进行。

1. 对过往学习和工作进行回顾，总结"职业倾向性要素"

小北喜欢能够发挥智力的工作，对理财感兴趣，希望通过理财获得被动收入，通过财务自由，实现人格独立和自主选择权。小北对商业有一定的兴趣，但厌恶销售；对企业管理感兴趣，有意愿继续进行学历投资，改善工作平台和人际环境；对创新、创意感兴趣。这些基本符合ENTP的性格特点和优势，在工作中能胜任日常接待、危机事件处理、跨部门沟通、团队管理工作，应变能力、营销能力也比较强。

2. 从"职业倾向性要素"出发，罗列匹配度高的职业方向

结合以上情况，咨询师会提出管理咨询、运营管理、大客户经理、品牌策划、海外营销、管培生等职业方向或岗位，供客户进一步了解和选择。

3. 搜集并整理职业信息，形成初步决策

经过大量的职业信息调研和分析，结合自己的现有学历、能力水平，小北把短期求职目标锁定在管理咨询助理、品牌运营专员、管培生岗位。同时，小北开始备考管理专业研究生，提升学历。小北的发展路径选择了管理路线，可以在提升学历、积累足够项目经验后向管理咨询顾问方向（品牌策划或战略咨询）切换。

4. 阶段性复盘和总结，解决实际困难，调整不合理认知

在咨询过程中，小北以管培生的身份入职一家大型传媒公司，经历3个月、6个职能部门的轮岗后，她发现，自己确实最喜欢并擅长品牌策划工作。但在行业调研、数据分析过程中容易拖延，总担心交付的结果不尽如人意。我们发现小北在数据类的工作上存在一定的完美主义（她的自我要求标准远高于实际工作能力和岗位要求）倾向，我们要求她不断和领导的要求对标，调整自我期待，更多地关注能力提升和进步之处。

小北不善于总结和报告，这和她ENTP的性格类型有一定关系。这方面需要强化训练，咨询师推荐她进行结构化思考的主题阅读，推荐阅读包

括《金字塔原理》《结构思考力》，学习结构化写作和表达的方法，在工作中先模仿、再超越……

轮岗结束，小北是同批管培生中最优秀的一个，领导对她很满意，让她优先选择留任的部门，她顺利进入品牌运营部，留在了最心仪的岗位上。

写在最后

在小北完成咨询的一年后，妹妹小南也前来咨询。小南高二，对心理学感兴趣，但网络上对心理行业的评价很差，她找过学校的心理老师咨询行业情况和学生就业情况，得到的反馈也很负面。小南跟家人表达困惑，家人不能理解，小南因此渐渐地失去了学习动力。

在咨询中，小南说自己像活在一个特别狭小的气泡里一样，动弹不得。她有着诸多疑问，却无处解决；她渴望成长，却没人理解，也没人支持。小南看上去和姐姐一样，缺乏合适的成长环境。

我把自己脑海中呈现的意象分享给她：她像一只鲸鱼，活在一个狭小的气泡里，勉强容身。但不要忘了，这个气泡浮在海面上。她身在广州，当地的心理行业发展得如火如荼，尽管网络上有很多对心理行业的差评和误解，但一定还有很多正向的认知，两者都是她要了解的客观信息。虽然就业困难的心理学专业学生有很多，但这个行业从来不乏资深从业者和成功案例……只要她愿意寻找，完全可以捅破气泡，回到大海里，恣意遨游。

8.2 11年忠诚老员工遭遇公司背刺？

前言

中国精神卫生调查显示，目前我国患抑郁症人数达9500万。其中女性占68%，患病率是男性的2倍。63%的女性曾患产后抑郁，其中约70%女性的产后抑郁未得到家人的理解和帮助，情绪压力、亲密关系、亲子关系和职业发展是主要引发因素。互联网、IT、电子通信和教培科研行业是职场抑郁的重灾区，86%的公司没有给员工提供心理援助服务。（数据来自《2022年国民抑郁症蓝皮书》）客户英子险些成为其中一员。

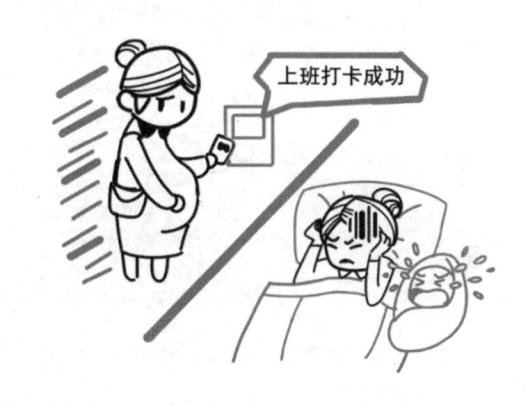

一、当忠诚遭遇背刺

英子，女，40岁，已婚二孩，大专学历，有着18年的工作经验，其中的11年都奉献给当下这家互联网公司了，目前仍停留在人力资源高级专员岗位，月薪1万元。

英子之前负责公司雇主品牌的相关工作，包括公司品牌形象打造，薪酬福利体系调整，招聘流程优化，线上线下视觉传达等。这套体系被公司沿用两年之久，为后期雇主品牌打造搭建了基础模型。按照英子的职业规划，她打算在雇主品牌方向深耕——既符合自己品牌营销和人力资源的综合背景，也符合公司需要，还符合市场发展趋势。按计划做到经理级别，再继续向公司战略策划方向发展。

可是，在英子二胎产假结束后，由于公司业务的快速发展而面临招聘危机。为了应对招聘压力，整个HR部门的精力和资源都倾斜到招聘工作上，英子所在的雇主品牌团队被迫解散，她被调岗到猎头渠道管理岗。

两年后，危机解除，雇主品牌团队重建，英子多次申请回到团队，都被驳回。由于熟悉公司业务，能力也比较强，英子像救火队员一样，哪里需要她，她就到哪里，每天都要处理大量琐事，加班加点，不但技能没有提升，出了问题还要替人背锅。英子很憋屈。

同时，现任领导是英子休二胎产假前才来的新领导，两人一直没能完成磨合，关系十分别扭；团队里的90后新人越来越多，熟悉的同事越来越少，但凡英子提出不同意见，就被说成拖团队的后腿。英子在团队里被孤立了。

就这样，原有的计划被打断，缺乏上升空间，英子被卡在这里，无处腾挪，职业发展严重停滞；

繁杂的基础性事务、常态化加班、压抑的人际关系，英子缺乏成就感，被边缘化、被孤立，英子产生了严重的职业倦怠；

家庭经济压力较大，英子需要维持收入；

英子对公司多年的忠诚换来这样的对待，她充满了委屈、愤懑和不甘，两次产后抑郁状态使她遭受严重的负面情绪困扰；

40岁，二胎妈妈，不论是工作还是生活，对她的要求都很高，英子长时间缺乏充分的休息，导致身体疲倦。

英子的问题十分复杂。同为女性，我非常心疼她。

二、澄清问题和成因

咨询一开始，我先把之前分析的核心问题和成因分享给英子。尤其是近两年，产后抑郁、产后事业发展受阻、职场人际压力和由此产生的诸多情绪干扰，我建议英子找一位心理咨询师，帮助她缓解情绪和压力，关注她的心理健康。家庭方面，两个孩子的日常照顾、培养、家务等，英子要与家人积极沟通，寻求支持和帮助，以缓解现实压力，同时每天给自己半小时独处的时间和空间照顾自己，让自己的身心得到放松和休息，多一些自我关怀。

身心健康和现实压力的缓解是职场女性遭遇中年危机时首先要解决的两个问题。

接着，我们开始了职业咨询的部分。虽然很同情和心疼英子，但我不得不客观地跟她分析眼前的局面。

（1）个人竞争力方面。40岁的年龄压力、较低的学历、雇主品牌系统知识的缺乏、相关人脉资源和支持系统的缺乏，好在英子有十多年在大厂工作的经验，对互联网公司业务、HR业务、雇主品牌业务比较熟悉，英语可以作为工作语言。

（2）人际环境方面。很明显，英子遭到直属领导的排挤，对方通过两年时间的布局，已经换了一批HR部门的人，栽培了自己的人手。而英子作为年纪大、工龄长、业务经验丰富却"不谙世事"、说话直的员工，对方应该是将其当作了"刺头"，通过各种救火式工作消耗英子的工作时间，减少英子对自己地位的威胁。其他员工看在眼里，自然也会孤立英子。

（3）英子一向只关注具体事务，忽视自己在公司内的影响力建设。英子在大领导面前的存在感极少，其他部门的同事也不知其贡献。

以上是导致英子陷入被动局面的核心原因。但如果我们继续向内看，其实离不开英子ENTP性格类型的影响。

（1）只关注机遇，忽视风险。两年前英子被调离岗位时，以外倾直觉Ne为优势功能的她觉得尝试一下新领域挺好的。可她忽视了自己核心竞争力受到的影响以及职业生涯曲线出现的变化对以后发展的影响。在与公司领导同事的关系中，她只看到作为老员工"没有功劳也有苦劳"的优势，却忽视了作为已婚已育大龄低学历女性的抗风险能力。

（2）不谙职场人际规则，忽视人的因素。由于Ti理性思维方式的影响，英子做事干脆，在业务对接中就事论事，讲究效果，说话直白，经常得罪人而不自知，不论对象是谁。ENTP把太多注意力倾注在做事上，忽视人对事的影响。

（3）易产生外归因倾向，忽视主观因素。当我问英子为什么一直不参加雇主品牌系统训练（既提高竞争力又能积累同行人脉资源）时，英子说因为公司不报销学费和差旅住宿费。外界不支持，自己就放弃核心竞争力提升的做法是极不明智的。同理，英子把太多精力消耗在琐碎的工作中，劳苦不堪，放弃了学历提升，但若想发展到公司战略策划层面，学历低是阻碍。

三、给"老员工"的发展建议

中国人讲究以古鉴今，历史告诉我们越是老员工，越应该居安思危。

（1）理性看待与公司的关系，避免过度感情用事。员工与公司之间首先是雇佣关系，讲究价值交换：员工提供价值，公司给予发展空间和物质回报。因此，员工要不断提高自己的价值，若能在此基础上忠诚于公司，则更有利于双方共赢。长期的合作关系是动态变化和发展的，切忌因为前期的贡献，在后续合作中放松警惕。

因此，无论与当下公司是否有继续合作的可能，未来两年，我建议英子通过攻读MBA提升学历，参加雇主品牌、战略方面的系统培训，积累核心竞争力、拓展行业人脉资源。

（2）员工与公司之间的关系受"中间人"制约，尤其是主管领导，因为他主导着员工的考核和评估。在员工与领导的关系中，员工既要主动建立和维护管理这个关系，又要让领导充分认识到自己的优势和价值。对于不谙人事的T型人，建议着重学习向上管理、沟通表达技巧、跨部门协作及领导力发展类课程，提高沟通能力，打通向上发展的关系渠道。

（3）除了不断提高能力和价值，老员工还要有意识地打造个人IP。通过内部分享、培训、会议汇报等方式，提高在公司内部的影响力；通过自媒体互动、培训、交流会等方式，拓展在公司外部的影响力。这样，老员工才能逐渐掌握更多主动权。

（4）每年都要与猎头获取市场信息。利用外部力量评估自己的竞争力水平，保持一定的危机意识，避免在公司发起单向解除关系时自己陷入被动局面。

写在最后

人们通常对ENTP的印象停留在《加勒比海盗》中的杰克船长、《射雕英雄传》中的老顽童的人设里，认为他们嘻嘻哈哈、快快乐乐，很难把他们和抑郁联系到一起，他们本人也总是忽视情绪和情感的威力。然而，他们是有血有肉的人，当遭到不公平对待时也会感到疼。我想，我们不应该忽视他们乐观、坚强背后遭受的痛苦。

8.3 ENTP发明家/企业家性格解读及发展建议

一、性格介绍

ENTP在人群中占比不足2%。他们活泼乐观，精力充沛，乐于在团队里充当个人主义英雄；他们善于抽象思考和创新创造，探索新的可能性和新的解决办法；他们喜欢挑战且乐于思辨，找人辩论，不为输赢，只为了解别人的底层想法来源；他们热爱自由，无拘无束，而且风趣幽默。

典型代表人物：《加勒比海盗》中的杰克船长。

> 一艘真正的船——黑珍珠号，需要的是自由……
> ——杰克船长

↘ 性格优势

（1）脑洞极大，不走寻常路。他们想象力非常丰富，而且不愿意受社会传统价值观的束缚，崇尚个人英雄主义，敢于特立独行。

我的一位女性朋友，从小就属于那种不听话的孩子，很会跟人顶嘴，她始终按照自己的想法选专业、谈恋爱和结婚，而且早早就确定要做丁克一族。

（2）智力卓越，善于发明创造，追求智力的不断提高和挑战。他们普遍善于并乐于驾驭抽象而复杂的知识系统，并形成独立的系统方法论。我的很多ENTP性格类型的客户都从事高科技工作，如AI深度学习领域，研发创新技术、解决新的难题会让他们乐此不疲。

（3）善于战略规划，敢于开创先河。这一点和ENTJ很像，他们善于宏观架构和思考，善于把握事物的发展规律，预测趋势，抓住行动重点。不同的是，ENTP并不特别看重结果，创新性更强，而且敢于冒险，做前人所未做的事。因此，他们很适合创业。

二、高频问题和发展建议

1. 判断功能发展不足，经常半路放弃

与ENFP相似，ENTP精力旺盛，好奇心强，想法多，却不爱坚持。许

多事情只有开头没有结尾，容易打江山而不能守江山。

如上述案例中的英子，虽然她既喜欢又擅长雇主品牌方向，但当公司提出转岗时她毫无异议地接受了，我问过她原因，她说对新岗位比较好奇，想试一试。结果进入岗位才发现工作内容缺乏创新空间，此时想反悔，原来的位置却没有了。

我督导过一位客户，他做了十多年机械设计方面的项目管理工作，有核心竞争力，突然对AI感兴趣，决定转行，直到三年后才发觉处境极为被动。为什么？因为只有三年AI领域的经验，AI行业内卷严重，对人才十分挑剔。如果他继续做技术，技术更新太快，他的体力和脑力都跟不上工作要求；如果他转项目经理或产品经理，那么又要重新构建相关知识能力……

缺乏判断和坚持会给ENTP带来巨大损失。

↘ 发展建议

（1）提高判断能力。《天资差异》的作者迈尔斯·布里格斯曾写道："首先，直觉型（N）的人不应该挥霍浪费自己的精力。在这个充满各种可能性的世界上，他们必须选择具有潜在价值和对自身发展有价值的可能性。其次，一旦开始，就要义无反顾。他们必须坚持到证实了某种东西：某一观点是可行的或不可行的，他们是否应该继续。如果一位直觉型（N）的妇女写了一本很好看的神秘小说，但因为不愿在余下的人生继续写作而停止创作，这不是放弃。但是，如果她在写作中途或把应该完成得很好的结尾写得很糟糕时，那就是放弃。"

（2）项目制工作可以更大限度满足他们对新鲜事物的需求和好奇心。如担任一名项目经理，项目不同、客户不同、问题不同、技术解决方案不同以及出差的城市文化也不同。

做咨询顾问也是一样的道理。虽然每个项目经验都不一样，但是你一直在相关领域深耕，满足猎奇心理的同时，能极大提升你的核心业务能力并丰富知识体系。

2. 盲目乐观自信，令众人失望

ENTP和ESTP相似的一点：他们都是典型的享乐主义者，通常会为了当下的享受，而罔顾重要的工作计划。与ESTP不同的是，ENTP盲目自信，他们善于临场发挥解决难题，所以认为自己不需要准备也能做得很好。实际上，由于缺少信息搜集、挖掘具体数据细节等基础工作，交任务的时间节点到了，他们手里什么都没有。

比ESTP更令人生气的是，ENTP会利用自己强大的逻辑思维能力和宏观视角，随便找到对方或制度的逻辑漏洞，给自己辩白，甚至撒谎，死不认错。要知道，ENTP给别人留下的第一印象往往是特别好的，可到了这个时候，前后反差巨大，会让周围人大失所望，认为他们不靠谱、不负责、不堪重任。

我的一位ENTP性格类型的朋友准备做一次200多人的线下讲座，她自认为对讲座主题已经很熟悉了，没什么需要准备的，结果，到了现场，她发现听众普遍很年轻，缺乏相关知识储备，她脑子里简单过了一遍的内容并不适合这个人群。她只好硬着头皮"干"讲，讲得很抽象，很难理解，她注意到听众一脸懵，不知所云。越是这样的反应，她越觉得不知道怎么与听众互动，讲座以失败收尾，合伙人停掉了她的其他工作计划。

↘ 发展建议

（1）充分准备，打造良好的个人品牌和影响力。

ENTP容易盲目自信，忽略细节，导致在任务交付时令人失望，影响个人口碑。加上他们平时不拘小节，容易迟到早退，不爱遵守公司制度，进而引发诸多小麻烦。

因此，建议ENTP在重要工作和学习任务上充分准备，持续推进。可以培养良好的微习惯，借助习惯养成自律，对抗惰性；在面对重大任务前能够管理目标，分解任务、落实任务，才能从容地享受全程。尤其推荐阅读《微习惯》《习惯的力量》。

（2）利用他律。

和一群人建立好玩的游戏规则，带动最终的计划落实。例如，早起营、打卡营、减肥营、写作营。一个人走得更快，但一群人走得更远。

（3）当ENTP发展到较高级别时，可以让下属或合作伙伴完成信息搜集或立项之后的计划落实工作，这样能极大弥补ENTP的短板，让他们集中精力发挥创新或发起者的优势。

3. 冲动冒险，进而影响系统

ENTP非常冲动，爱冒险，以这种模式处理自己的事，仅涉及自身得失没有问题。但以这种模式处理一个系统决策的时候，就会有很大问题。

比如，当ENTP性格类型的高管在做战略调整或ENTP性格类型的一家之主在做家庭理财时，他们赌的因素太大了，往往会忽略这个决策带给整个系统的影响以及系统里的其他人能不能接受最坏的结果。

我的一位ENTP性格类型的客户，没和爱人商量就擅自把80%的家庭存款调出来做投资，钱被套进去出不来，好在最后只是损失了40万元，没有引起大事故。但爱人还是跟他差点离婚。

我的另一位ENTP性格类型的客户，认为家庭阻碍了他事业的发展，于是让爱人照顾一家老小，自己跑去别的城市工作，长期的异地生活导致后来婚姻出现危机。

当ENTP在处理系统决策时，不考虑后果对其他人的影响，忽略其他人的风险承受能力，易致使系统面临崩溃。一旦如此，ENTP被动承担责任，心理资源被击穿，给自己带来人生的遗憾和损失。

究其原因，一方面，我认为ENTP厌恶"兼听则明"的麻烦，怕别人不支持自己，于是干脆莽撞决策；另一方面，我认为在ENTP的性格里，永远有长不大的一面。就像《加勒比海盗》的杰克和《射雕英雄传》的老顽童一样。

↘ 发展建议

（1）在做系统决策前，兼听则明。

ENTP在做系统决策前，一定要告知利益相关人，让他们能参与到决策中。兼听则明，了解大家的想法，充分分析利弊和最高风险，有保底策略和解决方案。这样形成的决策才是有效的。

（2）在团队合作中，ENTP尤其需要听一听SJ人的建议。

他们能弥补ENTP的盲区和风险控制的短板，耐心倾听他们的方案和担忧，并把他们的建议纳入核心解决方案中。

三、职业选择与发展建议

1. 在职业选择上，ENTP要避开的工作

避开与后勤和行政相关的事务性工作，ENTP不喜欢这类工作内容，这类工作无法发挥他们的优势，而且会消耗他们的工作热情。

避开需要独立完成的工作及独立的环境。ENTP可以独立完成核心工作内容，但需要有团队和外部环境和他们进行良好互动，促进他们走向成熟、稳重。

最后，避开需要较强审美能力和照顾他人的工作，如艺术类工作、护理工作等。

2. 推荐职业方向

从性格特质来讲，ENTP尤其适合战略规划、统筹运营、管理咨询、科技开发、软硬件技术开发等职业方向。

在企业的八大职能部门里，除了财务、人事、行政后勤这些不能发挥他们优势的职能部门，其余职能部门都适合他们加入，不论是销售、市场、公关，还是供应链、研发……

ENTP最适合走管理路线，储备干部、项目管理、总监及更高岗位最能发挥他们的优势。

3. ENTP应避开规则繁杂、制度森严或人际关系过于复杂的环境

这种环境会压抑他们的创造能力，导致精力被无谓地消耗。ENTP更适合文化开明、推崇创新、工作时间相对自由的企业，如互联网企业或外企等。若条件成熟，可以考虑创业，这能最大限度满足他们对自主权的需求，有更大的空间自由发挥，且工作成果直接服务于市场，能快速得到反馈，他们也能最快验证最新的想法或解决方案。

四、如何与ENTP相处

如果你的孩子是ENTP，作为家长，你要付出更多的精力去引导他们成长，我认为ENTP性格类型的孩子是相对晚熟的，尤其在人际关系方面，以下是几点建议。（成年

的ENTP可以从以下几点重新"养育"自己。）

（1）ENTP性格类型的孩子天生充满好奇，喜欢探索新事物并富有创造力。鼓励他们尝试新活动，提供多样化的学习材料和项目，让他们有机会实践自己的想法，满足他们对知识的渴望和探索欲。

（2）ENTP性格类型的孩子善于思考，喜欢辩论。在讨论问题时，请认真倾听他们的观点，即使不同意也要尊重他们的逻辑和创意。

（3）ENTP性格类型的孩子不喜欢受限制，因此，营造一个开放、灵活的学习环境，允许他们按照自己的兴趣学习，采用多种教学方法，如项目式学习、讨论会等。

（4）虽然ENTP性格类型的孩子充满热情，但他们容易对事情失去兴趣。帮助他们设定可达成的小目标，鼓励完成每一项任务，培养他们的耐心、毅力和责任感。

（5）ENTP性格类型的孩子可能更倾向于逻辑思考，忽视情感表达。鼓励他们谈论感受，帮助他们发展情感智力，理解和处理自己及他人的情感。

如果你的领导是ENTP，那么，你可能感觉痛苦居多。因为他们太善变了，他们的想法太多，一会儿让你干这个，一会儿让你干那个，目标变来变去，你可能经常会处在"手里一堆工作没有一个完工"的状态。这样的领导会让下属摸不着头脑，甚至陷入永远都无法完成项目交付的焦虑中。

这种情况就需要你有一定的引导能力，让精力充沛、好奇心十足、喜欢同时开启多项任务的领导挑出最重要的项目，并坚持把主要精力分配在这样的任务上。

如果你的配偶是ENTP，那么，首先你会有一个免费的高级教练。他的NT思维会引导你全方位看待问题，EP的特点会让你和他平等对话。他既像你的长辈，可以引导你走出迷局；又像你的好朋友，和你毫无阶级观念，还特别幽默敢于冒险，让你也体验刺激和好玩儿的感觉。

第九章

ENTJ

掌控全局，天生的领导者

9.1 清醒而强大却让我陷入众矢之的

前言

一次，某学院邀请我去做一场面试技巧的讲座。面试技巧对毕业生来说很重要，我做了充足的准备，但到了现场才知道，听课的都是大一、大二的学生，他们好像被动参加这次讲座，玩游戏的、聊天的、神游的，不少人等不及下课就溜走了。

这时，一个女生走进教室，在教室里转了几圈找座位。当时是联排的座位，想坐进里边空位，需要其他同学让行，她几经沟通才落座。

她的坚持和周围的环境形成了鲜明的对比，我不禁在心里嘀咕："这姑娘不简单！"没想到，讲座结束没几天，她就成了我的来访客户。

一、善良、热情、温暖

这姑娘叫南孙，研二，像电影《刺客聂隐娘》中的聂隐娘一样，身材高挑、面容姣好、头脑清醒。

咨询一开始，我先跟她表达了感谢，因为那天的讲座几乎只有她是认真听课的，还积极参与互动，提了好几个问题。我知道，凭她的理解能力不需要提问，她是觉察到现场学生们的状态，怕我窘迫，用行动支持我这个素不相识的老师。

我对南孙说："你有种女侠的气质，让我感到善良、热情、温暖！"

南孙对于我的感谢有些意外，她说很少有人能感受到她的善意并将其表达出来。相反，自己从小乐于助人，被帮助的人并不是感谢她，而是背叛和伤害她。在大学期间，为了让同寝室的一个女孩不被其他室友排挤，她用心照顾着这个"柔弱"的女孩子，无论是生活上还是精神上，都给了对方无微不至的关怀。结果，对方为了融入另外两个室友的小圈子，与两个室友联合起来在背后诋毁她，破坏她的口碑。简直是"农夫与蛇"的故事。

每个成长阶段都会遇到被人"排挤"事件，南孙总是莫名其妙就成了大家疏远和围攻的对象。她曾经努力融入集体，主动向同学发出请求："如果大家出去玩儿，记得叫上我。"但各种聚会她都会被落下。

恋爱中，她自认为对男友付出了真挚的情感，但分手后，入住前男友都说她高冷，难以与她真正亲近起来。

发出的善意信号被无视，南孙在孤立中学会了独自面对生活，身边的圈子容不下自己，就寻找适合的圈子或朋友来丰富精神世界。慢慢地，南孙与同龄人渐行渐远，她不明白发生了什么，想一探究竟。

二、清醒、独立、强大

南孙从小到大在人际关系上遭遇的挫折，其实是她这种性格类型的女性常常面临的问题。她是典型的ENTJ性格类型。

ENTJ往往是高智人群，他们思维敏捷、智力超群，善于处理复杂问题，无论在学业中还是在工作中，很容易成为人群中的佼佼者。就像南孙一样，初中入学就是班级第一、年级前二十，即使学习懈怠，还是考上了重点高中；高二时极其叛逆放弃了学习，高三时，在家教的帮助下，一个月就把高中三年的全部学科知识复习了一遍。为了不再复读，她靠走艺术路线顺利以专业第一的成绩考上了某院校。

如果南孙是个男孩，在中国的文化背景下，他就是众星捧月的存在。偏偏她是个女孩，在男性文化统治千年的文化背景下，ENTJ性格类型的女性很容易成为被攻击或被嫌弃的对象。

与同龄男性的关系：ENTJ性格类型的女性强大得让同龄男性忌惮。很多男性骨子里认为自己应该比女性强，一旦在竞争中失利，最直接的表现就是攻击、诋毁这个让他感到受挫的女性。有时甚至会用"男人婆""没有女人味""嫁不出去"等极具鄙视意味的言辞来强调自己作为男性的优越感。仔细观察我身边的女强人，很多都是ENTJ性格类型。她们莫名遭受的敌意可谓司空见惯。

（注：配图为李英老师的讲义）

与同龄男性的恋爱关系：心理咨询师李英老师曾经总结，男性的"投射认同"往往是"我是你的英雄（拯救者）""我是你的主宰（征服者）""我是你的最爱（照顾者）"。像南孙这样清醒、独立、强大的女强人，男友对她的所有投射认同都无法完成，男性的尊严就会受挫，不得不退出亲密关系，最后再扔个"高冷"的帽子给她。

与同龄女性的关系：ENTJ性格类型的女性不仅不会得到同性的理解和接纳，反而会遭遇更加强烈地打击和排挤。尚未成熟的女性往往希望在关系中体验优越感——"我比你优秀，我比你更受欢迎"。可南孙带给她们的体验恐怕是"凭什么你比我美丽，比我优秀？我自身条件不如你就算了，但你连家境都比我好，还有爱你的爸爸妈妈，有温馨和谐的家庭氛围。你从骨子里散发出来的自信让我觉得好难受。你就像一个'照妖镜'一样，照见了我的自卑、脆弱和不堪，我不要和你做朋友，我不要在'天鹅'身边做一只'丑小鸭'"。

我告诉南孙，她可能会和这样的人交朋友：他们已经在社会上取得了不错的成就，自尊水平高且稳定，不需要通过"投射认同"和"比别人好"来证明自己优秀。这样状态的人能够更客观地看待她，欣赏她的优点，感受她的热情和善意，对她的缺点也能直言不讳地指出。在这种关系中，双方都很"省力"。

南孙听我这么说，激动地一拍大腿：她这几年通过网络平台、演出、合作等各种方式，结识了很多清华北大的朋友、创业的企业家、年长的老师和忘年交！原来如此！原来不是自己"怪"，而是圈子不同，无须强融。

三、给ENTJ的社交建议

南孙马上面临毕业求职，为了避免相同的关系模式在未来的职场上再次出现，成为她职业发展的隐形"地雷"，在咨询中我给了南孙一些社交建议，这些建议适用于所有ENTJ。

（1）切记"医不叩门"。在别人不主动求助的情况下，无论是谁，不要擅自去帮助。否则，不管对方是否得到好处，无形中都可能认为你在"指点"别人（关系中未经邀请的突破边界，强者对弱者的指指点点）。

（2）只"帮"不"替"。他人自己可以做到的事情，即使求助于你，你也要让他自己处理。"女侠"的侠义之情不可滥用，只有在对方确实无力面对的时候才出手。

（3）寻找合适的人际圈，建立社会支持系统。ENTJ的社交往往是打破年龄、性别、阶层和身份障碍的，但受传统理念的影响，难免自我设限。ENTJ需要打破这些思想限制，为自己的不同阶段打造不同的社交圈。

（4）先做真实的自己，再做关系里的自己。不少ENTJ会尝试为了关系而改变自己，如南孙，就算觉得同龄男性思想不够成熟，还勉强和对方谈恋爱。ENTJ性格类型的女性也许在很多关系中试图让自己变"弱"，来让对方感受好一些。无论是让自己看起来气势弱，还是能力弱，这都不是长久之计。做真实的自己，用真实的状态与人相处，自然会遇到真正和你合拍的人。

写在最后

在ENTJ的成长过程中，不可避免地要经历较长一段时期的孤独和斗争，然后，渐渐从"侠士"蜕变成"将军"。希望有更多人助力ENTJ的成长蜕变。

9.2 酒吧驻唱创业赛道"三切换"

前言

ENTJ是最适合创业的三种性格类型之一,因为他们对商业有着敏锐的嗅觉,善于制定战略,有强烈的竞争意识、创业意识和胆量。这些都是创业者必备的核心特质。在咨询实践中,选择创业的ENTJ性格类型的客户比例较高,但过程并非一帆风顺。

菲菲,女,35岁,已婚未育。中专学历,在社会中打拼多年,向我咨询前收入已达到夜店说唱歌手的天花板级别。

菲菲是典型的ENTJ,她利用自己的谋事能力,用一年的时间帮爱人实现了从中层到高管的跃迁,年收入上百万元,奠定了家庭的经济基础。接下来,菲菲要把注意力放在自己的事业发展和备孕计划上。高管Or创业?首次咨询,菲菲就明确要创业。结合自身的形象、表演优势、抖音十几万粉丝基数和对市场的敏锐洞察,她首先考虑的就是在抖音等平台尝试做直播,运营本地生活类账号,通过探店等各种形式连接本地资源,赚取广告佣金。未来,菲菲要开一家MCN(Multi-Channel Network,多频道网络)公司。

一、裸辞、创业、高歌猛进

菲菲运营一个直播账号，相当于打造一个小型MCN公司，而她在这方面的经验为零。我建议，她先到大型MCN公司做学员，一边上课，一边实操，尽快了解和熟悉这类公司的运营模式、风险把控，各职能的人才识别和人脉积累，为将来创业做准备。

明确了行动方案，菲菲迅速辞职，花了几万元学费参加某头部MCN公司为期6个月的实习训练，风风火火地去上课了。在学习过程中，她充分发挥了"社交悍匪"的优势，结识了一大堆同期学员、老师、老板和投资人。从她的谈吐和表现来看，大家都对她称赞有加，都认为她特别适合干这行，实习后一定能创业成功。

但是，菲菲学了一个多月就坐不住了。前期学习理论和框架还好，后期学习实操，要求学员进入直播间，按照设定好的流程进行憋单、控场、操作后台、展示商品和售卖等具体事务，菲菲坚持不下去了。最后，她不顾我的劝诫，也不顾半年的房租损失，提前退出实习计划，跟着同期学员中一位"理财大咖"辗转到另一个城市学习"金钱课程"。本想学会用钱赚钱，结果期待落空。

就这样，菲菲折腾了大半年，创业没有任何实质性进展，菲菲开始着急了。她意识到不能再这么拖下去，便开始了第三次行动。

当时，刘畊宏一个名为"本草纲目"的健身操火遍全网，其直播账号一夜间涨粉千万，这让菲菲敏锐地嗅到了商机。她很快就通过数据分析认定健身减肥赛道一定能火,于是,她当机立断决定打造健身类直播账号。

菲菲招聘直播助理,并让表弟、表妹加入团队,这样直播团队就有了。为了打造健身达人这个直播人设,菲菲每天亲自准备减脂餐,在直播间讲减脂知识。下播后,还要费心思指导团队其他成员不断改进。菲菲像一个大家长似的忙里忙外,没过多久,她就有点撑不住了。身心受累就算了,直播间粉丝迟迟不见涨,有时,一个小时的直播观看人数还不到两位数。

在进行月度辅导时,菲菲很沮丧。在直播带货、投资理财、健身带教的快进快退之间,菲菲已经投入了十几万元,结果竹篮打水一场空。她不知道是自己选错了方向还是能力有限不适合创业。

二、碰壁、吃灰、垂头丧气

通常,ENTJ善于预判趋势和机会,发现风口,所以,他们很适合创业。可是,发现机会和抓住机会是两码事,有项目和有能力把项目落地并盈利也是两码事。菲菲在创业试水中的挫败离不开性格盲区的影响。

1.对执行细节不耐烦,导致风险难以把控

NJ类型的人容易理想化,一旦察觉一个机会点,就会着手去做,忽略其中的细节、困难和挑战,在落地执行的过程中遇到细节时,很不耐烦。就像菲菲在MCN公司实习一样,要体验带货主播、场控人员、运营人员等不同角色,涉及的操作方法将直接影响收益和成本控制;MCN公司和网红的签约、毁约等一系列的管理工作,涉及成本和风险控制。若在创业时把这些工作都交给别人执行,其人力成本将大大提高,而掌握盈利点、控制成本、控制风险都是创业者面临的核心

问题，因此，若想创业成功，就必须耐住对"细节的打磨"。

2.过于以结果为导向，把人"工具化"

ENTJ过于理性，根据数据和市场需求选择方向，忽略自身的优势和资源。就像菲菲的团队选定的健身带教方向一样，在直播间分享如何降低体脂率这类专业知识，让菲菲就从一个带教博主变成一个知识类博主，然而知识输出恰恰是她的短板和盲区。

在团队组建和管理上，菲菲完全切换成"工具人"状态，这极大影响了她的精神状态。人在疲惫和不断消耗的状态下，很容易陷入对自我的怀疑和彻底否定。意志力不再，对创业者而言是致命的。

3. 对创业存在的不合理认知

菲菲认为，创业就要先投资，再盈利。在咨询中，我和菲菲说："你这是富二代式创业。我们普通人创业也许要学着先盈利，再投资。或者，先把风险转让给别人，等到学够了经验，掌控了风险，再自己投资。"

菲菲认为创业就要冒险、赚快钱。我极力劝阻过她第二段投资理财的投入，可菲菲觉得"钱赚钱"这种模式最快。的确是这样，但需要长期积累所锻炼出的资本运作的能力，这完全超出菲菲目前的能力范畴，超出能力范畴意味着无法控制其中的风险，创业大概率会失败。

通过半年多的试水，菲菲对直播行业有了更直接的体验，对自己的优势、盲点也有了更清晰的了解。我建议她先暂停一段时间，利用空白期到各地转转，放松身心。在这个过程中，再重新梳理现有资源，挑选更适合自己的细分赛道。

三、调整、尝试、重振旗鼓

经过一个月的调整,菲菲带来了新消息,不同于以往的热烈激情,菲菲这次显得有些犹豫,不知道该不该抓住这个机会。

菲菲的原公司计划再开六家新店。为了快速打开当地市场,老板希望通过新媒体营销的方式打开知名度。但目前洽谈的专业团队开价较高,六家店铺每月佣金要三十多万元。所以,老板愿意出资成立一家MCN公司,以低成本搭建团队方式解决内部需求。他知道菲菲有过相关经验,便邀请她来运营和管理这家公司。

菲菲和老板有信任基础,且菲菲有酒吧十多年的工作经验,熟悉业务,在客户画像构建、视频风格把握方面都有丰富的经验。此外,项目有明确的资金来源和稳定的市场业务,风险可控,同时菲菲自己活得明确授权和股份分红。看上去,这是一次绝佳的机会。我问菲菲有什么顾虑。

菲菲说她这次真的明白在MCN公司实习的重要性了,可惜她已经错过机会,也没法快速补齐运营能力。口碑好却能力不足的她十分焦虑,担心自己砸了自己的招牌。

听菲菲这么说,我倒是笑了,看来,她现在懂得危机并存的道理了。她不再只关注机会,还能看到挑战和困难,这是进步;她能在过去的经历中总结教训,也是进步。

我建议她将公司接手下来,基本条件都符合的项目就是好项目,至于困难和挑战,一定会有,那是需要我们冒险迎接的部分。

年度咨询的最后三个月,菲菲接下了这个公司,她全力以赴挖掘人才、组建团队、控制成本、创造业绩,迎接了一个又一个挑战。"创业"这个原本高大上的名词开始具象化起来。

9.3 ENTJ 统帅/调度者 性格解读及发展建议

一、性格介绍

ENTJ在人群中占比不足2%，但是给人类社会带来的影响非常深远。他们对外部机会和信息的感知非常敏锐，精力充沛，善于社交；他们善于抽象思考，制定系统的战略规划，预测能力强；他们善于理性决策，影响力强，但往往忽视人的情感因素，使命必达，一切为了目标高效达成而努力。

↘ 性格优势

（1）商业与政治洞察能力强，最敢于冒险，也最善于拿到红利。我认识一位教授是典型的ENTJ性格类型，他能精辟剖析某托管机构的商业模式，精准锁定其满足用户深层需求及成功背后的要素，同时一针见血地指出竞争对手的缺失，这种深刻的洞察力令人印象深刻。

（2）战略规划能力强，善于建构系统，是天生的领导者。ENTJ成为组织里的领导者是一件自然又必然的事。无论是创业，还是职场奋斗，他们总能凭借卓越的领导力迅速崛起，从基层跃迁至决策层。

我有一位ENTJ性格类型的朋友在教培公司做销售顾问，她经常在公司会议上被邀请为首位发言人，从不吝啬分享见解，以清晰的逻辑和条理组织语言，这背后是她强大的体系建构能力。

（3）他们智力超群，擅长在错综复杂的环境中抽丝剥茧，保持冷静的头脑。他们能够快速筛选并分析关键信息（快速将大量信息分类处

理)，精确诊断问题，进而凭借坚定的执行力制定并执行最有效的解决方案。所以，他们往往是复杂问题的终结者。

典型代表人物：《三国演义》中的曹操。

二、高频问题和发展建议

1. 人际冲突，阻碍事业发展

我认为ENTJ是16种性格类型里最容易得罪人，从而给自己带来人际关系冲突的类型。在他们的价值观里，人人都该发挥应有的价值和作用，所以，对于能力低、理解力差，学习力和行动力迟缓的人，他们几乎零耐心、零容忍，看不上这些人的表现一目了然，丝毫不加掩饰，而且会直接告诉这些人。

ENTJ崇尚独立，喜欢竞争和挑战，非常不喜欢职场里的"老好人"、怯懦不敢挑战困难的人，尤其在讨论问题时，这些人总是寒暄家常，给别人鼓掌捧场，缺乏自己的观点和立场，这会让ENTJ认为是在浪费时间和集体资源。

ENTJ有着走到哪都自觉当领导和裁判的行为习惯，当他们看不惯时就忍不住直接批评、打断别人。他们本人能力特别强，总是跑在人群的最前面，并要求团队的所有人也能这么跑，当别人跟不上时，他们就会愤怒、暴躁，用批评、批判等各种方式给对方施压。

总之，无论是作为他们的领导、同事还是下属，经常会感到挫败、焦虑，心理能量消耗极大，和他们相处会非常不舒服，脾气大的人会直接爆发冲突，脾气小的人会忍到一定程度后与他们关系破裂。

我曾辅导过一位销售总监，她带的8个下属，一个接一个地离职。老板找她谈话，说下属的原话是："总监能力太强了，跟着她干，业绩的确好，但是心里太不舒坦了。哪儿不能赚钱？我宁愿少赚点钱，也不愿意天天被她吊着骂。"老板几次提醒她，注意团队氛围和凝聚力，最后，她还是成了光杆司令。无奈之下，自己也离职了。

↘ 发展建议

不停地搜索你的支持型人才。

ENTJ很容易和同类人建立社交，但是过于单一的社交圈并不健康。尤其在团队里，如果都是NT类型的人，那么开会的时候恐怕大家会吵得不可开交，互不相让。毕竟一山难容二虎，多了更不行。

所以，在团队里，需要NF类型的人给ENTJ做政委，使团队上下一心，打造强势的文化团队，把ENTJ的高标准、严要求以大众易于理解和接纳的方式从精神层面进行有效传达。

需要ST类型的高手搞定技术，SF类型的人搞定后勤短板，毕竟，琐事、细致、重复的事务性工作简直会要了ENTJ的命。

每个生涯阶段，ENTJ都该寻找不同的人才，为己所用。初期，大家可以优势互补，各自分担擅长的部分，如你做市场拓展，他做后勤技术；你负责对外沟通协调，他负责对内解决核心交付问题。中后期，ENTJ可以给自己找一个性格匹配的副手。如果是创业，可以在不同时期，根据自己的核心需求，调整副手人选即可。（PS：通常，ENTJ的社交是阶段性的，是一个不断优胜劣汰的过程。）

2. 冲动决策，因小失大

ENTJ追求高效、高效、高效。他们的行为模式就是牢记团队的长短期目标，整合并进行资源配置，选择最有效的行动，接下来，行动、行动、行动，达成使命。在这一系列的过程中，他们的决策都非常快。

可是，过于追求高效接下来容易缺乏现实数据或信息，错过关键问题和有效方法，从而作出错误决策，甚至因小失大，带来意想不到的危机。且类似情况会反复发生。

ENTJ容易将错误归咎于他人，缺少内省，即使意识到了自身错误也难以承认，或者直接陷入强烈的羞耻感中，在人群中销声匿迹或彻底退出关系。

↘ 发展建议

在决策前调动资源。

ENTJ善于整合资源、集中调配，但这些工作总是被放在决策之后。为了避免决策失误，ENTJ该在决策前就懂得调动资源，辅助他们进行信息搜集和初步方案的形成。

比如，之前我们团队在搭建产品体系和营销体系时，领导会召开营销会议，群策群力。因为她知道，核心人才的头脑风暴帮她出谋划策、搜集信息比自己一个人的效果效率要更高。

如果是战略型决策，ENTJ应该调用外脑资源，如管理咨询顾问团或比自己有经验的创业者，因为他们往往能预料到市场趋势，补充自己的思维盲区。

对于重要关系，ENTJ在言出之前，需要慢下来，先了解真实情况，再发言也不晚。事缓则圆，避免早下结论，给自己带来关系或利益的损失。

3. 高支配的性格使家庭陷入危机

ENTJ在家里也是高支配者，使其他家庭成员在精神层面非常压抑，导致预料之中的伤害和意料之外的风险。

我的一位INFP性格类型的客户，妈妈是典型的ENTJ性格类型，职场女强人，事业非常成功。爸爸是位教授，无论事业发展还是家庭生活都受妈妈控制。妈妈总是要求他评职称、拉关系、走人脉，在家里还要负责做饭、做家务、带孩子……没有一点私人空间。爸爸退休后的第二天就被确诊为胃癌。

这里要提醒ENTJ，家里不是权利争夺和剥夺的地方，你认为的好，不一定是家人认为的好。如果这个家里只允许你一个人的声音，你一个人认为好，那么整个家庭是不会好的，整个家庭不好了，那么你也不会好了。

↘ 发展建议

破除傲慢，对生命保持敬畏。

ENTJ的价值观其实是较为单一的，普遍存在慕强心态，哪怕在恋爱关系中都有智性恋的稳定倾向，而教育子女、对待家人以及在职场的几乎所有关系中，ENTJ都默认为自己高人一等，无条件要求别人符合自己的价值观。实际上，你们的价值观需要更加多元。

（1）如果全世界都是ENTJ性格类型的人，那将是战争不断的悲惨世界，每个人都会成为战争的牺牲品。

曾经有位客户是医院的执行院长，他一直难以理解为什么无法和另一位副总合作，强强联合的两个人为什么给医院带来巨大的消耗和阻碍。经过咨询澄清后，他发现两个人都是ENTJ——互不相让的人无法合作，更无法给自己和企业带来共赢。

世界之所以如此缤纷多彩，恰恰是因为人和人之间的差异性。ENTJ需要尊重这种差异性，了解用人优势和人才价值，在关系中，学会更耐心一点，充分与人沟通，这样才能使团队的整体力量大于成员的数量之和。

在家庭关系中，ENTJ要学会尊重生命本身，把家人的权利归还给家人，不要过度干预别人的主权。

（2）智能只是智慧的其中一个维度，除了智能，我们的生活还需要哲学、艺术，带给我们美好的体验。

我特别喜欢雅典娜这个人物——古希腊神话中代表智慧、战争、艺术的女神。我以前不太能理解，为什么除了智慧和战争，她还是艺术女神。后来发现，智慧和战争解决不了的问题，艺术可以解决。智慧能让我们走出痛苦，不断成长；战争可以阻止更多的侵害，带来和平；艺术却可以带给生命美好的体验和心灵的升华。

这样看来，ENTJ引以为傲对智能的追求，放在生命的维度上，还有很大的提升空间呢。

三、职业选择与发展建议

1. 在职业选择上，ENTJ要避开的工作

ENTJ不喜欢且不善于处理繁杂事务，也不喜欢被别人吩咐做事，因此，应尽量避开与后勤、行政等相关的事务性工作，即使他们能很好地胜任，也不宜久留，所以，不如从一开始就选择更有价值的路径。

ENTJ通常不适合艺术类工作。

2. 推荐职业方向

（1）在公平公正的环境下，ENTJ都可以充分发挥自己的优势，因此，从大的分类来看，军、政、校、企都适合ENTJ发展，尤其是战略规

划、统筹运营、管理咨询方向。

（2）在企业的八大职能部门里，除了后勤、行政这些不能发挥他们优势的部门，其余的职能部门都适合他们发展。

3. 适合的环境

ENTJ需要挑选公平、公正，有巨大空间的平台，这个平台最好人员能力层次较高，素质较好，他们不适合家族式企业这种没有统一考核或竞争机制的、充满复杂人际关系的或从业人员普遍能力较低的平台。

在路径选择上，ENTJ最适合走管理路线。

四、如何与ENTJ相处

如果你的孩子是ENTJ，他们大概率会成为你骄傲的来源。因为他们勇敢独立、善于学习、目标感强、自驱力强，在各种团体中总是佼佼者、指挥调度者。不过，他们在青春期时可能会让你们的亲子关系爆发最大危机。这时，相较于其他性格类型的孩子，他们总是更加叛逆，更易暴躁、倔强，不断挑战你的权威。你需要保持耐心，不被他们的攻击摧毁，在他们偶尔决策错误时，尽自己所能为其提供物质、精神、资源支持。

如果你的领导是ENTJ，那么，首先恭喜你，跟着他们干，你一定会有肉吃。但是，你会经常陷入无法跟上他们的节奏以及不被认可的焦虑中。作为他们的下属，解决痛苦的不二法门就是努力、努力、再努力，始终提高自己的商业价值。只要你有能力，他们就会给你机会和空间以及物质回报。向ENTJ领导汇报工作时，一定提前梳理思路，结论先行、价值先行，再用几条数据等客观事实佐证你的观点、结论以及解决方案。当信任关系未建立时，不要废话，不要寒暄，不要关心他们的身体或心情……

如果你的配偶是ENTJ，那么，你会亲身感受到他们的高支配性。他们在社会上非常成功，可是，作为家人的你能感受到的只有他们的强势霸道和不容置疑，他们在你的生活、工作甚至恋爱中都有强干预性。尽管从现实角度来看，他们的建议往往都是对的，却带给你心理层面的极大痛苦。我建议，为了自己的权益，你可以勇敢一点，先把自己的想法梳理清楚，然后积极和他们保持沟通，只要你肯坚持，他们就会松口。接着再具体讨论方案的利弊和备选方案，他们会成为你最大的助力。

第十章

ISFP

极具艺术天赋，拥有自由灵魂

10.1 被判"死刑"的留美心理学硕士重获新生

前言

电影《中国合伙人》中邓超扮演的孟晓骏,原本是一个优秀、自信、青春洋溢的年轻人,对国外充满期待和美好的想象。留学几年,历经了诸多困难,归来时无比落寞。

这些年,随着经济发展,国际化互动的进一步加强,留学被许多国人纳入自己的教育计划中。提到国外教育,人们自然会联想到文化多元、独立开放、因材施教;提到心理学,人们自然会认为源自西方,国外的从业者应该更专业、经验更丰富。然而,Helen的经历告诉我们,事实并非如此。

Helen,女,26岁,单身,是美国某所排名前50的私立大学应用心理学硕士。毕业在即,Helen却在咨询问卷中写道:"我适合心理学方向吗?我的天赋和优势是什么?我更有潜力做什么?目前面临找工作和经济独立

的压力，如何在保证经济需求的情况下，快速转型到更适合自己的职业？如果我没有任何特长怎么办？我想不起来任何一件我做得很好、很出色的事……"

明明有着这么好的留学背景，毕业在即却要放弃心理学方向？当年能独立搞定留学事宜，拿到三所美国排名前50院校的录取通知书和全额奖学金的优秀学子，为何自我评价如此之低？！

这巨大的反差让我迫切希望知道Helen这三年都经历了什么。

一、持续的、突如其来的打击

在咨询前的一个月，Helen突然被导师告知她不能以应用心理学这个专业毕业，学校只能发放教育学的毕业证书。理由是导师和督导师综合评估了一年半以来Helen在团体咨询实习工作中的表现，认为她无法胜任心理咨询师的工作。

对Helen来说，这无疑是"惊天霹雳"！

导师和督导师言语犀利如剑，批评和批判仍清晰回响在Helen耳边。回想当初为申请留学吃过的苦，异国留学忍受的孤独与无助，团体咨询一年半以来的舟车劳碌和咬牙坚持……再一想，拿不到心理学的毕业证书，回国后怎么面对父母？怎么就业？怎么做心理咨询？可是，不做咨询还能做什么呢？转行穷三年，留学已经花了那么多钱，不可能工作了还要父母接济自己吧？想到这些，简直无路可走！Helen对自己失望透了！

我明白，Helen的内心世界已拉响警报，但要解决危机，还得清楚来龙

去脉。

原来，Helen主攻认知行为治疗，她完成了60多个小时一对一的咨询，积累了不少成功经验。能帮助他人且实现自我价值，让她对心理学方向信心十足。之后，导师开始让她接带团体咨询，截至毕业前，她完成了180个小时的团体咨询，这段经历让Helen痛苦至极。

非母语的语言环境给Helen的咨询带来不小的挑战。在一对一的咨询中她不必急于回应来访者，可在团体咨询中，她很难在小组成员叙述完后，快速地组织语言做出回应，参与互动。性格内倾的她每天要面对5至15名的来访者，不停地对话让她感到嘈杂和混乱。团体咨询所在地区路途较远，来回通勤要2个多小时，一次团体咨询结束，整个人身心俱疲。

按理说，这时的Helen非常需要导师和督导师的指导与支持，结果导师和督导师却带给她更大的打击。他们非常严厉，每一次评价就像给小学生批改作业一样，Helen的"作业本"上满是大大的叉号。

为了达到导师的要求，Helen强迫自己适应认知行为治疗结构化的咨询流程。然而，结果更糟。由于枯燥乏味，来访者有时会在团体咨询中睡着。持续了一年多的打击让Helen严重怀疑自己的能力，怀疑自己是否适合做心理咨询。

二、职业匹配度和问题分析

听完Helen的描述，我很直接地向她反馈我的初步意见："你的整体情况和心理咨询方向高度匹配，不建议转换到其他行业。"

因为Helen对于硬技能的积累主要体现在心理咨询方面的理论知识、咨询技术、实践经验以及留学经历（较好的学历背书）。软技能方面，她具备咨询师所需的倾听、理解、共情等素质；她的性格类型是ISFP，沉静、友好、敏感、温和的气质很适合做心理咨询工作。如果没有团体咨询的体验以及导师、督导师的评价，她对心理咨询工作的真实兴趣很大，只不过最近兴趣被严重打击。价值观方面，她认同通过帮助别人来实现个人价值的理念，这也和咨询师的理念高度吻合。生存及发展需要方面，以她的学历和能力积累，是可以让她在国内快速找到与心理学相关的就业机会，满足现实需求，并尽快实现经济独立的。

然后，针对Helen的遭遇，我们做了一次系统梳理。核心问题是Helen这个人和所在的系统的冲突。

（1）语言障碍。以汉语为母语的中国心理咨询师，英语能力仅能满足日常生活的需求。Helen没受过同声传译等专业训练，海外生活经验才一年多，要在团体咨询中熟练运用英语，并进行流畅沟通是十分困难的。一旦回国工作，这个问题就不存在了。

（2）咨询流派不合。Helen是ISFP性格类型，内倾型（I）擅长以艺术形式开展工作，因此，如果想要从事心理咨询工作，意象对话、艺术治疗、整合治疗、沙盘治疗、舞动治疗等方式都是适合该性格类型的咨询流派。认知行为治疗则是高度结构化的咨询流派，流派不合就像让迈克尔·杰克逊当律师一样。Helen只要换个适合的咨询流派，问题就迎刃而解了。

（3）培养系统不合。咨询师的培养遵循的一般规律是先完成系统理论知识和伦理的学习、咨询技术训练，等到一对一个体咨询经验丰富之后再向团体带领人、督导师方向发展，逐渐拓展业务范围和角色。Helen所在的培养系统更重视团体咨询，在她还不够熟练带领团队的情况下，让她成为团体带领人，会带给她巨大的压力。回国后，她可以回到正常的发展轨道上，顺其自然地成长。

（4）导师和督导师与她不匹配。正常情况下，导师负责学生学业计划的推进，督导师负责学生在实践过程中技能的提升和精进。可这两位导师一味地批评和批判，不传授针对性的指导建议，只会带给学生压力。但目前，国内并非如此。即便是认知行为治疗这种高度结构化的咨询流派的督导师也充满人文关怀，在督导过程中，无论是知识空缺还是技能瑕疵，督导师都会给予温和的建议和具体指导。因此，只要寻找与自己匹配的督导师，问题就解决了。

三、温和疗法是良方

经过步步澄清，Helen的状态虽然有所好转，但一想到回国后还要继续做咨询工作，她就非常抵触。

我很理解她目前还处于应激状态中，无法快速从过去的感受中抽离出来，作为她的咨询师，我尊重她的真实感受，尝试通过其他途径帮她逐渐恢复状态。

首先，我建议她不要过于在意毕业证书上的专业认定。她的留学背景和履历以及知识储备仍然有效，不会受未来回国求职的影响。

其次，尽快做好回国准备。回到熟悉的环境中，消除了语言障碍，焦虑情绪会得到很大程度的缓解。

最后，在求职方面，鉴于Helen目前的状态，可以暂时考虑与应用心理学方向相关的心理咨询工作，大学院校心理咨询师、辅导员、社会机构心理咨询师、国际学校心理咨询师、测评机构咨询顾问、EAP（Employee Assistance Program，员工心理援助项目）相关讲师、自闭症儿童治疗师等，以应用心理学的知识为依托开展工作，与心理咨询师高强度的咨询工作模式不同，这种较为稳定、低强度的工作模式比较适合现阶段的Helen。

过了几个月，Helen在微信中给我留言，她已经成为一名自闭症儿童治疗师，平台很好，工作环境、工作内容、人际环境以及薪资都让她很满意，已经开始新咨询流派的系统受训了。她很感谢我在咨询中给她的建议，让她没有错过心理咨询师这个职业。

我也很欣慰，内心不禁感叹，国内的心理咨询行业差点错失一个优秀的从业者！

写在最后

Helen的遭遇，其实离不开ISFP劣势功能或性格盲点的影响：在适应环境的过程中，与外部环境及评价产生巨大冲突时，ISFP由于不善于Te式的以目标导向进行逻辑推理和客观分析，不善于形成理性判断，而经常对结果的灾难化想象做出感性决策。这时，ISFP可以先稳住，不急于决策，积极寻求家人、可信任的老师、专业人士的帮助。

10.2 "艺术家"在现实生存中寻找平衡

前言

在MBTI的性格类型中,ISFP被称为"艺术家""探险家",善于通过审美和行动打破社会常规。同时,这意味着他们在常规社会中的处境往往并不乐观。艺术大家如巴赫、莫奈、梵高、徐渭、林风眠,他们生前都很潦倒、困顿,死后多年,他们的作品才被广泛认可。

艺术还是生存?是ISFP所面临的最普遍、最痛苦的问题。

梦舒,女,36岁,未婚,学习英语专业,毕业后从事了四年的品牌营销工作,后转行为舞台剧演员,参加了几百场国内外大型音乐剧演出,其中不乏需要中英双语的大型巡演。作为戏剧导师,梦舒编排、指导,带领学生参加各种电视台节目表演和录制;作为国际音乐剧项目策划,制定方案、联络合作资源,担任活动主持和翻译。梦舒还在业余时间掌握了声乐、舞蹈、配音等技能……

在资料中,梦舒提供了大量的演出照片,有的是森林精灵,有的是黑暗巫师……每一个"她"都那么生动、鲜活,让我不由得想起中国的"孔雀皇后"杨丽萍。她们就像为舞台而生一样,她们对舞台和艺术的强烈渴望透过媒介感染了每个人。

而在咨询时,视频里的梦舒骨瘦如柴,说话断断续续,声调很轻,思维不连贯,会抛出很多信息碎片,却让我难以拼凑出完整的故事或画面。

除了职业规划问题，梦舒还存在较为复杂的心理问题。

如果说梦舒是一只"小孔雀"，现在这只"孔雀"应该是"生病"了。

一、陷入生存危机的"孔雀"

原本一切顺利。尽管是"半路出家"，但梦舒在舞台剧领域"玩"得很开心。直到2020年新冠疫情暴发，演出行业遭受重创，一切活动被迫停滞。此后的三年里，为了生存，梦舒尝试应聘英语教师、动画电影配音员、戏剧培训机构教师、幼儿园老师等职业，但都未通过试用期考评，最短的试用期竟然不超过三周。

疫情蔓延、事业停滞、家庭支持匮乏、收入来源不稳定，梦舒像掉进了一场噩梦一样，每天都生活在恐惧中，生怕自己饿死或病死街头都无人知晓。医生对梦舒轻中度焦虑抑郁的诊断更是雪上加霜。

无奈之下，梦舒找到了一份数据录入员的工作，尽管工资不高，但足够梦舒解决基本生存问题，并且公司会为员工提供心理援助，梦舒太需要心理援助了，但常规心理治疗和咨询费用昂贵，她负担不起。为此，尽管在数据录入方面"笨手笨脚"，难以适应，她还是咬牙坚持着。

然而，由于长期服药带来的嗜睡等反应，加上不擅长也不喜欢这类常规工作，梦舒的工作效率远低于同事，已被领导约谈了几次。这份工作也保不住了。

二、ISFP与艺术和生存

梦舒的问题太复杂，面临太多层面的困难，她碎片化的思维和表达更增加了我们工作的难度，使得咨询进程非常缓慢，有时也会让我陷入耗竭状态。我不得不把问题进行结构化分析，来恢复一些内在秩序感。

艺术与生存，就像面包与爱情一样，是个由来已久的经典议题。在咨询实践中，很多来访者在"真正热爱但不太赚钱的领域"和"能带给自己高收入但既不喜欢也不擅长的领域"间摇摆，在摇摆的过程中，个体被极大消耗。在这个层面上，个人意志是决定性因素。

站在顶端的艺术从业者大都出生在艺术世家，他们从小就接受培养，进最好的学校，跟从最好的老师，参赛获奖，留学归来，然后进入艺术类高校或艺术类团体。大多数受常规艺术教育的毕业生则进入艺术类教育领域（数据显示此类毕业生占比达50%以上）、艺术表演、艺术创作、艺术管理、艺术治疗或其他文化传媒等领域。而像梦舒这样半路转行的从业者，竞争劣势较为明显，处在行业的边缘或底层位置。

艺术类就业市场具有不确定性。不同的时代、文化背景、政策以及技术的更新都会直接影响艺术类毕业生的就业。如游戏行业的发展给对音乐创作感兴趣的从业者提供了新的机会；而AI技术的发展对动画设计、平面设计的从业者带来了明显的冲击。

从ISFP与艺术的关系来看，ISFP往往有着得天独厚的艺术天赋，他们内心情感丰富、细腻、浓烈，对外在环境观察入微、体验入微，善用五感进行艺术创作和表达。但性格天赋就像硬币一样，势必存在两面性，以下是ISFP在艺术从业路上存在的四点问题。

（1）活在当下，注重眼前的利益和问题的解决，缺乏长远的规划。就像梦舒一样，对表演类工作缺乏认知，未曾考虑35岁甚至45岁之后，容颜衰老带来的职业发展问题。

（2）理性思考能力不足，抗压能力弱，容易病急乱投医。梦舒为了得到免费心理咨询选择了既不擅长也不喜欢的数据录入工作，身心被巨大消耗后，再通过心理咨询进行疏导……渐渐地，她成了转轮中拼命奔跑的小白鼠。

（3）"艺术化"程度高，"社会化"程度低，天真。梦舒的理想是开一家民宿，定期组织各种艺术教育类、艺术治疗类的活动。但梦想需要一步一步实现。

（4）缺乏社会支持系统。就像梦舒一样，在一线城市生活，经济压力不小，长期独居生活导致她在遭遇困境时孤立无援，也导致语言表达、社交能力退化。

三、逐渐恢复生机的"孔雀"

有了以上的分析，就明确了梦舒的主要问题：艺术领域的生存、适应和发展。再结合她的心理状态，就有了解决对策：先生存，再发展。这里的生存，包括两个方面：一是物质基础上的生存，二是精神基础上的生存。

如今疫情结束，国内外旅游和演出行业重整旗鼓，市场呈现快速恢复态势，我建议梦舒借此机会，重回舞台剧表演行业，这相当于让孔雀先回到适合生存的森林。先"续命"，恢复对生活的信心和希望，才能逐渐恢复她的社会功能。演出的收入尚可，短期内不仅能解决生存问题，还能帮助梦舒恢复职业生涯连续性。未来，梦舒可以寻找能提供良好福利保障的平台，成为舞台剧演员、指导老师或从事艺术教育类工作。

半年后，梦舒入职一家少儿艺术培训机构，正式成为一名戏剧表演指导老师。机构给员工缴纳五险一金，很大程度缓解了梦舒的养老焦虑和生存危机；老板和销售团队的同事负责和家长沟通，她只需要完成"技术交付"。总体而言，梦舒发挥了自己的优势，规避了自己的社交短板，适应得不错。工作之余，她还找到了适合自己的心理咨询师，费用合理，对她帮助很大。

梦舒对于现在的工作和生活很满意。在最后一次月度咨询时，她的状态已明显好转。

10.3 ISFP作曲家/艺术家性格解读及发展建议

一、性格特点

ISFP在人群中的占比约为10%。ISFP倾向于内省，喜欢独自思考。在社交活动中显得较为安静，需要独处的时间来恢复精力。低调、谦虚，不喜欢炫耀个人成就，更倾向于默默付出，期待被他人真正理解和接纳。

ISFP注重具体细节和实际经验，善于从现实世界中直接获取信息，对当下环境的细微变化敏感，有强烈的感官体验意识。通常对艺术、音乐、设计等领域有浓厚的兴趣和天赋，善于捕捉和表达美的瞬间。

ISFP情感丰富，在做决策时优先考虑个人价值观和他人感受，注重人际关系的和谐，力求公正，反感权威、压迫和不平等。待人亲切、友善，愿意提供支持和帮助，尤其对于弱势群体。他们倾向于灵活、开放的态度，喜欢保持选择的余地，不喜欢过度规划，更愿意随情况发展而调整行动。

代表人物：迈克尔·杰克逊、张爱玲。

二、高频问题和发展建议

习惯性地过于关注眼前和当下的需求。 ISFP难以做到规划长远的未来，也很难为了达成目标暂时放弃某些细节和需要，导致效率低下，长期停留在一个发展水平，无法跃迁。

我的一位客户涵涵，在一家国际学校担任校长助理。她每天要处理大量事务，但是工作了8年仍停留在这个岗位上，收入没有提高，能力也没有太大程度的提升，导致她在30岁面对婚育计划和工作平衡时陷入两难。她既希望结婚生子，又担心自己的核心竞争力不足，结婚生子后再难回归职场。

这是因为ISFP容易沉浸在解决当下的现实问题上，由于每天投入在工作的大事小情中，忽略了长远规划，也缺乏目的性和目标管理。另外，ISFP容易执着于细节，追求尽善尽美。

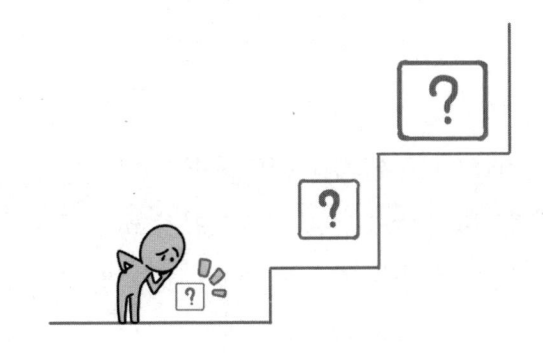

↘ 发展建议

（1）明确长短期发展目标，制定能力提升计划，并将目标和计划都变成"图像"，放在每天都能看得见的地方，提醒自己。ISFP比较务实，他们不擅长记住并坚守一个抽象目标，因此，要把抽象的目标变成具体的画面，让自己每天都能看见。例如，把符合期待的工作场景、理想居所等图片打印出来，挂在卧室里；把能力提升计划列成清单，挂在书桌旁等。

（2）在计划执行过程中放弃对完美的追求。ISFP要学会不断回顾自己的目标、截止日期，提醒自己放下个别细节，提高效率。如果ISFP要适应职场环境，可以内化一个高效率的"超我形象"，每当自己想要拖延时，这个严厉的内在形象就可以"跳出来"提醒自己，并敦促自己改变低效的行为模式。

ISFP不善言辞，语言表达能力较弱。一方面体现在工作中。他们常常做了很多，表达和呈现的却很少。如果汇报工作不讲究方式、方法，就无法有效呈现工作成果。另一方面体现在表达情感和需求中。他们总是默默付出，导致他人对ISFP不够理解，乃至不够尊重，将他们的付出视为理所应当。长此以往，不利于建立健康的人际关系。

究其原因，一方面是因为ISFP习惯通过具体行动来表达对别人的关心——他们会在你感冒的时候端来药和热水，但他们不会通过语言表达对别人的关心、担心、爱意以及想要长久共同生活的期待。另一方面是因为一些ISFP的生活环境过于单一，导致他们的语言能力退化。就像案例中的涵涵一样，长期两点一线，没有社交，失业后更是一个人待在出租屋里。前面案例中的梦舒也有类似的情况。长期缺乏社交和语言表达的训练，导致他们语言能力退化，越来越不善言辞。

↘ 发展建议

在职业选择方面，可以优先考虑能充分发挥个人优势的，不需要过多语言表达能力的职业。

在职场发展方面，学习结构化表达，提高语言组织和表达的能力，可以阅读李忠秋老师的《结构思考力》，学习表达力方面的课程。

在亲密关系中，尝试通过语言表达对他人的理解、自己的情感需要，逐渐提高沟通能力。

在做决策分析时，感性思考多于理性思考，导致陷入被动局面。有时，ISFP了解事实情况，也了解什么是理性决策，但在做重大决策时，故意弃之不顾，任性地做决定；有时，ISFP会关闭感知通道，完全不去了解事实情况，像鸵鸟一样把头埋在沙子里。

我的一位客户，知道自己有决策困难症，但每次面对重大决策时，都极尽所能地拖延。十二点要回复一家公司是否签订劳动合同，他十一点半才找到我："老师，帮我做个咨询吧！"

这种拖延行为导致自己和周围人都陷入被动局面。

关于这一点，ISFP和INFP在做决策分析时情况类似，大家可以参考第二章INFP发展建议中的第三点，学习如何破解决策困难，这里不再赘述。

容易受社会主流价值观或重要他人的影响，而试图改变自己的性格。他们可能会因为父母、爱人、孩子等重要他人对自己的期待，而致力于成为高精尖人才或抱着铁饭碗的成功人士。但结果往往不尽人意，还会伴随持续的精神痛苦。之所以会这样，是因为在成长初期，他们过于追求人际关系的和谐，而迎合外界的要求。他们内心有一个潜在的声音：一旦我没有按照你的期待和要求去做，你就不爱我了。这是ISFP非常灾难性的结果。

如客户涵涵，上学时她的母亲不允许其谈恋爱，她就真的一次恋爱都不谈，导致到了适婚年龄还没有恋爱经验，也未形成清晰的择偶观。母亲期待她能到城市里的核心商业区上班，在一个国际化的平台比较有面子。为此，她在选择连续几份工作时，都只关注这些外在的条件，而忽略了职业发展中自己核心能力的提高。

↘ 发展建议

学会判断重要他人对自己的期待是不是"以爱为名"的控制。真心爱自己的父母或重要他人，当你无法达成他们的期待时，即使有时他们会失望、生气甚至难过，但当这些情绪散去，你们之间真正的爱仍会延续，他们最终仍会尊重你的选择。

威廉·萨默塞特·毛姆说："如果你总是按照别人的意见生活，你将永远不能成为你自己。"

请ISFP谨记，人生的真谛就是活成自己期望的样子。

"艺术型"ISFP走上艺术道路的时间太晚。 很多ISFP性格类型的客户在实际生活中并没有发展他们的艺术天赋，而是遵循学业路径走上各种岗位。但确实有较多的ISFP性格类型的客户热爱艺术类工作，他们的性格、兴趣、能力、价值观都与之匹配。但遗憾的是，这样的觉察和决策有时会出现得太晚。梦舒在28岁才决定转行成为舞台剧演员，但那时的她基础弱、年龄大，缺乏社会支持系统，加上环境变化对行业的影响，导致她缺乏核心竞争力，抗风险能力较弱。这是非常令人遗憾的。

↘ 发展建议

（1）艺术类工作在前期需要较长时间的积累，这需要从业者更早规划未来。同时，个体需要有强大的社会支持系统才能顺利发展。因此，ISFP性格的类型孩子的家长应早早为其探索艺术兴趣和能力发展做长远规划。

（2）ISFP在艺术领域的发展要讲究策略，单打独斗往往很难成功。就像梦舒一样，在咨询中，我明确建议她要给自己寻找一位"经纪人"，对方负责开拓市场、对接项目、洽谈生意等，她负责项目交付、技术更新。这样才能把彼此的优势发挥到极致，形成核心势能，在商业竞争中赢得一席之地。

三、职业选择与发展建议

1. 在职业选择上，ISFP要避开的工作

（1）尽可能避开需要具备战略智能的工作领域，即避开需要规划、预测、发挥创造力的工作类型，如战略顾问、广告设计、文案策划等方向。

（2）避开需要公事公办、客观分析、理性判断的工作领域，如证券分析师、投资理财师、律师、警察等职业。

当然，如果你已经进入这些领域，暂时没有转行的条件，比如，我的一位ISFP性格类型的客户，是一位律师，发现自己在逻辑表达、和解谈判方面存在明显能力短板，那就只能提高相应能力，来弥补自己的短板了。

这也是所有职场人都要学会的本领——扬长避短。

2. 推荐职业方向

（1）SP相对随性、崇尚自由的性情偏好，使得他们不喜欢规矩太多的工作环境，所以，国际化、多元化工作环境以及艺术类、教育类、服务类、公益类等行业领域会非常适合ISFP的发展。

（2）ISFP不喜欢主导、控制他人或局面，所以很难成为通俗意义上的高能人士，但他们很适合为这样的高能人士提供支持和服务。所以，高级助理、执行秘书一类的职业很适合ISFP，同时，选择一位优质老板，实现自身价值的提升。

（3）ISFP具有很强的审美天赋和品味，雕塑、装饰等艺术、美术指导等领域，最能发挥ISFP的优势。

四、如何与ISFP相处

如果你的孩子是ISFP，作为家长，你需要在相处时注意以下几点。

（1）尊重个性与独立性。ISFP性格类型的孩子通常富有创造力和艺术天赋，喜欢以自己的方式探索世界。给他们足够的自由去尝试不同的艺术形式，如绘画、音乐、舞蹈等，支持他们的兴趣爱好。

（2）耐心倾听与理解。ISFP性格类型的孩子情感细腻，可能不善用言辞表达内心感受。请耐心倾听他们的想法，鼓励他们用艺术或其他非言语的方式表达情绪，如写日记、画画等。

（3）避免过度批评。ISFP性格类型的孩子对批评这件事可能特别敏感，请尽量提供建设性反馈，聚焦个人行为而非个人特质，表扬他们的努力和进步，以增强他们的自信心。

（4）提供稳定的情感支持。ISFP性格类型的孩子可能对外界的压力和冲突感到不安。请营造一个稳定、温馨的家庭环境，让他们知道，无论何时，他们都有一个安全的情感避风港。

（5）鼓励但不强迫社交。虽然ISFP性格类型的孩子可能偏内向，但他们需要社交技能的发展。邀请一两个亲密的朋友来家里玩耍，或者参加小型、低压力的团体活动，避免强迫他们参加大型、喧闹的聚会。

如果你的朋友是ISFP，你需要在相处时注意以下几点。

（1）尊重个人空间。给你的朋友充足的个人时间和空间，他们可能需要独处来充电和处理个人情绪。在邀请他们参与活动时，提前告知并确保活动节奏适中，避免过于密集的社交安排。

（2）坦诚直接的沟通。避免使用含糊不清或暗示性的语言，他们更喜欢清晰、直接的交流。在表达关心或意见时，尽可能用事实和具体感受代替抽象推测。

（3）通过行动表达关心。比起口头承诺，你的朋友更看重实际行动。在他们需要时请提供实质性帮助，如陪伴、倾听或共同完成某项任务。

（4）欣赏他们的艺术才华。对他们的艺术创作表现出真诚的兴趣和赞赏，邀请他们分享自己的作品或一起参与相关艺术活动，这有助于增进你们之间的友谊。

（5）避免过度干涉。你的朋友可能有自己的计划和节奏，尽管他们表达得不明显。尽量避免对他们的事情指手画脚，除非他们主动寻求建议。

如果你的领导是ISFP，你需要在相处时注意以下几点。

（1）展现敬业与专业。ISFP性格类型的领导通常重视工作中的情感投入和道德价值。请展示出你对工作的热情以及对团队成员福祉的关注，他们会欣赏你的敬业精神和专业素养。

（2）提出具体建议。当需要反馈意见或提出改进措施时，请提供具体、实用的建议，避免泛泛而谈。他们更喜欢实实在在的解决方案，而非理论性的讨论。

（3）保持和谐氛围。ISFP性格类型的领导倾向于营造和谐的工作环境。避免在他们面前挑起冲突，如果有分歧，请以平和的方式提出。

（4）尊重他们的决策风格。ISFP性格类型的领导可能基于直觉和价值观做决策，这可能显得逻辑并不总是清晰或能够立即解释得通。尽管如此，请尊重他们的决定，理解这是他们深思熟虑的结果。

（5）私下沟通敏感问题。如果需要讨论敏感话题或个人问题，请选择私下的、一对一的环境。ISFP性格类型的领导可能对公开场合的批评或冲突感到不适，私下沟通更能保证他们的情绪舒适。

第十一章

ISFJ

正义仁爱，默默付出的"守护天使"

11.1 "扶弟魔"卸下包袱轻松奔前程

前言

"扶弟魔"是近几年流行的网络用语，通常指多子女家庭中的哥哥姐姐受家庭的影响，对弟弟不计成本地奉献。ISFJ因其宽厚、忍耐和强大的责任感，往往是"扶弟魔"的高发人群。客户小文的经历就为我们揭示了这一现象背后的血泪史。

小文，女，31岁，未婚。在西北某四五线城市的一家市政研究院就职，从事暖通设计工作。因事业遇到瓶颈而前来咨询。

在咨询中，我发现小文受到了诸多的限制。

事业上，毕业7年的她工作态度认真，但因为是女性，在公司内只能做些边角料工作，专业技能精进缓慢，向专业路线发展困难。性格内敛、老实，不善于交际，不适合向传统的管理路线发展。如果向外寻求新的机会和空间，城市太小，可选的机会十分有限，还不如现在这份工作。

生活上，31岁未婚，在当地传统而封闭的小城市，已经是"大龄剩女"了，父母催着小文相亲，可小文很难找到合适的对象，还总因为年龄问题被挑剔、议论。

一切的一切都让小文越来越自卑。

经过系统的梳理，我们最终形成了解决方案：离开现在的小城市，前往新一线大城市，寻找更大的就业平台，精进专业技能。与此同时，提高学历和资质认定等级，以提升职场竞争力。大城市的婚育市场对年龄更包容，有利于小文完成婚恋计划。

小文对未来充满了期待。她喜欢那个新一线城市，曾出差去过那里，人文环境和自然环境都很宜居，还有好朋友在那里定居。最后一次月度咨询后，小文一边提交辞职申请，一边在新城市投递简历。

一、为山九仞，功亏一篑

在结束咨询的半年后，我无意中看到小文发布了一条朋友圈动态，我的直觉让我感到这个姑娘并不顺利，甚至有些抑郁。出于关心，我询问小文最近过得怎么样，在新城市是否适应。没想到小文告诉我，她仍在原单位上班。

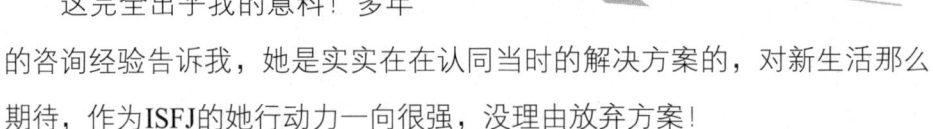

这完全出乎我的意料！多年的咨询经验告诉我，她是实实在在认同当时的解决方案的，对新生活那么期待，作为ISFJ的她行动力一向很强，没理由放弃方案！

我实在不解，就继续问她原因，得到的回答竟然是"没钱了，我没钱支撑自己到新城市找工作了"。

这也不对呀！咨询时的小文明明有好几万元的存款，以她的节俭程度，别说支撑她3个月的求职过渡期了，哪怕支撑一年空窗期也足够了。

在我的追问下，小文才告诉我完整的经过。当时，她按计划提交辞职申请，正在办理离职流程，正赶上弟弟要结婚了，想在老家盖房子，父母要求她出钱支持。在父母的一再追逼下，她所有的存款都被拿走了，一分没留下。而她自己的职业计划就此搁置。

说完,小文已经泣不成声。她既愤懑不平,又为自己感到委屈、心酸,恨自己无能,无力改变家庭现状也无力改变命运。"只能这样了""大概我会孤老终生吧!"

真是为山九仞,功亏一篑!

二、生涯平衡与发展

我先从生涯平衡的角度帮小文分析了她的遭遇。

生涯大师舒伯认为,人在一生中必须扮演9种主要角色:儿童、学生、休闲者、公民、工作者、夫/妻、家长、父/母、退休者。这些角色活跃于4种主要的人生舞台:家庭、小区、学校和工作场所。

个体在同一时期将同时扮演不同角色,小文的问题是,她作为女儿和姐姐的角色严重挤占了其他角色所需的空间和资源,尤其阻碍了她31岁所处成家立业期核心任务的完成,从而导致小文生涯状态的严重失衡和停滞。

从生涯发展的角度而言,小文没有义务过度牺牲自己,成全父母和弟弟。她作为自己个人生涯的主要负责人,有权利也有义务审视自己整体的生涯状态,决定不同角色的重要性,努力实现不同角色间的平衡和健康有序的发展。

三、人格发展

接着，我从人格发展的角度帮小文理解她的处境。

通常，ISFJ在发展初期会表现出主导功能Si的特点，关注现实问题的解决，通过行动默默付出，实现个人价值，并内化许多社会规则和规范。例如，小文将父母对她的规训"你是姐姐，要让着弟弟""你是姐姐，要照顾弟弟""男主外女主内"……视为自己的行为准则去遵守。由于辅助功能Fe的发展，ISFJ能为了体察他人的需要，注重人际关系的和谐，回避冲突，而过分压抑自己的需要和感受。因此在关系中，他们显得有求必应，哪怕是不合理的要求，他们也难以拒绝。

但是，这并不是真正的ISFJ。

我认为，一个成熟的ISFJ就像电影《海伦·凯勒》中海伦·凯勒的家庭教师安妮·莎莉文一样，温柔而坚定。她不会为了和海伦·凯勒及其家人建立表面和谐的关系而放弃自己的原则和观点。电影中，海伦·凯勒弄伤了安妮，她的母亲为了尽快安抚好狂躁的海伦·凯勒，就喂给她一块糖。安妮为此提出了严正抗议——她做错了事，却得到了糖，这样一来，她的生存规则是混乱的，我们不能因为她残疾，就为她违反基本规则。

一个成熟的ISFJ就像心理学领域所提倡的"不含诱惑的深情，不含敌意的坚决"一样。因为他们不会未经思考就全盘接受来自社会的、传统的、为了维持关系和谐的规则。经过对第三功能Ti的发展，对不同人、事、场景的观察和反思，他们会逐渐形成自己的定义和理解，划分出问题边界，形成评价标准体系。这时，再结合主导功能Si的细

安妮·莎莉文

致，他们便能熟练地应对各种不同场景，坚定地践行内在规范。同时，将这些价值作用在关系中，真正地帮助他人。

以小文为例，也许"过度付出"已经成为她的人际模式，不仅与父母、弟弟的关系如此，与同事、领导的关系也存在同样的问题。即便没有发生这件令她异常痛苦的事，将来也难免因同样的问题在工作和生活中受阻：因为承担着妻子或母亲的角色，再次忽略自己，牺牲事业的发展……

因此，这件事至少可以引发我们对于"关系"议题的思考，包括与职场、重要关系的边界问题。

最后，我向小文提出一个猜测：尽管你现在很痛苦，但有没有可能这是你和家人的一次"合谋"呢？简单来讲，尽管你对新生活充满期待，但毕竟是一个陌生环境，充满了不确定性，你还是会感到恐惧和担忧，为了避免由此引发的羞耻感，就应了父母的要求，把钱都给他们。这样一来，你就不用去那个陌生环境重新开始，不必面对内心的恐惧和担忧了。（以探索未知和挑战为特点的Ne功能处在ISFJ劣势功能的位置，相关场景会引发个体羞耻感——许多外在的关系问题，最终会回到自己和自己的关系上。）

小文反馈了她的感受。她说我是这半年来第一个关心她的人，我在不同层面的分析帮她拓展了看问题的视角，她不那么局限了。令她感触最深的是我最后的"猜测"，尽管很犀利，但她并没有感到受伤，倒让她第一次体验了"不含诱惑的深情，不含敌意的坚决"。也许，随着她的逐渐成长，她也能成为真正的ISFJ——有力量，温柔而坚定。她会重新攒钱，这次，攒够半年生活费便会奔向新城市了。

11.2 全职妈妈的第二职业曲线

前言

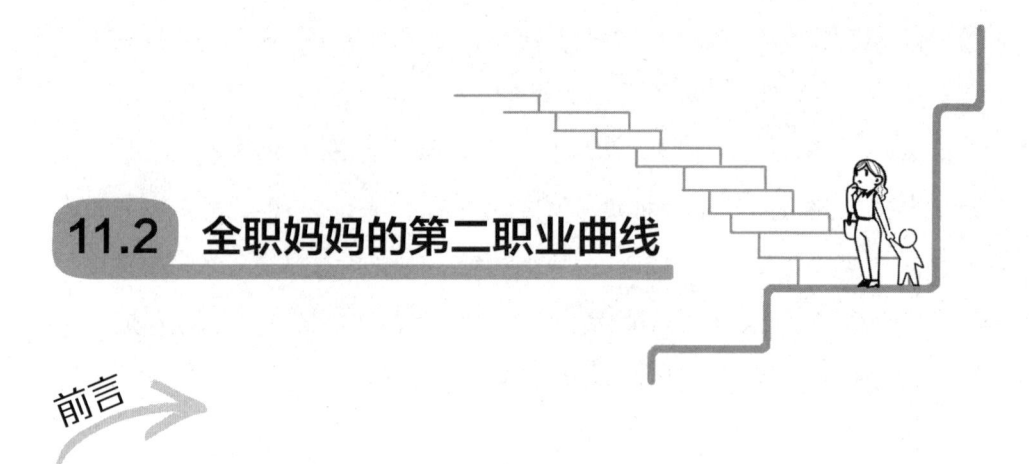

《中国全职妈妈生活调查报告》的数据显示，我国有26%的已婚女性选择做全职妈妈。2023年前程无忧针对"全职妈妈再就业"主题的调研数据显示，90%的全职妈妈有意愿重返职场，但其中困难重重。

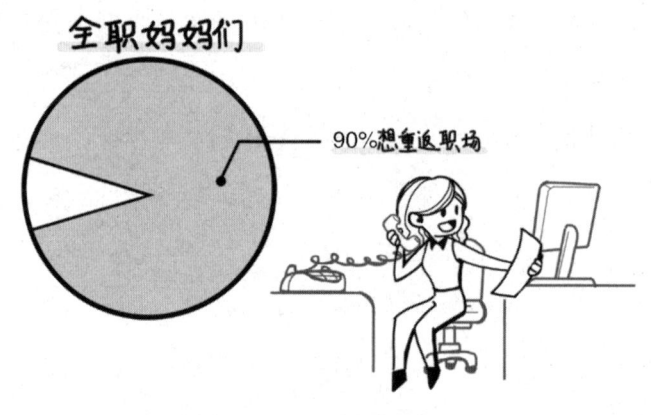

Linda，女，33岁，已婚已育，孩子上小学一年级。在普通本科院校的人力资源专业毕业后，Linda就职于一家乳业头部公司，工作7年，在晋升时遭遇总部空降的对手而遗憾错过管理岗位。产后的Linda被这位领导当成假想敌，工作开展极为困难，被迫辞职。离职前，职级还停留在行政专员。

职场发展不顺，孩子年幼无人帮忙照顾，Linda干脆当起全职妈妈。Linda喜欢孩子，喜欢照顾家庭，可全职妈妈没有收入，往往没有话语权，想做点儿什么，只要爱人不同意，Linda就做不成，这让她无法安心一直待在家里。

孩子上幼儿园后，Linda开始求职。曾短暂尝试过3份与行政相关的工作，但供职的平台都很小，管理不规范，业务不饱和，缺乏发展空间，收入一直处在中低水平。这些让Linda担心自己迟早被社会淘汰。

一、ISFJ更容易成为全职妈妈

Linda是典型的ISFJ，她的遭遇让我想起一次授课经历。当时，智联招聘和西安市碑林区人才服务中心邀请我为30多位渴望重返职场的全职妈妈做一场职业规划讲座。课前，我们对参会学员进行了MBTI测评，其中一半以上的学员都是ISFJ性格类型。

我认为这并不是偶然事件，它具有普遍性。ISFJ被称为"照顾者"，因此她们更容易成为全职妈妈。原因如下。

（1）以Si内倾感觉为优势功能的ISFJ会内化许多传统观念。例如，男主外女主内，女性就应该多承担一些家庭责任。她们也会以此为行动准则要求自己。

（2）ISFJ内敛，善于用行动表达，而不善于用语言表达，这导致她们总是付出很多，却极少在他人面前表现自己，在各种组织和团体中容易被忽视，价值得不到认可。

（3）她们追求人际关系的和谐，回避冲突和竞争，容易在评优晋升考核等竞争中败下阵来。因此，相比于社会工作，她们更喜欢、更认同家庭生活，因为家庭环境能让她们专注家庭事务，从而获得满足感和成就感。

正常情况下，ISFJ对全职妈妈的生活比较满意。然而，近些年来，社会的激烈竞争和快速变化势必影响每一个家庭系统：单职工家庭抗风险能力显著下降，孩子的教育成本增加，经济压力加剧，婚姻关系带给女性的保障有限。这些都让追求安全、稳定的ISFJ感到紧迫和焦虑。因此，她们不得不重回职场。

可再就业困难重重，Linda就是典型代表。

（1）主观困难。长时间脱离职场的情况，影响全职妈妈的心态。2023年，中华全国妇女联合会妇女研究所曾对一线城市40岁以下全职妈妈群体做过一项调研，数据显示，90%的全职妈妈有焦虑情绪。咨询中，我发现她们除了焦虑，还普遍感到恐惧（恐惧就业困难无法适应）、自卑（能力不足无法找到工作）等。也有一部分全职妈妈对再就业的要求过于理想化，不肯结合实际情况调整期待，这些都会增加再就业的难度。

（2）客观困难。全职妈妈需要接送孩子上学、放学，和大多数工作时间冲突，符合弹性时间的工作岗位机会有限。另外，大多数工作要求应聘者年龄不超过35岁，这也是全职妈妈重返职场的"拦路虎"。缺乏核心技能更是硬伤，ISFJ过于依赖过往经验和路径，长时间缺乏新知识、新技能的拓展，导致重返职场的困难增加。

二、全职妈妈重返职场

以ISFJ为代表的全职妈妈群体要重返职场，可以参考以下策略。

1. 调整认知最重要

（1）重新定义"职场"。传统观念认为，进入政府机关单位、院校、企业等才是回归职场。而职业的本质是价值交换，只要我们能够为社会、组织、他人提供某种产品或服务，不论哪种就业方式，都是处在职场状态。调整了这一认知，大家就会发现灵活就业、创业、自由职业都是职业的不同形式。

（2）重新定义"安全、稳定"。很多人把安全、稳定寄托于进入一个大平台。但"下岗潮""裁员潮""AI等技术创新导致职业的消失"，每个时代都在告诉我们，与其把命运寄托在外界的保护，不如不断提高自己的能力和价值。

（3）重新定义"失败"。太恐惧失败，就无法行动。把注意力放在未来的目标和当下的自己身上，放到行动上，每天比昨天进步一点点，每天创造一点价值即可——无论是为社会，还是为家庭、为自己，创造一些价值，就是成功和进步。

（4）重新定义"年龄"。有些全职妈妈会非常焦虑自己的年龄：30几岁却只有过去几年的工作经验，和他人相比缺乏竞争力。但若放眼整个职业生涯，假设55岁退休，现在33岁，我们至少还有20多年可以为自己的事业而奋斗。与其焦虑年龄，不如好好珍惜这20多年的大好时光。

先规划，再行动。全职妈妈重返职场，相当于对职业的重新定位和重新规划，需要结合性格、兴趣、能力、家庭条件、核心需求和期待、所在城市的机会和资源等要素，明确计划后再行动，避免浪费宝贵的时间和机会。以Linda为例，再就业时，她依赖原有路径选择了小公司的行政岗，可是Linda认为，即使发展到高管位置，这种职业状态也让她深感不安——终点都不是自己想要的，就不要开始。经过咨询梳理，她明确了考取事业编制的目标，Linda说："如果三年前就找我咨询该多好。"那就意味着她多出三年的时间为自己争取机会。

2. 拓展就业信息和渠道

除了智联招聘、前程无忧、猎聘等招聘网站和线下招聘会，还可以关注市、区各级人力资源服务中心的官网、官方微信公众号、抖音号等。这些平台除了更新招聘信息，还包含对不同人群的就业指导等服务信息，公益讲座、再就业技能培训等信息。

3. 积极参与技能培训，提高竞争力，拓展就业机会

一方面，当地人力资源服务中心和妇女联合会不定期组织社会力量开展各类技能培训和资质认证；另一方面，全职妈妈可以通过个人兴趣和对新机会的观察，尝试参与技能培训，拓展就业机会。

4. 积极借助外力，获得支持

当全职妈妈需要心理支持时，可积极寻求当地心理服务热线的帮助；接送孩子上学、放学可以借助托管班的力量；家务方面可以交付给钟点工，这样一来，全职妈妈可以为自己开辟更多时间和空间，提升自我。

写在最后

Linda决定备考事业编制，如果失败，就尝试加入幼儿教育机构，先工作几年积攒经验，未来成为教育机构管理者或自主创业。Linda告诉我，小时候，老师问大家有什么理想，别人都想当科学家、运动员，她却说，想当一个妈妈，有一个小院子，养三四个孩子，每天照顾他们的饮食起居，陪他们长大。

曾经，她寄希望于爱人为她打造一个小院子，现在，她要尝试自己实现理想。

11.3 ISFJ守护者/护卫者性格解读及发展建议

一、性格介绍

ISFJ在人群中占比约10%。他们往往性格内敛、安静，喜欢专注在自己的工作中。他们细致入微，关注现实层面问题，同时对客观细节、数据非常敏感。他们能敏感地观察并捕捉别人的需要，并给予回应和支持，尊重规则、秩序，责任心强。

典型代表人物：特蕾莎修女、安妮·莎莉文。

> 特蕾莎修女
> 1979年获得诺贝尔和平奖

↘ 性格优势

（1）ISFJ是各种组织和团体中默默无闻的付出者，他们总是委身幕后，为别人提供支持和服务，浑身散发着正义、友善、仁爱的光芒。就像安妮·莎莉文一样，内敛、专一，有原则、有耐心，对学生循循善诱，充分尊重每一个个体。

（2）ISFJ性格非常坚韧、宽厚、能忍耐。在任何领域里，尤其在社会工作中，他们总能安守本分，一点一滴、踏踏实实地积累自己的核心竞争力，在工作中，他们非常忠诚且敬业，所以，ISFJ的职业稳定性是非常好的。偶尔稳定性不佳，也多由外部原因导致，有的源于父母的压力，必须调换工作城市；有的因为企业破产或组织架构调整。通常，主动离职的ISFJ很少。

（3）ISFJ非常重视生活和工作的秩序感，喜欢清晰的流程，具体的细节。如果你按照他们制定的工作流程进行，一定是最省时、省力、省钱的。他们善于把原本杂乱无章的事情梳理清楚，降低成本。

比如，我的一位客户，在做行政管理时，公司要用三个月的时间走完的报销流程经她手后时间缩短到一周，且简单易操作。

二、高频问题和发展建议

丽丽，34岁，在贸易公司做了10年外贸业务，业绩很不错。由于公司组织架构调整，她从业务部门被调到了行政岗位，负责办事处的行政、财务工作，与之前比，岗位职级是平级，但是工资降了一半。过了一年，她跟领导争取是否可以调回业务部门，答案是不行；是否可以在此职级上晋升一级，提高相应待遇，答案是不行。领导并没有直接拒绝，而是说公司的组织架构暂时未定，让她再等等消息。她就一直等着。

丽丽等到家庭的经济压力渐增，又不得不面对薪酬降低带来的一系列负面影响时，才考虑跳槽。跳槽的方向是行政方向，但是她非常痛苦，因为以她的年龄继续做行政工作，上升空间非常有限，可如果不做行政，该怎么办呢？咨询时，我问她为什么要选择行政，她说她做的就是行政工作。通过这个典型案例，我们能看到ISFJ常踩的坑。

1. 缺乏全局观，容易一叶障目

ISFJ总是关注眼前的、当下的、具体的、细节的问题，忽视全局视角，未能将当下放在长远的规划中考虑，导致一叶障目。

正常来讲，丽丽有着10年的外贸业务经验和1年的行政经验，如果跳槽，也要优先考虑跳回外贸业务方向，这样，过往的工作能力和经验都能进行很好的迁移，在就业市场上也有竞争力。

可ISFJ往往由于自身当下所处的位置，理所当然地认为接下来的工作自然与当下岗位相关。他们总是把注意力集中在"怎么做"上，而忽略"为什么"的问题，犯低级逻辑错误。

我的另一位客户，每天都特别繁忙，工作忙、家里忙。当说到未来一段时间的工作和家庭学习计划时，她在每一方面都有很多内容要做，都要花费大把的时间精力，所以她每天都是焦虑地脚不沾地的状态。咨询时，我们进一步分析，如学习课程这一项计划，她说她要学习家庭教育指导师三个阶段的课程、领导力课程、保险业务课程……

我问她："为什么要学习家庭教育指导师的课程，是要转行吗？"她说："不是，就是为了更好地教育孩子。"我说："那就不用三个阶段都学完啊！学一个阶段就够了，不是吗？"她这才回过神，意识到原来不用学习那么多。

ISFJ容易认为这个要做，那个也要做，加在一起太多了，反而哪个都做不了。这也是他们将注意力放在当下，忽视全局的表现。

↘ 发展建议

（1）纵向梳理。当ISFJ面临重大选择时，需要回顾过往的成长经历，并做阶段性总结：这一阶段我的收获有哪些，提升了哪些能力，可以迁移到哪些职业方向上，总体来看，我目前有哪些核心竞争力？

（2）横向梳理。目前我扮演着哪些角色？我对每个角色的定位是什么？我的责任有哪些，应该做到怎样的程度？我有哪些支持资源（时间、家人、同事、领导、下属等）？他们能为我分担哪些工作？

（3）设定合理目标。每个角色都要设定合理目标（结合期待和现实条件），有所取舍。要有阶段性重点角色和任务的分配；生涯连续性和竞争力的持续提升；对重要学习资源进行少量但长期的投资行动。

2. 在人际关系中被过度消耗，不敢争取合理利益

ISFJ非常善良、友好，总是回避人际关系的冲突，甚至不敢和别人发生冲突，导致在人际关系中不懂得拒绝别人，经常被利用、消耗。因为ISFJ很容易为了别人的一个优点或细节而心软，优先考虑关系的和谐，忽略这个关系带给自己的负面影响和损失。

就像丽丽一样，几次鼓起勇气找领导争取，每次都是几句话就被打发回来。

我告诉她，实际上，领导在行缓兵之计，可缓兵之计损失的是她实实在在的利益——一年的时间，被破坏的生涯连续性、大幅度下降的收入。

因此，她必须做出改变。

同时，ISFJ保守且被动的表达方式，使他们得不到对等的回报。ISFJ习惯了默默付出、默默耕耘在岗位上，但是他们的性格保守且被动，不爱竞争，不爱表现自己，过度自谦甚至到了自卑的程度，使得他们的实力和贡献被大大低估，让既有功劳也有苦劳的ISFJ在利益分配时，难以得到对等的回报。

就像丽丽一样，实际上，她的业务绩效是很好的，改做行政后业绩也很突出，理所当然可以争取合理的薪资和职级的晋升。可是，她手里握着这么好的牌，不好意思打出去！还总被领导怼回来，十分憋屈！

↘ 发展建议

（1）建立关系边界和原则。当ISFJ在与亲友相处时，需要注意别惯坏对方，如溺爱孩子就是在害他们。

要敢于在一些关系中拒绝别人的不合理要求，哪怕是朋友。比如，跟你借钱不还的，跟你借车出问题不但不负责而且下回还借的。你要通过他们的行为判断他们的人品，得出结果后及时止损。

而在职场中，同事之间关系的核心是价值交换，不要夹杂太多情感。要客观看待自己的能力、贡献，尊重自己的价值，争取合理的利益。试想一下，如果你做不到这一点，你的家人要跟你一起承受损失，想到这，你就有动力去守住边界，提出合理要求了。

在商业谈判中，ISFJ真的是"无爱即是神"的存在，当他们不夹杂感情的时候，他们有理有据且思路清晰，一语就可以击中对方的要害。

（2）建立多元化社交，促进自我成长。ISFJ经常和与他们相似的人交往，而不太习惯突破这个社交舒适圈。他们觉得外倾型（E）人太闹腾；直觉型（N）人不够实际；思维型（T）人简直冷酷无情；知觉型（P）人太随性，不考虑对别人的影响。可是，ISFJ是需要拓展社交，让自己的圈子丰富起来的。

NF类型的人能让ISFJ从过于保守的惯性里走出来一点；NT类型的人可以把ISFJ从细节和当下中拽出来，站在全局视角看问题，节省大量时间和资源，做最有价值的事；ST类型的人能弥补SF类型的人的技术盲区，是很好的合作伙伴候选人。

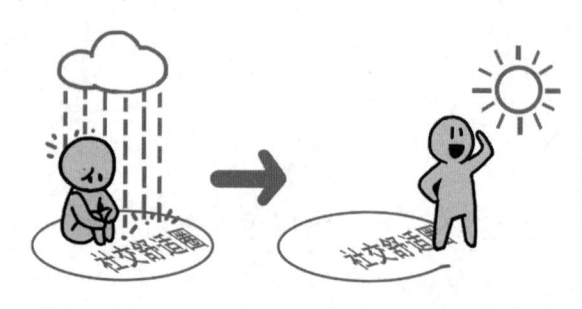

三、职业选择与发展建议

1. 在职业选择上，ISFJ要避开的工作

（1）公关业务、开拓式销售这些需要频繁抛头露面跑到幕前的工作会让他们被过度损耗。

（2）需要创新创造或理性思考并判断的工作，如设计类、法律类以及金融战略投资等工作，他们做起来会非常吃力。

2. 推荐职业方向

（1）Si内倾感觉是他们优势功能，他们擅长在实践中学习，因此医生、护士等职业，教育类、舞蹈瑜伽类、服装搭配类等工作都很适合他们。

（2）ISFJ注重细节、富有耐心。因此他们适合与财务、行政、人事相关的工作以及客服、会务、教务、编辑排版等工作岗位。

（3）需要动手操作的技术类工作，如机械维修、电子生产、物流仓储、化学工程等工作也适合他们。

在组织类型方面，ISFJ需要稳定有序的工作环境和平台，清楚的职责划分，因此他们更适合大型企业、政府机构这种平台。

3. 关于ISFJ的常见误解与澄清

（1）ISFJ是不是太保守了，不适合创业？不是，ISFJ可以创业，而且是创业成功率很高的性格类型。他们不打无准备之仗，他们的创业像在建房子一样，一点一点为这个房子添砖加瓦，而不是出海冒险的过程。

（2）ISFJ不适合做管理？不是，ISFJ只是有自己的管理风格，他们和员工亦师亦友，平等交流，并耐心指导，就像《复仇者联盟》里的美国队长一样。但ISFJ要注意建立原则和底线，敢于突破自己，适当时候据理力争，为自己和部门员工争取应有的利益和资源。

（3）ISFJ不适合做销售？不是，作为ISFJ的丽丽外贸业务的业绩就很好。ISFJ是细水长流型的人际交往模式，他们踏实、认真、负责，能够孜孜不倦地为客户提供靠谱的产品和服务。他们做得越久，客户越多。另外，ISFJ适合做驻店式销售——较为被动式的销售模式，或者由公司提供客户资源，他们跟进。他们不太适合开拓式的销售业务模式。

四、如何与ISFJ相处

如果你的孩子是ISFJ，他们需要独立的空间处理信息，静下来慢慢思考。因此，请你提供并尊重他们的个人空间，允许他们较慢地处理问题。他们需要稳定有序的生活环境，如稳定的作息规律、和谐的家庭氛围。请尽可能减少搬迁等重大变动，他们需要花费时间适应新环境，请给予耐心。他们通

常不善于主动表达，需要你能注意到他们的异常表现，并主动沟通、耐心倾听。在助人方面，我认为，家长应着重安全教育的引导，包括借助社会新闻告知他们助人的前提，如何学会保护好自己。

如果你的亲友是ISFJ，那么，你会得到细致入微的关照。他们是最友好、最可靠的人，任何时候，任何方面，如果你需要，他们就会第一时间赶到你身边，安抚你的情绪，替你分担压力，和你一起面对现实困难和问题。他们会为了家庭在事业方面做出重要妥协或牺牲。尽管他们不善言辞，但是他们的家庭成员都会看到他们默默付出的身影，从而发自内心地尊重他们。

如果你的领导是ISFJ，那么，你会体验到他们的关爱、尊重、支持、鼓励以及在工作中的耐心指导，直到你可以独立处理那些事务。他们不太会直接批评你，哪怕你做错了什么，他们也比较有耐心。

但是，由于他们的态度过于友好，你可能经常会忽视他们的观点和建议，从而对自己要求松懈。所以，作为ISFJ的下属，为了自己能更快成长，你应该对自己有所要求。

另外，ISFJ性格类型的领导通常性格保守，不善于为自己和部门争取资源和机会。因此，他们的部门里最好有NT类型的员工来代表ISFJ对外发言，或者在重大会议前，给ISFJ出出主意，打打强心针，让他们可以坚定立场，保住部门的核心利益，争取该有的资源和机会。

第十二章

ESFP

生活就是舞台,每个人都是你的观众

12.1 我要为了北京户口再忍辱负重10年吗?

前言

"假性定向"是金兹伯格等学者在1951年提出的生涯发展现象,它是指在某一个生涯发展阶段,当大多数的人都达到了定向的程度时,仍有少数人表面上看起来已经决定了未来的方向,实质上只是一种假象。实际上,当事人还是一个生涯犹豫者。在咨询辅导中,这是一个较为典型的现象和问题,在ESFP性格类型的客户中较为常见。

客户户口,男,28岁,单身,坐标北京。某211院校电气本科专业,毕业后连续两年备考本专业研究生,失败后进入某体制内担任信息部门的助理工程师。工作三年,因与领导频繁发生冲突且难以胜任工作而辞职。

一、令人费解的行为

首次咨询:"我拒绝自己是ESFP性格类型!"

户口认同普京因为他是硬汉;认同爷爷、父亲和母亲,因为他们艰苦奋斗。但户口很难认同自己性格类型是ESFP!"怎么可能?看那些推荐职业多不着调,多不靠谱!尤其是脱口秀演员!虽然自己喜欢且长期关注这个领域,但怎么也不能接受自己有一天会成为一个脱口秀演员!简直胡闹!"

二次咨询:"我是ESFP,但需要平衡专业优势和现实。"

这一次,户口没那么激动了,他回顾了自己的成长经历,自身性格类型确实更符合ESFP;喜欢玩,作为一个男孩子却喜欢买买买,搜集各种喜欢的电子产品,为人幽默,爱好广泛;喜欢组织策划各类活动,在人群中具有号召力;对理工类技术无感,对电气专业的学习和工作体验更是痛苦。只是在成长过程中,自己的喜好都不被家长允许,认为这是没正事做的表现,认为理工专业更被社会需要,作为男人应该坚持下去,并通过考研、考公不断提高核心竞争力,这才是正路。

户口也认为应该充分考虑学历的优势和现实需要,尽快稳定下来,结婚生子。我们评估了几种不同方案,最后,他决定进入高校从事相关专业的学生辅导、就业或招生工作。为此,他需要备考并攻读马克思主义哲学相关专业的研究生，帮助自己调整职业方向。

首次月度沟通："我应该学习雅思英语、考研英语还是对外俄语？"

我问户口："为什么要学习雅思英语和对外俄语？你的说法是为了找回自信。可是，即使考出好成绩又能怎么样呢？学习雅思英语和对外俄语不但挤占你的考研时间，而且，以你的特殊情况，近几年都不能出国，学这些语言好像没有实际用处。我感觉你在拿一个'假'的备选项，试图把它放到和考研同等重要的位置。我不明白你为什么要这么做？"

户口听了我的话，说："的确，老师，我在假装纠结、假装努力。为的是应付父母，让他们知道我在考研。可我真的很愤怒，就是不想如他们所愿。"

二次月度沟通："我要换房，换一种生活方式和态度！"

户口认为他现在租的房子条件太好了，以自己当前的能力尚不足以匹配这么好的居住条件。而且现在的生活太舒适了，和当下阶段该有的状态不匹配。现在就应该艰苦奋斗，做个努力的青年，好好学习，好好工作。可是，户口看了好几天房子，发现并没有房子比这个房子划算，要么太小、太黑、太偏僻，要么太贵……这怎么办？

房子在这里是一个象征物，代表着父辈在艰苦奋斗的努力下给户口创造的优越条件，而户口认为自己是不配享有这种条件的。可是，放着合适的房子不住，找别的房子，有点"没苦也要找苦吃"的意思。

最后一次月度沟通："我要为了北京户口再忍辱负重10年吗？"

这一次，户口提出："我想考本专业硕士，在35岁前毕业，在北京报考部队文职（应届文职解决户口），等我38岁左右拿到北京户口，有房子，理论上我就留在北京了。可是，为此我要忍辱负重10年，学习不喜欢也不擅长的专业，做讨厌的工作，不知道值不值得。"

历经三个多月的五次咨询，一切回到原点。

二、生涯发展中的"假性定向"

明明在前期咨询中明确了职业规划方案，可户口在执行过程中却"言行不一"，不断寻找冲突的选项干扰行动和方案的推进，甚至在最后一次咨询中，否定了方案，试图将整个咨询拉回原点。整个过程是户口现实生活中的行为模式在咨询中的活现。

我向户口解释，他的行为模式符合生涯发展中"假性定向"的特点。

"假性定向"是指在某一个生涯发展阶段，当大多数人都达到定向的程度时，仍有少数人表面上看起来已经决定了未来的方向，实质上这只是假象。目的是暂时解除必须进行选择的焦虑，其形成与人格状态、错误认知、家庭互动系统有关。

以户口为例，在成长过程中，他十分敬佩自己的父母和爷爷。爷爷从山西的农村到四线城市，从一个技工变成总工，用一辈子的时间完成从农村向城市的迁移、从农民向技术人员的转变；爸爸原本可以接爷爷的班，但他选择了自己喜欢的计算机专业，是最开始从事程序开发的那批人，从四线城市迁居至首都，并购置房子；妈妈原本在老家的银行上班，工作了3年，因不喜欢就那样生活一辈子，跟随爸爸来到首都，开始创业做小生意，小有所成。

崇拜权威，为了满足家人对自己的期待、社会对男性的刻板要求，户口开始伪装自己，学习理工类专业，考研后找工作，像理工男一样思考和行动，目的是更大程度地和权威保持一致，以此回避权威的否定、指责甚至羞辱。因为这会引发他强烈的恐惧、内疚和羞耻感。随大流、假装努力，即使失败，户口也能把失败归结于家人对自己的逼迫，对此以愤怒、拖延等行为对抗，由此，他推卸了自己作为生命主体的责任。

能量层级（正）

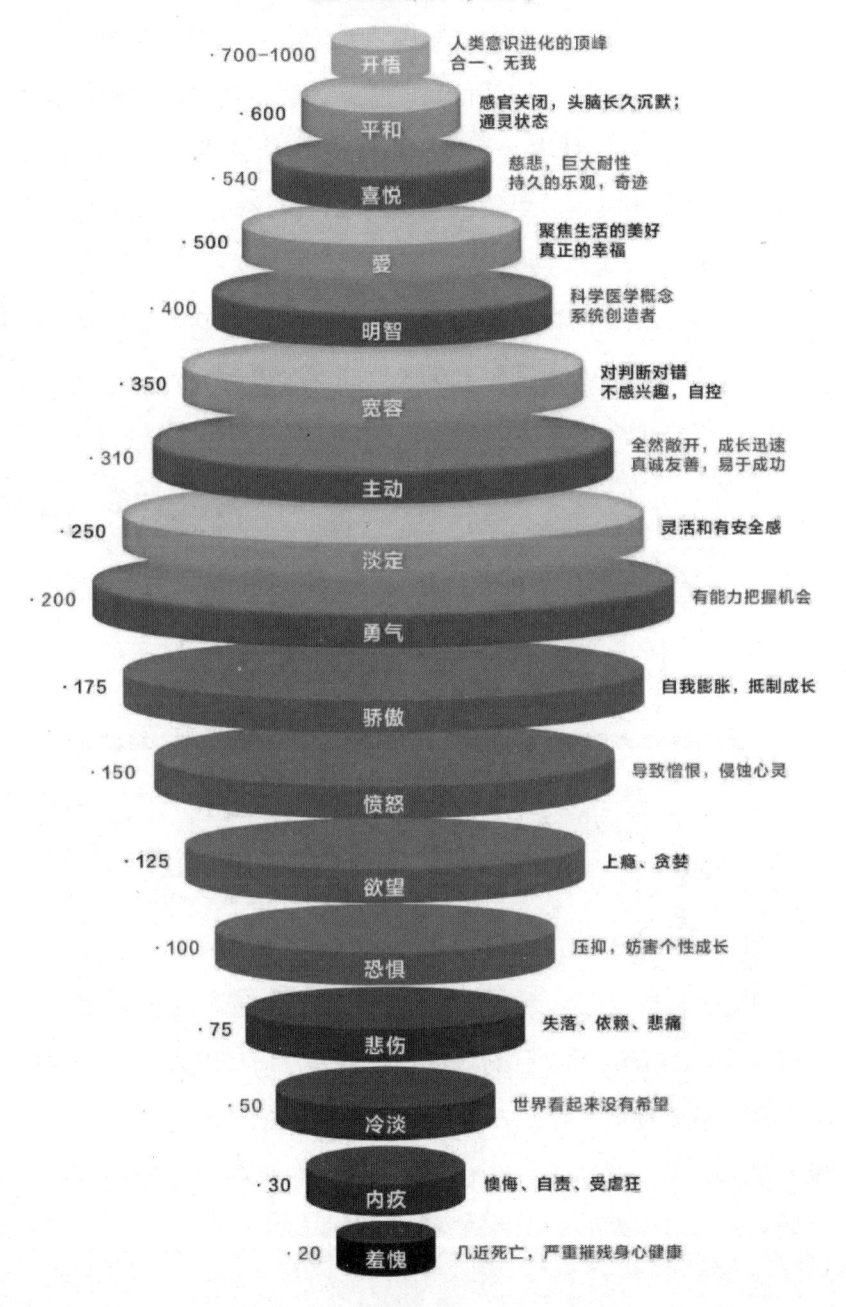

- 700–1000　开悟　　人类意识进化的顶峰；合一、无我
- 600　　　　平和　　感官关闭，头脑长久沉默；通灵状态
- 540　　　　喜悦　　慈悲，巨大耐性；持久的乐观，奇迹
- 500　　　　爱　　　聚焦生活的美好；真正的幸福
- 400　　　　明智　　科学医学概念；系统创造者
- 350　　　　宽容　　对判断对错不感兴趣，自控
- 310　　　　主动　　全然敞开，成长迅速；真诚友善，易于成功
- 250　　　　淡定　　灵活和有安全感
- 200　　　　勇气　　有能力把握机会
- 175　　　　骄傲　　自我膨胀，抵制成长
- 150　　　　愤怒　　导致憎恨，侵蚀心灵
- 125　　　　欲望　　上瘾、贪婪
- 100　　　　恐惧　　压抑，妨害个性成长
- 75　　　　 悲伤　　失落、依赖、悲痛
- 50　　　　 冷淡　　世界看起来没有希望
- 30　　　　 内疚　　懊悔、自责、受虐狂
- 20　　　　 羞愧　　几近死亡，严重摧残身心健康

能量层级（负）

图12.1　霍金斯能量等级分布表（可以看到"羞愧"带给人接近死亡的负面感受。）

户口是典型的ESFP性格类型，ESFP人群更容易发生假性定向的现象。基于外倾特点，他们善于观察环境，倾向于与环境（权威的、大众的和传统要求的）保持一致；Se是他们的优势功能，使得他们善于模仿（即伪装）外部的人、事、环境等，能让"假的"像"真的"一样，久而久之，"假作真时真亦假"，导致自我认同混淆。这时，真实的自我反而会引发个体大量的负面情绪，如恐惧、悲伤、内疚、羞耻等。

但这样的模仿无法持续。真实的、挑战性越来越高的工作场景会不断提醒户口，他志不在此；一再压抑的天性、对脱口秀等"不入流"工作不自觉的关注和兴趣也会不断提醒户口，真实的自己是什么样的。

在咨询中，我表达了自己的观点。我认为户口应该以自己的方式实现家族的使命：从农村向城市、从城市向中心城市的迁移，哪怕这个过程充满荆棘和艰辛，哪怕结果不如意。这才是真正的像爷爷和爸爸妈妈一样，以自己的方式完成外部的生活目标。

12.2 娱乐圈经纪人遭遇行业和生涯寒冬

前言

近几年,我们见证了许多的行业变化。由于政策影响,房地产、教培、金融和能源电力等行业发生巨变。在互联网技术和数字消费习惯的影响下,直播经济冲击着实体经济,娱乐行业的微短剧冲击着传统影视……若我们是这些行业中的一员呢?作为从业者,我们在经历行业巨变时,是去是留?该如何抉择与发展?客户思慧的经历也许会带给我们一些启发。

(本案由路艾忱老师主导咨询,费晓霞老师进行督导)。思慧,女,31岁,未婚,坐标北京。毕业于双一流、"211"理工大学,市场营销专业本科学历,对娱乐行业充满兴趣,毕业后就进入娱乐公司从事几年的宣传工作,后来在前领导的支持下,思慧顺利转到执行经纪岗位。4年来,积累了不少项目经验和资源,在娱乐行业愉快"玩耍"。

2020年，疫情蔓延，娱乐行业迎来了寒冬。很多公司发不出工资，裁员降薪，思慧所在公司也取消了员工福利保障，只能支付半薪。一线城市的高成本生活和所在行业的高消费习惯都让思慧入不敷出，有时还要依靠父母接济。跳槽？更新了好几版的简历投出去连个水花都没有。思慧想，是不是应该换个稳定长久的行业呢？接下来该怎么办？

一、为什么现在考虑去留？

当收到思慧的案例资料时，我感到十分好奇。在疫情的影响下，行业困境持续了近三年，思慧在困境中坚持了这么久，为什么现在考虑去留问题？而不是最初裁员降薪时，生活难以为继向爸妈求助时或其他艰难时刻。

这个问题很快就有了答案：除了外部的行业变化、薪酬变化，当初带领思慧入行的前领导也发生了转变。她一直是思慧的榜样人物，思慧描述她："商业思维强、商务能力强，是我的贵人。"之前她对思慧赞赏有加，但渐渐地，她开始在工作中展现自己情绪化的一面，抬高自己、贬低他人。对思慧的评价也越来越低，甚至对她说："你根本就不适合做经纪人。"

在这之前，思慧喜欢并热爱经纪人这份工作。

显然，这个领导对思慧产生了深远的影响：为什么她可以做到？

她让思慧联想到自己的妈妈。

根据思慧的描述，自己的妈妈符合ENTJ的性格特点，独立自主、有原则、懂社会规则，事业有成，早年和思慧爸爸离异后，一个人把思慧带大。爸爸则符合ESFP的性格特点，但思慧一直很排斥爸爸，很难接受他的所作所为。

与父母的关系在思慧身上表现为性格特质的模糊，或者说，测评结果的模糊。除了E的倾向性明显，其余SN/ST/JP各维度的分数相差极小。

在咨询中，当思慧在澄清性格时，明确表达自己更像妈妈，是ENTJ性格类型。可从她真实行为、他评、自评来看，其实思慧更符合ESFP的性格特点：善于社交、审美突出、崇尚自由、重视体验、活在当下、积极乐观，兼具阿Q精神与钝感力强，时间观念差、重度拖延。

思慧的领导是典型的ENTJ，她和自己的妈妈很像，是思慧崇拜的对象，给思慧极大的支持。但同时，都在某种程度上否定着思慧——妈妈更希望思慧能考公务员，找一份稳定的工作；领导觉得思慧不够敏感，服务意识不够强，应该更沉稳。

思慧喜欢经纪人这个职业，并乐在其中。但当她认同的领导说她不适合这个工作时，带给她的冲击无疑是巨大的，动摇了她坚持下去的信心。

所以，思慧不仅遭遇了行业寒冬，她的内心世界也遭遇了巨大冲击，即将失序。她经历的困境，也是ESFP人群的常见困境。

二、内在动力和信心

对思慧而言，她正经历着"自我同一性"危机。

自我同一性是指个体对自己身份的认知和理解的一致性和连贯性。

这是一个人对自己的整体感知，包括个人的成长经历、信念、价值观、能力、未来方向以及这些元素如何与社会环境和其他人相互作用。

美国精神分析学家爱利克·埃里克森在其提出的"人格的社会心理发展理论"中将自我同一性视为青少年和年轻成人阶段的关键发展任务。他认为，这一阶段的个体需要解决"我到底是谁？""我想成为什么样的人？"这样的身份问题，以避免"身份混乱"。

但是很明显，思慧从青春期开始就出现"身份混乱"的状态。"我到底是做自己，还是成为母亲或重要他人期待的样子？""我到底是ESFP，还是ENTJ？""我喜欢做经纪人，但我真的适合吗？"澄清性格的同时，也是帮助思慧恢复自我认同的过程。接纳自己的真实状态，尊重在工作中的真实体验和感受，远比权威的期待和评判更重要。

在咨询中，我们从思慧的兴趣、能力、优势、价值观等各方面，和她一起确认了她与经纪人这份职业的匹配度，坚定了她继续从业的信心。

三、外在发展路径

思慧面临的现实问题也不容忽视，我们从以下几个方面对其进行梳理。

1.行业去留问题

作为从业者，当所在行业遭遇巨大变故时，对于去留问题的判断，除了考虑个人与职业的匹配度，还要学会判断行业变故是长期的还是暂时的；是局部的还是全盘的。

思慧所在的娱乐行业所受的疫情影响一定会过去，行业必然回暖。因此，她无须考虑转行，而需考虑如何度过困难时期。

2.发展路径选择

思慧在行业发展中提到了不同发展路径，例如公关专员、艺人统筹等，这时，应充分考虑优势的发挥和路径的商业价值。

咨询师建议思慧从执行经纪向商务经纪方向转岗。因为执行经纪属于事务型、服务型岗位，很难在行业内形成核心竞争力，不利于长期发展；而商务经纪主要负责艺人的商务活动、品牌合作、形象打造、资源对接等，更容易成为行业资源的实际"掌控者"。像杨天真这样的金牌经纪人就是最好的例证。

3.短期策略

由于思慧目前的核心能力有限，又在疫情背景下，咨询师建议她适当降低薪资期待，进入平台大的公司，先从商务经纪助理做起，逐渐提升专业能力后，向商务经纪人岗位晋升。

另外，基于经济压力和工作不饱和度不足，咨询师建议思慧考虑短期副业的发展，以达到开源的作用。例如，帮助艺人运营自媒体账号，利用自己对娱乐行业的了解，参与到视频制作、直播、社交媒体管理等工作中，如创建个人品牌，在小红书、抖音等平台上分享行业见解、幕后故事；利用社交媒体和电商平台销售艺人周边产品或自行开发的产品等。

4.求职提效

一是简历修改，这是ESFP类型客户常见的问题。不善于通过文字呈现个人优势和商业价值，建议在简历顾问的帮助下优化简历内容，提高简历通过率。

二是求职渠道，ESFP的核心优势在于线下人际连接和互动以及人脉资源上。因此，建议ESFP在求职中更多采用朋友、同学、前同事等熟人内推的方式打开求职通道。一旦到了面试环节，成功率激增。

写在最后

除了内外问题的梳理和解决，我们还建议思慧尤其关注两个方面的提升。一方面是调整消费习惯，学习理财，提高职业生涯抗风险能力；另一方面是寻求一位INTJ性格类型的"顾问"或"军师"，就像电视剧《来自星星的你》中千颂伊需要都敏俊一样，发展良好的INTJ能帮助ESFP纵观全局，进行长远的规划。

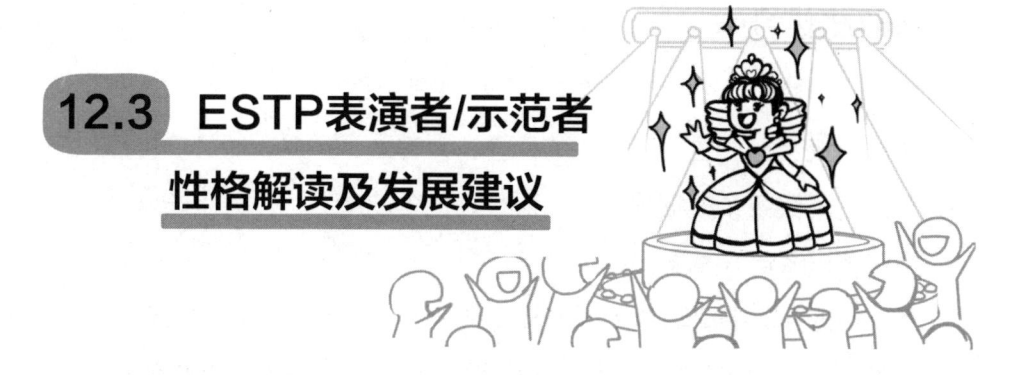

12.3 ESTP表演者/示范者性格解读及发展建议

一、性格解读

ESFP在人群中的占比约10%。他们的能量从外向内流动，热情、精力旺盛，对外界的人和事的关注多于自省，爱好社交。他们善于观察周围的人和事，重视感官的体验，活在当下，审美能力强，热爱生活。他们依靠情感做判断和决策，容易冲动，比较情绪化，随性自在，好奇心强，喜欢聊八卦，喜欢打破规则，不喜欢被约束。

典型代表人物：谢娜、张雨绮、电视剧《来自星星的你》中的千颂伊。

*漫画改编自电视剧《来自星星的你》

↘ 性格优势

（1）"戏精"附体。ESFP在人群中非常活跃，存在感强。ESFP是典型的享乐主义者，注重此时此刻的体验，大都是乐天派，能带给自己和周围人快乐，不受条条框框的约束。而且，他们的精力、体力巨旺盛，可以带一个团外出游玩一整天。

（2）ESFP具有显著的人际亲和特质。他们会把自己放在人群中，善于在团队协作中做事。一方面，他们需要人群，因为那是他们能量的来源；另一方面，他们知道，很多事情是自己无法独立处理的，待在人群里则更加安全。

（3）大多数ESFP的观察能力、模仿能力和表演能力都很强。比如，对别人语音语调、身体姿态的模仿，这是天赋使然。他们喜欢站在舞台上，喜欢备受瞩目的感觉。

（4）通常，ESFP具有审美天赋。懂得颜色的搭配，妆容质感把握与妆容造型设计能力强，服装搭配能力强，同时，也爱美。

二、高频问题及发展建议

1. 自我贬低，放弃优势

ESFP通常是"头脑简单，四肢发达，智商低"的人群代表，别着急骂我，这是他们自己说的，也是大多数人对ESFP的刻板印象。实际上，并不是这么回事。

原因一，《天资差异》的作者迈尔斯·布里格斯说过，智商测试对直觉型（N）人更加友好，因此测试题非常抽象，这对于评估智商高低来说其实是公平的。感觉型（S）人的

智商测评分数低并不代表他们的智商低。

原因二，感觉型（S）人擅长在实际操作中学习、观察和解决问题，这和常规教育的学习方式不同。现实中，如果缺乏资源和条件开展现实教育，感觉型（S）人的能力就容易被大家和自己所忽视，导致ESFP"头脑简单、四肢发达、智商低"的标签化越来越严重。

原因三，感觉型（S）人在成长过程中被对比的现象导致他们自我贬低，不认同个人优势。如案例二中的户口，他把自己和爷爷、爸爸进行对比；再如我的一位女性客户，把自己和INTJ性格类型的哥哥进行对比，哥哥在学业上太优秀了，像耀目的太阳，对比之下，自己像个小火星儿。

↘ 发展建议

（1）正视自己独特的优势。金树人老师曾在《生涯咨询与辅导》中引用经典语句："一朵如其所是的玫瑰，才是玫瑰（Rose is a rose is a rose）。每一个人，每一株植物，每一只动物都有一个天生的使命——完成如其所是的自己。玫瑰不会用天堂鸟的形式完成自己，即使天堂鸟是七彩夺目的；大象不会用蜂鸟的形式完成自己，即使蜂鸟是轻盈灵巧的。当一个人能够以自身原本的面目去生活的时候，生命自身的完成就是一种至深的乐趣。"

（2）在实际场景中学习、训练实用技能。比如，学语言，当ESFP置身于某种语言环境时，他们很快就能学会这门语言，但通过书本学习就会很缓慢且困难。ESFP善于用省力的方式找到巧妙解决问题的法门，就像他们善于用幽默解决问题一样。

2.不善于应对复杂且高压情景

未经NT类型能力训练的ESFP，缺乏宏观视角，无法快速把复杂信息和逻辑梳理清楚。同时，他们的情绪管理能力较弱，容易陷入负面情绪（尤其是恐惧）里，欠缺内省能力的发展，不够独立，遇到复杂且高压情境时，ESFP容易放弃自我，过于依赖别人，甚至推脱责任，回避义务。

我的一位客户的父亲和哥哥都是ESFP，父亲在结束癌症手术后的四个多月依旧依赖胃管进食，不愿意自己吃饭，并且把体重减轻的原因归结于妈妈对他的照顾不周，这令年轻的客户异常愤怒。

尽管客户的哥哥大自己6岁，早已成家立业，但得知父亲患病，他没有体现出应有的成熟和作为长子理应承担的责任。他好像懵了，既不能协助确定治疗方案，也不能陪同问诊及治疗过程。客户作为家中最小的女儿，才26岁，就要承担起搜集信息、决策判断，与大夫沟通长期陪护的责任。最让她崩溃的是，哥哥不但不能分担压力，而且总是跟她哭诉压力很大，她除了工作就是陪同诊疗，另外还要安抚父亲、哥哥的情绪……

人生难免会遇到七灾八难，如果ESFP总是在关键期缺乏成长，活在原有的性格模式里，就会不断消耗他们的支持系统，导致无人可依。

↘ 发展建议

（1）正视问题，不逃避责任。

当面对复杂情境时，先安抚自己的恐惧、焦虑等情绪，吃点美食，运动一下……这些都能帮ESFP快速降低压力水平，了解相关人的需求和期待——他们需要自己具体做什么。尝试行动，做得不好是正常的，有错就改；问题太多就挑出自己认为当下最重要的那一个，解决一个再安排下一个。你会发现，原来问题没有想象中那么难、那么可怕。

（2）分内的事，确实没能力解决。

身边要有NJ类型的人为自己保驾护航。因为他们能在利益冲突中做自己的律师和发言人，保护自己的利益不受侵害；他们能在复杂问题中，帮自己快速梳理思路，同时，缓解自己的压力和恐惧情绪。但ESFP要记住，不要过度依赖他们。核心人脉资源应该放在关键节点的问题解决上，要珍惜并节约他们为自己提供的支持。同时，保证自己在其他方面有回馈他们的能力。关系是双向奔赴的，不是单向付出的。

3.缺少长久规划，导致生活缺少基本保障

ESFP是活在当下的人，认为当下逍遥自在最重要，缺少长久规划，导致后续发展动力匮乏，生活品质没有保障，抗风险能力过低。

其原因较为复杂。ESFP缺乏宏观视角和规划意识，且比较短视，导致自己缺乏核心竞争力。ESFP的思考过于浅显，容易冲动行事，导致边界不清，无故给自己添了太多责任，又没有处理复杂问题的能力，因此常常陷于被动局面。ESFP过于畏惧人际冲突，表达能力不足或在表达时缺乏理由，不善于保护自己，导致自己陷入不利局面。同时，ESFP不会总结经验，反复犯低级错误，反复踩坑。

不善于解决问题却善于制造问题——这是很多人瞧不起ESFP的原因。在咨询实践中，ESFP性格类型的客户的职业规划往往伴随多重问题，导致案例过于复杂而难以解决。例如，我的一个客户，在各个部门间进行岗位调

动，核心竞争力不足。年纪大了婚育规划还没有做，在亲密关系中缺乏边界感，为别人背负债务……从职业规划角度来看，这个案例涉及对于职业定位与发展、工作与生活平衡、个人成长和现实经济问题的解决。

↘ 发展建议

（1）建立长远规划的意识。

长久来说，ESFP要培养自己INTJ应具备的相应能力：内省独立意识、宏观视角构建、逻辑思维和判断能力提升，做事要有条理性，懂得轻重缓急。

（2）打造经济上的"蓄水池"。

ESFP要有SJ类型的人帮其打造蓄水池或发展其具备的存钱能力，为将来的生活持续积累保障。推荐阅读《小狗钱钱》，利用简易的理财习惯提高经济抗风险能力。

4.社会化发展不足

ESFP社会化发展不足这一点尤其体现在人际关系的建立和维护上。

ESFP喜欢和玩得来的人交往，包括能吃到一起、玩到一起，消费观相似的人。

在其他人际关系中，显得以自我为中心，很少察觉他人的需求和需要，难以站在他人的角度看待问题，有时说话不经过大脑，没等想明白，话已经说出去了，说完也很少反思自己说的话对不对，别人听了会感受如何，从而导致人际关系受损。以上也会导致ESFP的职业优势无法符合社会需求。例如，作为主持人，却因为不合时宜的玩笑得罪了在场所有人，带来职业危机；一位脱口秀演员，将民族相关议题作为调侃内容，带来职业危机。

▶ 发展建议

（1）自我反思。

了解自己在人际交往中的行为模式和给他人带来的影响。学习并练习主动倾听，不仅要听对方说什么，还要理解对方的感受和需求。

（2）培养同理心。

可以进行角色扮演，尝试从他人的角度看待问题，想象自己处于对方的情境中会有什么感受和反应。

（3）学会延迟表述。

在说话之前先停顿一下，思考这句话是否合适，是否会伤害到他人。如果不确定，可以先保留意见，给自己留一些时间进一步思考或征求他人的意见。

（4）建立多元化的朋友圈。

尝试与不同背景、兴趣和价值观的人交往，这不仅能拓宽视野，还能让自己在多样化的环境中变得更加敏锐和包容。

三、职业选择建议

1. 在职业选择上，ESFP要避开的工作

ESFP需要拥抱人群，因此，应规避过多需要独立工作的岗位，如程序开发师、会计、设计师。

ESFP不擅长抽象思考类的工作以及带有预测、研究性质的工作，如与金融分析、数据分析、法律、医药研发、战略规划、学术研究等相关的工作。

2.推荐职业方向

（1）ESFP适合与人打交道的工作，因此适合销售、招商、客户管理、招投标等商务类的工作。

（2）ESFP擅长实际操作，通过感官体验与实践操作掌握技能，因此，时尚编辑、形象设计师、美妆设计师、医学营养师、影视娱乐工作者这些岗位都可供ESFP考虑。

（3）ESFP擅长发现人的优点优势，因此适合人力资源管理、主持工作；善于动手操作的能力和富有活力的性格使他们适合幼小阶段的教师岗位。

（4）ESFP善于表达和表演，因此舞台剧演员、影视剧演员、脱口秀演员、各类乐器演奏者等也适合他们发展。

（5）ESFP善于经营，反感规则、制度，因此，他们适合发展多重身份，如开一家民宿、酒馆，迎来送往，很好地发挥自己的优势。

四、如何与ESFP相处

如果你的孩子是ESFP，他们天生热爱表现，喜欢通过艺术、音乐、喜剧、表演等方式表达自己，需要你能满足他们做"大明星"的需要。他们渴望与人互动，因此，在家庭活动中可以设计更多游戏活动，通过一起玩、一起做事增进彼此的关系。ESFP需要及时、正面的反馈强化他们的良好行为，他们对批评非常敏感，且容易受伤，因此要避免过度批评。他们热爱自由，但建立清晰的界限、明确的规则对他们的成长同样重要，请耐心解释规则背后的原因，帮助他们理解，这将有利于他们的社会化发展。

如果你的领导是ESFP，你最好能展示你的热情和参与感，分享你的观点和想法，展现你对工作的投入，因为他们喜欢这样直接的表达。你可以借助非正式的交流机会与他们建立个人联系，尤其是共同的兴趣爱好等话题。通常，他们灵活多变，所以你最好也能有较好的灵活性，愿意接受新挑战和改变。他们大都不善于商业谈判，因此你们团队里需要NT类型的人参与到这些工作场景的应对中。

如果你的父母或伴侣是ESFP，你们的氛围通常是轻松愉快的。他们热爱生活、享受生活，总是能找到新的乐趣，因此，一些共同体验会让你们的情感连接得更深，如家庭旅行或参加音乐会。他们通常更喜欢通过身体接触来表达情感，因此，拥抱等身体语言可以增加彼此的亲密感。作为开心果的ESFP有时情绪会特别低落和恐慌，这时，他们需要你能注意到异常情况，多倾听、多陪伴，直接表达你对他们的支持、认可和喜爱。当遭遇重大变故时，他们可能有点儿懵，请给他们一些时间面对和处理这些复杂情况，鼓励他们开始行动。

第十三章

ESFJ

端庄大气、国泰民安的代言人

13.1 "花瓶"纹绣师的转型之路

前言

社会认同指个体对自己所属群体的认知和情感归属。简单来说，社会认同是个体对自己所属社会群体的一种认同感，这种认同感不仅基于个体对自身群体成员资格的认识，还包含了对该群体的价值观、规范、文化和目标的认同。

然而，在咨询实践中，人们往往混淆"主体"，将社会认同理解为社会或重要群体对自己的评价和认可程度，这必然引起不同程度的混淆、混乱。这一现象在ESFJ人群中尤为突出。

小美，28岁，离异单身，在大专毕业后跟随当时的男友回到对方老家，结婚生女，做了几年全职妈妈。小城市工作机会不多，小美学习了

纹绣技术，技术还不错，偶尔承接一些医美项目的转介工作，月收入1万元，生活挺舒坦。

但由于感情不和，小美和前夫离异，这意味着她要回到省会城市独立生活。随着消费水平不断提高，收入不变，小美的收支平衡逐渐难以维持，她希望通过咨询探索新的职业方向，让自己能过上体面的生活。

一、受人轻视的"花瓶"

小美太美了！一头理发老师精心修剪过的中长发，浓眉大眼、高挺的鼻梁，有种毫不费力的时尚感。第一眼就惊艳到我！

咨询一开始，我就表达了对小美形象的赞赏。小美似乎习惯了，并不感到意外，相反，表情还有些落寞，然后向我讲述了缘由。

由于面容姣好，又懂时尚、懂礼仪，举止大方得体，小美给人的第一印象都非常好。不论是参加朋友聚会还是商务活动，小美不经意间就会成为人群中的焦点，吸引很多人主动跟她攀谈。但让人难过的是，只要一提起她纹绣师的职业，大家的眼神和语气就有了变化，便不再与她深谈下去。

最让小美受不了的是家族聚会。老爸是个小老板，事业好、朋友多，在当地很有影响力；老妈是事业型女强人，能说会道，人脉资源丰富；继

兄高智商，生物学海归博士；表兄弟姐妹们大都名校毕业，不是公务员就是大公司职员。相比之下，小美就像一个"花瓶"一样，美则美矣，"胸无点墨"。更有亲戚直接表达："纹绣师，再赚钱也像饭店里的服务员、理发店里的理发师一样，上不了台面。还是赶紧换个体面的工作吧！"

这些经历都让小美自卑极了，也是她转行的主要原因。小美说，她渴望活在聚光灯下，备受瞩目，她希望台下众人投来的是掌声，而不是轻蔑的眼神或仅对她相貌的品头论足。

渴望获得社会认同、家人认同，却得不到，这对于ESFJ性格类型的小美而言，一定极为痛苦。

二、ESFJ与社会认同

社会认同的概念源于亨利·塔菲尔、约翰·特纳等人提出的社会认同理论，由类化、认同和比较三个基本历程组成。类化指人们将自己归入某一社群；认同指人们认为自己拥有该社群成员的普遍特征；比较指人们评价自己认同的社群相对于其他社群的优劣、地位和声誉。透过这三个历程，人们提升自己的身价和自尊。

小美渴望像父母一样事业有成、有影响力；像继兄一样善于学习、赢得家族认可；像表兄弟姐妹们一样进好学校、好单位。就像她在咨询中提出的一样："希望通过学习某种专业技能，拥有较高的社会地位，赢得家人认可。"

但毫无疑问，小美的希望总是落空：她并不善于学习，连填写咨询资料都缺乏耐心，"一看书就头疼"，连大专都是勉强考上的。这让小美很绝望，自卑到泥土里。

很显然，小美遭遇了"社会认同威胁"，这也是ESFJ常见的危机。

ESFJ的优势功能是Fe，特点是拥有基于社群整体氛围、价值观评估事物的思维模式。以社群为导向，具备社群适应性，通过调节情绪实现社群期望，契合其道德氛围。因此，他们会不由自主地默认自己属于某些社群。如小美默认自己属于家族社群，她努力适应，以家族社群拥有的核心期望和标准评价自己，以此建立或难以建立自尊。她默认了"万般皆下品，唯有读书高""进好单位才是好工作""一定要有一种专业技能才能养活自己""服务别人的工作都低人一等"……努力向这些标准趋近，最终沮丧而归。

三、重构社会认同

在咨询中，我问了小美一个问题："尽管你努力寻求家人的认可，但结果好像很令人绝望。我想知道，你认同他们吗？"

小美被我问得一愣，她似乎没想到我会这么问，好像在她的经历中，只有别人评论她的权利。她仔细想了想，回答我："我认同爸妈，他们真的很努力，事业发展很好，人脉资源广，号召力强。但我不想像妈妈那么强势。其实我不认同继兄，他就是个典型的书呆子，在现实生活中简直像个'白痴'一样，连基本的常识和自理能力都没有。表兄弟姐妹们，不晓得,我只知道我绝对适应不了公务员的工作,每天坐在那里,我坐不住的。至于那个说我像服务员一样的亲戚,我觉得她很没礼貌,我待人接物向来得体,从不会让人感到尴尬。"

小美又说:"老师,你这么一问我才意识到,以前我只顾着羡慕他们了!但其实很多东西都并不是我想要的。"

所以,重构社会认同、建立自尊,从审视所在社群开始:我认同什么?现在我属于哪些社群?他们的评价标准是什么?我真的属于这些社群吗?如果扩大到整个社会范围,我真正适合哪些社群?它们的评价标准是什么?有哪些成功者?我要如何适应或发展?

结合小美的职业转行问题,我们发现小美的优势和资源也很突出:她太擅长"美"了!小美审美能力强,善于把自己和生活都变美,适合与"美"相关的行业,如美容、形象管理、礼仪培训等;小美社交能力强、接人待物能力强,大方得体,适合走销售或"资源"路径(见5.2中提到的竞争力金字塔);之前她评价自己"样样通,样样松",懂得多精得少,因此她很适合在综合管理路线,向运营管理或总经理助理方向发展。

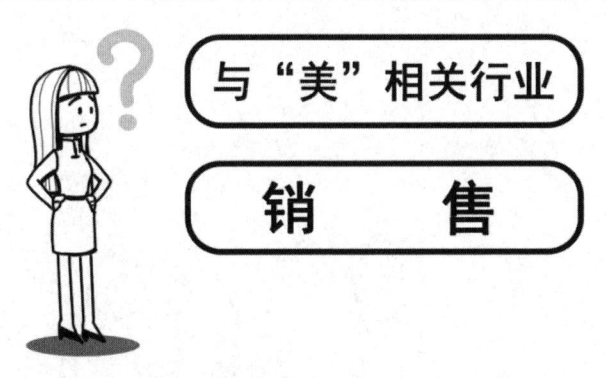

与"美"相关行业

销 售

小美对形象管理师很感兴趣,但她立刻表达了担忧:"形象管理师有社会价值吗?被社会认可吗?能得到别人的尊重吗?"

我给小美讲了个真实案例。我有位客户,少时家境贫寒,在同龄人都爱美的年纪,她吃口饭都难,几次险些辍学。美?那是她不敢想象的。有一次，她用省吃俭用攒下的20元买了一身新衣服，结果遭到父母和老师的羞辱，说她虚荣、轻浮。从此以后，她再也与"美"无缘，一心读书、努力工作，是不折不扣的女汉子，能力强悍。后来，她遇到一个招聘副总的岗位，董事长以前在一个著名杂志社做主编，现在公司主打女装市场，对审美要求极高。这位客户太想要这个Offer了，在猎头的提醒下，她用心打扮之后去面试——上身穿着职业装，下身穿着牛仔裤，口红色号很诡异。结果可想而知。

而这位客户的遭遇并非个案，在我们身边，有无数渴望美却力不从心的人。

小美很震惊，对这位客户的遭遇表示同情。一方面，她没想到自己轻而易举能做到的事，对一些人来讲竟然如此困难。那么，确实，和美相关的工作是有价值的。另一方面，她感同身受，自己也无数次因为爱美而遭受攻击、贬低、羞辱。原来，这不是个例。爱美没错。

后来，小美加入了当地一家形象管理公司，开始系统学习形象管理知识，还担任了总经理助理，跟随老板出入各种社交场所。经历越多，小美越认可自己的价值。

13.2 职场和谐背后的自我压抑和内耗

前言

压抑是一种常见的心理防御机制,指个体把一种情感的思维内容(包括感受和想法)无意识化。如前面不会"美"的小美,为了避免再次遭受权威的贬低和羞辱,她再也不打扮自己,甚至忘记了这件事,直到面试事件的发生,揭开了她早年的"伤疤"。当个体单一地使用压抑这一防御机制时,就可能带来各种各样的问题。

艾琳,女,35岁,已婚已育,坐标上海,在某跨境电商平台担任高级客户管理,年薪超过20万元。近两年,由于业务缩减,艾琳所在的分公司一波接一波地裁员。艾琳想着,与其被裁,不如早做准备。于是,她一边梳理自己的职业经历,一边寻找新的工作机会。但在梳理过程中,她发现有个问题一直严重困扰着她,如果这个问题不解决,后期职业发展仍会受阻。

一、"为什么我无法真实地表达"

艾琳的问题很明确。"我的岗位需要我每天进行大量沟通和协调的工作,但每当我与他人意见不一致时,我就难以表达真实的想法,我怕说出来别人会不喜欢我或对我有看法。"

"跟领导的关系就更糟糕了。上任领导要求严苛,总在细枝末节上强调个人权威。无数次,因为意见不一致,我都想爆发情绪,但话到嘴边又被我狠狠压了下去,最后只能满怀抱怨地推进工作。这就导致我的负面情绪持续积压,经常在其他不相关的事情上爆发情绪,反而破坏了我与他人正常的交流和合作。

"我不知道如何改善这种状况,无奈和压力之下,我申请转岗业务部门,在现任领导手下做事。这半年来,情况有所好转,但我的心理障碍仍然存在。不知道为什么,每当我想把脑海里的真实想法表达出来的时候,就会如鲠在喉,如芒在背。"

最后,艾琳说:"我想知道这是为什么,我希望更加了解自己、理解自己,克服这个问题,这样,不论是生活中与父母、爱人的关系,还是工作中与领导、同事、客户的关系,我相信都会有很大的改善。"

艾琳所面临的问题,是许多ESFJ的共同议题,甚至是许多情感型(F)人的共同议题——为了维护关系和谐而压抑自己的真实想法和感受,久之,情绪爆发,反而破坏关系。更有甚者,由于情绪压抑得太深,会带给周围人"虚假热情"的感觉,这与他们的初衷相去甚远。

想解决这个问题,首先要清楚,问题的背后隐藏着许多的"想法"。以艾琳为例,她之所以不敢表达真实想法,是因为她会自然而然地想道:

"只要我表达了真实想法,就会带来冲突;只要发生了冲突,就会破坏关系;关系被破坏,就是我的错;关系被破坏,就意味着我不讨人喜欢;关系被破坏,意味着他/他们会抛弃我——那太可怕了。"

"曾经,爸妈和领导B是无比挑剔的,现在,任何关系中的对方也像他们一样挑剔;曾经,我向爸妈和领导B表达再多都没用,现在依然没用,我只能忍着;总之,我不能真实地表达自己,一旦那样做了,就会遭到抛弃,就没人喜欢/爱我了。"

二、消极、歪曲的信息加工模式

在皮亚杰学派中,"图式"指帮助人们知觉、组织、获得和利用信息的认知结构。往往消极、歪曲的信息加工模式会引发问题。

艾琳的核心信念是"没人喜欢我",当她遇到消极信息时,以下图式将被激活,许多负面信息被大脑加工后强化她对核心信念的认同,使其更强有力。

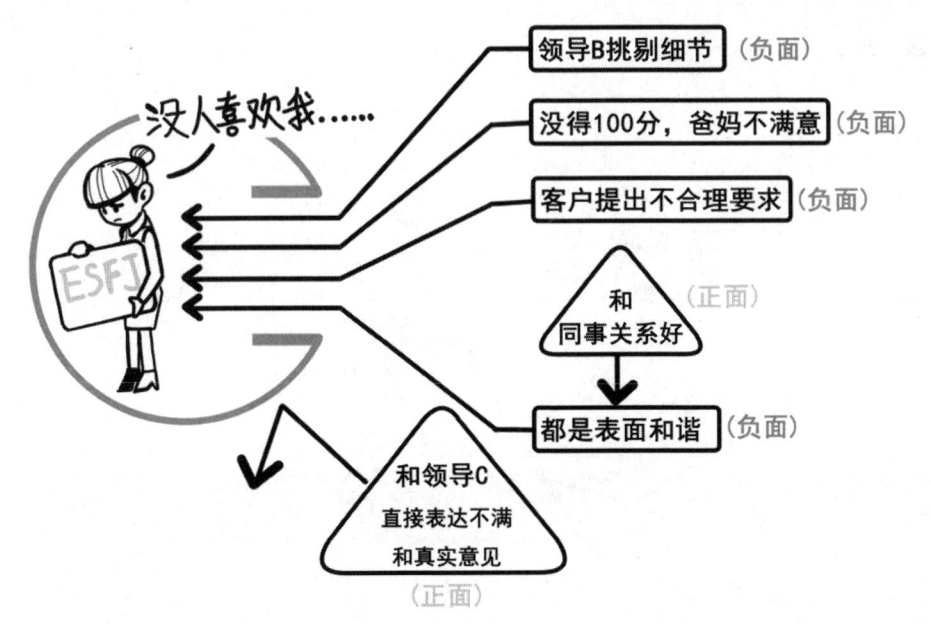

- 领导B挑剔细节(负面)
- 没得100分,爸妈不满意(负面)
- 客户提出不合理要求(负面)
- 和同事关系好(正面)→ 都是表面和谐(负面)
- 和领导C直接表达不满和真实意见(正面)

例如，艾琳的领导B给她分配不属于她的工作任务，这令她厌恶至极。但她会不禁想起之前在抗议时，领导突然爆发的高音量，劈头盖脸的辱骂、贬低，最后，她还是不得不把工作做了。于是，她会进一步确认："我说了也没用。"

当艾琳遇到积极信息时，她的大脑会出现另一种加工模式，她会自动贬低这些信息，将积极信息转化为消极信息。例如，当我问艾琳和大多数同事的关系时，她会轻描淡写地说："关系挺好的，但是，那都是表面的和谐。"然后，这个信息继续指向"一旦我表达了真实的想法，和他们的关系就不会这么好了"的方向。

还有一部分的积极信息会被自动忽视。例如，艾琳申请转岗到客户服务部门后，由于人事的失误和疏忽，原本职级和薪资都应提升的艾琳却未能享受相应待遇。艾琳既生气又委屈，便提出离职申请。当现任领导C问她原因时，抱着离职心态的艾琳不再隐瞒，终于大胆地向领导C陈述了前因后果，表达自己的不满。原以为对方会生气，直接在离职申请上签字，结果领导C不但没有责怪她，反而当即帮她解决了这个问题，而且真诚地挽留她继续在部门工作。

我们的重点工作是帮助艾琳以更现实、更具有适应性的方式理解消极信息，以更直接的方式加工积极信息。

三、调整信息加工方式

"只要我表达了真实想法，就会带来冲突；只要发生了冲突，就会破坏关系。完全如此吗？有哪些例外经验吗？"

这时，艾琳想到自己在国企工作时，直属领导A像一个包容的大家长一样，总是在工作中给艾琳很大的发挥空间。艾琳当时刚毕业，工作经验不足，有时提交的工作成果不尽人意，但领导很少苛责她，多数时候都是鼓励加指导，帮助她逐渐提升工作能力。这让艾琳感受到了前所未有的被包容、被肯定。那时，她经常主动加班，积极完成工作任务，为的就是不辜负领导对她的信任和支持。她在领导A面前总是畅所欲言，却几乎没有过冲突，彼此信任并需要对方。

"只要发生了冲突，就会破坏关系；关系被破坏，就是我的错，意味着我不讨人喜欢，意味着他/他们会抛弃我。哪些关系在发生冲突过后，仍然良好？哪些关系在发生冲突过后，能够得到和解，甚至更进一步？"

这时，艾琳想到自己和闺蜜的关系、和爱人的关系、和女儿的关系以及和父母的关系。尽管她很少和父母发生冲突，但她相信，即使发生了冲突，父母还是爱自己的，他们的关系不会因为冲突而破裂。

艾琳想到自己和领导C的关系，这半年来，尽管对方是个公事公办的人设，但经过自己多次如实的表达、直接的沟通，效果还是非常好的。

最后，我们梳理出以下几条具体方案。

（1）为了个人成长得更好，她要勇敢地表达自己的合理意见、想法和感受。

（2）为了事业发展得更顺利，她应该在求职过程中，重点观察新领导与自己的匹配度。至少要选择像领导C这样允许员工真实表达的领导。当然，如果像领导A那样信任自己、接纳自己就更好了。

（3）在未来的尝试中，允许失败、允许自己做得"不够好"，甚至犯错。因为，只有在像领导A那般包容信任的态度下，自己才会在被带领时那样真实表达且相互信任。

13.3 ESFJ供给者/执行官性格解读及发展建议

一、性格解读

ESFJ在人群中占比约10%。他们善于社交，拥有丰富的人脉资源。行动大于语言，认真细致，非常务实，通常比较节俭。他们为人亲和，热心公益事业，乐于助人；遵循传统价值观，社会道德感强。他们相对来说比较保守。ESFJ在小时候大都懂事听话，长大了则是端庄大气的形象。

典型代表人物：孟晚舟。

↘ 性格优势

（1）忠诚可靠。ESFJ是父母最乖、最贴心的那个孩子，是老板手下最听话、最踏实肯干的下属，是患难与共的好伴侣。因为他们总是保持着与客体的紧密联系，愿意牺牲自己维护集体利益，具有务实精神，知行合一，传统保守。

（2）甘愿坐第二把交椅，愿意把有能力的人捧到高位。多数性格类型的人群都认为"不想当将军的士兵不是好士兵"。但我辅导过的ESFJ性格类型的客户都心甘情愿地做副手，帮助老板成就事业。他们真心愿意帮助别人发展得更好，尤其愿意为别人提供务实的支持和帮助。很多人不愿意屈居幕后，ESFJ愿意，"你去拓展市场，我帮你管好大本营"。

（3）社交高手。ESFJ能自然地和一群人"唠嗑"，让每个人都感到"宾至如归"。他们能记住每个人的名字、籍贯、爱好、家庭信息、需求、优势，适当时候能帮助人们相互引荐。久而久之，他们的人脉网络十分丰富。

（4）多数ESFJ是综合型人才，由于外倾的性格特点，他们的技能广而不精，懂得多，精通得少，但是他们善于组织协调和统筹管理，是中层管理者的好人选。

有人认为ESFJ是默默无闻的耕耘者，倒也不是，他们可以走到台前去主持工作，接待好在场的每一个人。是"上得了厅堂，下得了厨房"的人才。

二、高频问题和发展建议

1. 缺乏创新和开拓精神

ESFJ善于模仿，尤其善于模仿优秀人士、榜样人物、权威人士的行为。在模仿中学习和提高自己的能力，这会帮助他们在做传统工作时快速适应并胜任工作。他们得益于此，也受限于此。当组织需要他们做些挑战型、创新型的工作时，他们就会胆怯、退缩。

我之前合作的团队里，很多"第一次"的尝试都是由我开始的，因为我是典型的白羊座+INFJ，敢想敢干。而团队里ESFJ性格类型的成员则倾向于"你们先做，做完了我再根据你们的经验学习和完善，推进团队里所有的'第二次'活动"。如果你让她组织分工，开启全新的尝试，她就会陷入高压场景，非常抗拒。

ESFJ也会有创新的点子，但都被他们习惯性地忽视了，因为他们不信任自己的直觉。这是由于ESFJ过于依赖过往经验，又内化了太多传统的社会规则，他们心里装了太多"你应该……"，形成相对保守的行为模式，畏惧犯错、厌恶损失。因此，也会错过许多市场蛮荒期所带来的红利。

↘ **发展建议**

（1）重视一闪而过的直觉和新想法，结合现实条件进行尝试，以观后效。

（2）多和具有创造性、冒险精神的人打交道，不是去羡慕他们，而是内化他们的思维方式，遇事多问"如果是×××，他们会怎么看待这个问题？"

（3）评估风险，在能接受最坏结果的前提下，大胆尝试，不要因失败、犯错而放弃计划，待项目结束再做整体评估。

2. 容易成为"过度付出"的受害者

ESFJ总是很辛苦。不论在工作还是生活中都会付出很多，他们难以拒绝别人的求助、工作指派，认为什么都"应该"干，而且什么都"应该"干好，身兼数职，精力被极大程度分散，直到难以为继，不得不摊开实情。这是ESFJ过于追求关系和谐、厌恶冲突、习惯性牺牲个人感受和需要以及责任感太强的缘故。

例如，我的一位朋友。2020年底，她要负责两个合作项目的推进，她要带着生病的父母去医院做手术，看护陪床，也要照顾孩子起居。她已经忙成这样了，居然还接受了我们活动的求助。当时她身体不好，导致活动结束后就大病一场，待了解实情后，我们每个人都非常内疚、自责，再不敢向她寻求帮助了。

这是ESFJ的普遍情况。

有人说，ESFJ性格类型的人容易在关系里"道德绑架"别人。实际上并非如此，他们自己也难以改变为他人过度付出的模式。

↘ 发展建议

（1）设定边界。ESFJ在关系里很尊重别人的边界，行为举止非常得体，但很容易迷失自我。因此，推荐大家阅读武志红的《自我的诞生》，这有助于ESFJ学会回归自我，建立边界，保护自己的核心利益，并且改变以往被动的人际关系（虽然ESFJ是主动建立和维护关系的一方，但在关系的权益里，往往是非常被动的一方）。

（2）对自己有合理期待，尊重个人的真实感受与需要，评估能力与资源。在助人方面量力而行，也就能合理拒绝了。

3. 受困于外部评价，陷入负向循环

从小到大ESFJ都非常崇拜强者和权威，非常重视权威评价和外部环境对他们的评价。为了能让权威满意，他们倾向于努力做出改变来讨好对方。所以，领导要他们干什么他们就干什么。他们不敢犯错，因为这样就可以避免招来负面评价。

在职业咨询中，ESFJ表现出来的问题就是消耗大量的精力在弥补短板上，忽略了自己优势的发挥，最终变成"四不像"——既没有将优势发挥出来，又想不断弥补短板，使短板半长不短。

另外，ESFJ普遍回避关系冲突和矛盾，很多时候宁愿隐藏真实观点和想法，也要照顾别人的需要，因此，很多人就成了组织里的"免费版知心

大姐姐"，在关系里很容易变成对方的情绪宣泄出口。

我的一位ESFJ性格类型的客户，她的业务能力一直没有太大精进，老板却走到哪都带着她发展。后来我们才发现，在她和老板的关系中，老板一有不顺心，压力大的时候，就拿她撒气，她活脱脱成了老板的情绪垃圾桶，对她来说，这段关系成了她最大的消耗。

这些负面评价和负面情绪会让ESFJ陷入负向循环，怀疑自己的能力和价值，从而更加被动地承受负面的宣泄，不利于个人成长及事业发展。

↘ 发展建议

在对外的关系里保持一定理性思考的能力，接受人和人之间的差异性。

（1）一定有人看不惯自己的为人，这是无法避免的，即使自己为此改变了，还会有其他人看不惯自己新的表现。因此，ESFJ大可不必为了别人的看不惯，就改变自己。

（2）别人批评自己某方面的能力，不代表否定整个人。ESFJ只需要在这个方面精进自己的能力即可，不需要因此质疑自己是否被喜欢。ESFJ很容易因为别人直接指出问题这一现象，而认为对方一定是对她本人有意见。这是不同的概念。

（3）如果你在一段关系里，持续感到被消耗，不被尊重，那么，你需要理性思考一下，这段关系能带给你什么好处，又能带给你什么坏处，再衡量轻重。这时，要敢于表达自己的想法和感受，积极争取自己的利益，以及你希望对方如何回应你，如何为你改变。如果对方不能尊重你的感受和需要，那么，要适当止损。

（4）选对领导，在和谐的人际关系和文化氛围中，更有利于ESFJ发展。

4. 过于追求稳定或随大流，在竞争和变化中较为被动

ESFJ喜欢在传统的、社会认可的、稳定的体系下工作，但过于依赖稳定的工作平台和环境，导致自己的精力都集中在当下职责范围和业务上，忽略了行业趋势的变化、就业市场的动态和人才需求的变化，容易在变化剧烈的竞争中失去优势而不自知。待到自己身边的环境剧变，才对个人去向感到恐慌。

ESFJ容易随大流，遵循传统路径晋升而忽视了个人优势和意愿以及不同职级对从业人员的要求和挑战。待至身居高位适应不良，才发现骑虎难下。

↘ 发展建议

（1）明确位置。我觉得ESFJ有能力和优势成为高管人选。但所有的ESFJ都需要首先思考一个问题：自己最终要不要挤身高管层级。高管大都需要有极强的抗压能力、战略思维，敢于做开拓性尝试。当然，这可能意味着你要把更多精力投入在事业上，而减少对家庭的投入。因此，ESFJ首先要明确自己在组织中的位置，要不要走上高位。若确定，进一步明确倾向于哪个管理环节。

（2）在自己不同生涯的发展阶段，与团队中的人才进行优势互补，用好助手和下属，来弥补你的技能短板。尤其对于INT类型人员的使用。

（3）保持对行业动态的关注。和猎头保持联系，每年都要了解自己在就业市场上的价值与不足，让自己的学习计划持续对标市场需要，针对性提高自己的工作技能。

三、职业选择建议

1. 在职业选择上，ESFJ要避开的职业

首先避开需要宏观、抽象思考能力的工作。如战略规划、科研方向，ESFJ做起来真的很痛苦，怎么都达不到那个点。

其次避开需要独立完成的工作类型，如研发工作、机械操作工作、流水线工作、创造性的设计工作等。

2. 推荐职业方向

首先，从军政校企的角度来说，他ESFJ的职业适配范围非常广。架构完整、制度完善的组织类型可以节省他们的精力。

其次，从职能角色来说，总经办、供应链、质量管理、财务、人力资源、销售等岗位都适合ESFJ。

再次，ESFJ更适合服务型的工作风格。以销售为例，ESFJ更适合服务型销售。我之前的一位ESFJ性格类型的客户，从事医疗器械的销售工作，实则是"销售+产品+服务"的工作模式。持续的服务导向的销售模式，外贸类工作都很适合ESFJ。

最后，如果ESFJ想向高管跃迁，拓展社交人脉圈，拓展视野和格局，那么，建立强大的外脑支持团队很重要，这样一来，复杂问题就有可托付的人帮你解决了。

四、如何与ESFJ相处

如果你的孩子是ESFJ，他们通常渴望得到认可和赞扬，需要家长经常给予正面反馈，以强化他们的自信心。ESFJ性格类型的孩子喜欢参与集体活动，家长需要支持并鼓励他们多参与此类活动，这有助于发展其社交技巧和集体荣誉感。家长要鼓励他们表达自己的情感和需求，在人际关系中尊重个人体验和感受，这样有利于他们未来的发展。

如果你的伴侣是ESFJ，那么，你能感受到他们对你的关心是细致入微的，体贴周到的。大到物质基础、教育理财，小到衣食住行，有他们在，你的生活几乎无需自己操心。ESFJ非常重视家庭，他们对家人的持续付出需要被看见、被认可，且ESFJ喜欢进行整体规划，建立有序的生活环境。

如果你的领导是ESFJ，那么，他们会信任你、欣赏你、鼓励你。如果他们觉得你在哪些方面需要提高，他们会照顾你的感受，委婉提出，而不伤害你的自尊。他们会为你提供资源支持，给你空间和充分授权以及专业指导。当然，ESFJ性格类型的领导相对保守，喜欢按部就班地工作，对负面反馈较为敏感。因此，作为下属，你可以尝试以"非暴力沟通"的方式表达自己的建设性意见。

第十四章

ISTP

能工巧匠如现世鲁班

14.1 体育赛事管理者放弃编制重回创业型团队

前言

1952年，爱因斯坦受邀接任以色列总统，爱因斯坦在回信中写道："尽管历史中法国有很多科学家从政，但我觉得自己并不适合。自己已经73岁，在人际交往和管理上并不精通。"

后来奥本海默回忆爱因斯坦："他几乎不懂世故……他身上总有一种奇妙的纯真，像个孩子一样，又极其顽固。"

ISTP与爱因斯坦有着相似之处，他们对政治体制以及相关事物的态度往往和大众的看法不同，但真的让一个ISTP决定离开体制内，并不容易。

一、世界的尽头是编制吗？

李彦，男，30岁，已婚未育，北京人，有房无贷，无经济压力。体育特长生毕业后，李彦在两家公司从事体育赛事管理工作。第一家公司主要负责马拉松、越野跑等赛事的策划、组织和管理工作，李彦从普通职员晋升到项目执行负责人，完成了第一阶段的能力积累；第二家公司主要负责专业田径赛事和街头巡回赛的策划管理工作，商业模式成熟，李彦得到了快速发展，能力、收入各方面都很不错。

李彦作为北京人，没什么经济压力，家中长辈始终认为事业单位对李彦来说更稳定。于是，在家人的极力建议下，李彦考取了某体育总会的编制。当时他觉得换个平台或视角参与体育行业的发展工作或许也是个不错的选择，毕竟有编制，保障会更好。但入职后，李彦发现理想和现实的差别很大。他所在的赛事活动部主要负责与运动协会对接，组织一些偏娱乐性质的全民运动会。因为不是专业竞技类比赛，他过往积累的专业赛事管理经验和能力几乎没有用武之地。

更要命的是，入职一年多以来，他扮演最多的角色是领导的秘书、司机或助手，这些以行政为主的工作也让李彦很苦恼，他不喜欢长期与人打交道，也不认可这些工作的意义和价值。

李彦很怀念过去的"激情岁月"，各种专业赛事的管理工作让他感到充实和满足。这时，李彦的上家公司拓展了国际级别和国家级别赛事业务，正是需要人才的时候，邀请他回去继续任职。这让李彦陷入了纠结，放弃薪资高、待遇好、安全稳定的体制内工作是明智的选择吗？重回企业能发展得更好吗？自己未来的出路在哪？

二、职业定位和决策

李彦是典型的ISTP性格类型，当我们画出ISTP的八维功能分布图时，他的问题一目了然。

荣格八维分布

- Ti 优势功能
- Se 辅助功能
- Ni 第三功能
- Fe 劣势功能
- Te 第五功能
- Si 第六功能
- Ni 第七功能
- Fe 第八功能

（ISTP）

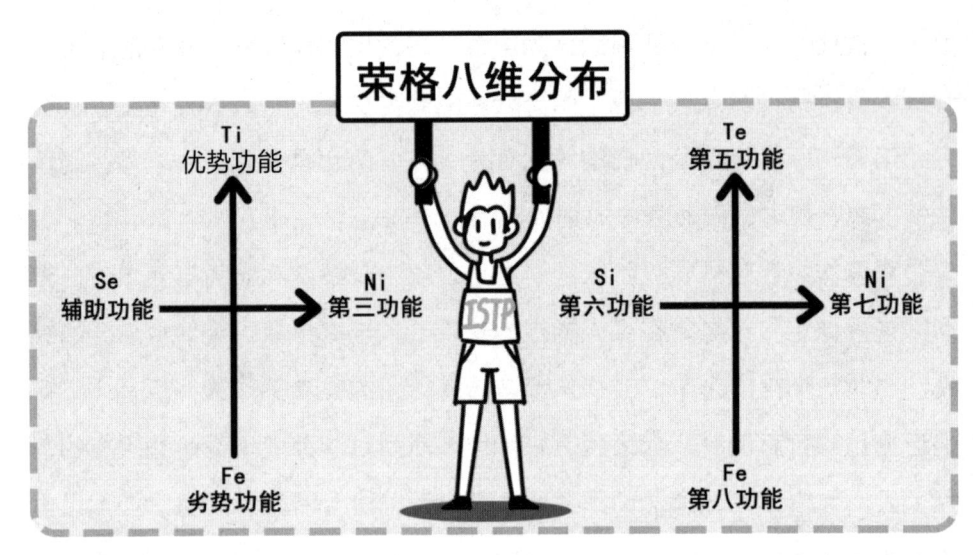

李彦在体制内"水土不服"的主要原因是他的岗位工作大多规避了他的优势功能，而大量调用了他的劣势功能来完成任务。例如，不论是当下的工作还是未来要在体制内拥有更好的发展，都需要他对接不同人群，完成大量沟通协调的工作，这需要调用Fe外倾情感的能力，而这恰恰是李彦的劣势功能。而大量的行政工作、事务性工作，需要李彦注重细节与服务，这需要调用更多Si内倾感觉中细致入微、照顾他人的能力，这也是李彦的劣势功能。

ISTP是工匠型人才，他们真正感兴趣的是事，不是人。他们往往像鲁

班一样，追求技术上的精益求精。

ISTP的优势功能是Ti内倾思维：基于内部客观事实，运用结构性或系统性的思维模式，以结构或系统本身的自洽性为导向。这个功能擅长构建内在的思想框架和理论体系，能够从复杂的信息中提炼出简洁的模型或理论，并指导实际应用。

荣格描述它为明确问题，形成理论；主要关注新的观点、新的思维方式（Te外倾思维关注已有的有效方式，Ti内倾思维则关注创造性的观点）；重视主观想法的发展与呈现（Te外倾思维让大家跟着计划走并用同样的方式思考，Ti内倾思维则关注自己理解与否并要求自己对事情进行彻底的理解）。

约翰·毕比曾概括Ti内倾思维的三个特点：命名、界定、理解。

命名：尝试赋予事物一个定义。例如，鲁班发明了锯子；李彦认为什么是体育赛事管理。

界定：解释说明事物的内涵，确定其边界和范围。例如，锯子的应用范围和场景，不同规格、尺寸、材料能承载多大力的负荷；在赛事管理中，如何划分赛事级别，如何控制风险。

理解：明确某事物的意思，知道为什么发生某事和背后的原因。例如，锯子的应用原理是什么。

李彦从事的赛事管理工作涉及从赛事的选择、策划、筹备、组织、执行到评估的全链条工作，是一个复杂系统，其能让李彦发挥自己的优势功能，随着经验的丰富，这个系统越来越复杂，李彦却在应对各项繁杂的事务中越来越自如。另外，专业赛事通常十分精彩，这能很好地满足李彦辅助功能Se外倾感觉对五感刺激的需要。所以，李彦很适合在赛事管理这个细分领域精进业务。

同时，我们考虑到李彦的家庭支持系统：北京户口、有房无贷、父母有退休金无养老压力、爱人在高校工作，整个家庭在无经济负担的情况下，安全稳定并不是他的第一需求，李彦有足够的空间选择适合自己的方向。因此，放弃体制内的工作回企业打拼更适合他的未来发展。

三、构建强有力的竞争力系统

经过分析，李彦也很认同自己的个人优势与企业环境更加匹配。但他比较迷茫的是，未来该如何在这条路上走得更远？

ISTP是解决复杂问题的高手。通常，他们最适合技术发展路径。在赛事管理领域，想要提升个人核心竞争力，就要积累大量的赛事管理经验。未来，李彦需要进一步接触更复杂、更高端的国际级别或国家级别的专业赛事，在实际操作过程中不断总结规律和经验，清楚地掌握不同级别的赛事管理中的关键点、风险点，在赛事进行过程中出现应急事件时该如何快速处理等。在自己的资源库中形成一套成功的赛事管理经验乃至管理系统，便能轻松应对各类比赛。

等到在技术层面的经验积累到一定程度，李彦还可以考虑给别的公司或机构做技术顾问，拓宽收入渠道，以更加多样化的社会角色和身份参与到赛事管理的事业发展中。为打造个人品牌，李彦需要丰富个人的标签，如考取赛事管理相关专业的在职硕士、博士，考取国家级裁判员证书，在高校挂职讲师或教授等职位，这些对于技术顾问来说都是有利的基础背书。

从长远角度来看，李彦最理想的发展目标是成为公司合伙人。但他对自己的人际交往能力和团队管理能力很担忧，这些是高层管理者的必备素质。我建议他寻找优势互补的合作伙伴，这个人能够弥补他在人际沟通方面的不足，能够有效管理和协调与赛事相关的利益方，包括政府、赞助商、参赛队伍、观众、媒体等，确保各方需求得到妥善处理，维护良好的合作关系，而李彦只需要负责"技术交付"。这种"混合双打"的模式可以帮助他们构成体育赛事管理的全面框架，确保赛事能够安全、高效、成功地举办。

对于李彦来说，以技术路线为核心优势，管理路线有合作伙伴保驾护航，"两条腿"走路的模式可以让李彦在赛事管理这条路上走得更加长远。

写在最后

约翰·毕比曾经指出，优势功能有助于指导个体选择和发展适合个人的事业，辅助功能像"支持性的父母"一样，在个体的人际关系层面发挥重要作用。在咨询时，李彦30岁，各方面的条件较好，压力小。这时，我们通常会鼓励个体选择适合自己的方向和赛道，而较少从现实的、符合社会和传统观念的角度去做选择。

14.2 中年危机：技术大咖尝试戴上人格面具？

前言

在荣格心理学体系中，有一个概念叫"人格面具"，指的是个体在社会互动中呈现给外界的形象或面貌，它代表了个体适应社会、获得认同与融入集体所展现出的那一面。人格面具可以理解为个体的社会角色或公众形象，它是基于社会期望和个人愿望塑造而成的，帮助个体在不同的社会环境中有效地交往并达成个人目标。

在唐纳德·温尼科特的理论中，"假性自体"与"人格面具"有着相似的概念。大多数人在成长和适应的过程中都会发展出一定的假性自体，他们面临的威胁是假性自体的崩溃。例如，一个以刻苦求学、聪明好学为基本人设的高三学生，却经历了高考失败，她无法面对父母的失望、周围人的关切，于是变得抑郁，不想出门，拒绝上学。

而ISTP往往有着另一种形式的困扰。

老赵，我的资深老友，男，44岁，在某头部设计院任职18年，年后被提拔为总工程师，一下子成为单位最年轻的院级领导，同事眼里励志的典范。可是，还没等老赵反应过来，接连发生的几件事就让他烦恼不已。

院里邀请国内顶级讲师给管理层干部进行系统培训，培训持续了三天，他被院长"批评"了三次。第一次，院长说他培训期间离席（接待重要客户）一个小时；第二次，院长说他培训期间外出接电话；第三次，院长说他培训期间未穿院服。他不理解，为什么以前根本不算事儿的小细节，现在却被人揪着不放？而且，接待重要客户不比听那些理论课重要多了吗？

最近身边的同事总是提醒他："你现在是院级领导了，代表的是咱们设计院的形象。不仅在穿衣打扮方面要注意商务礼仪，在说话办事方面也得有领导的样子。"老赵不明白，"领导的样子"到底是什么样。为人处世、行事风格都没变，为什么当了领导就处处不对劲儿了。

竟然能被这么简单的问题难住，也是令人"感动"。

一、不戴人格面具的幸运儿

但我明白为什么。

大多数人从出生开始，会因为各种原因不断地给自己叠加面具。比如，为了满足父母的期待，隐藏自己的个性，做一个"乖小孩"；为了人际关系的和谐，牺牲自己的感受，成为一个"老好人"……渐渐地，呈现给别人的那个"我"成为假性自体。到了中年，大多数人面对的议题是寻回真实自体，找回真正的自己：真实的爱好、真实的需要、真实的感受、认同的价值观、天赋或消失已久的创造力……

而老赵是少数的存在——他是不用戴面具长大，更多以真实自体状态成长起来的幸运儿。

他成长在一个有爱的、抱持性的家庭环境中。父母尊重他真实的表达，不会把自己的期待强加到他的身上，这造就了他随性又自在的性格底色。

求学期间，ISTP性格类型的老赵按照自己的兴趣爱好机缘巧合地选择了适合自己的动力工程专业，他这类"能工巧匠"最适合搞技术研究。作为技术大咖，大家关注的都是他的专业能力，没人会特别在意他其他方面的表现。即使大家常常展现出不受制度或环境约束的一面，显得有点"不受管束"，也无伤大雅。

例如，有一次老赵因为班车的事情和院里的老员工闹翻了。设计院的班车经常因为老员工迟到而延误发车，全车的人多次因为个别人迟到而吃不上早饭。有一次，有个老员工迟到了很久，班车还不走，老赵的牛脾气就上来了，他觉得这样对那些早到的员工很不公平。于是，他下车挡在车前，就算老员工来了也不让车走，他说："反正不怕迟到，都别走了。"当时车上有很多领导，谁劝他都没用，把一群老员工和老领导气坏了。

这样类似的事件导致ISTP在工作中特别容易得罪同事或领导，他

们的职业发展和职场跃迁受到严重阻碍，Fe外倾情感一直没能得到良好发展。老赵对人际关系不敏感，听不出同学和同事的言外之意；老赵在农村长大，他不了解职场潜规则，也就不懂得工作初期自己遭遇的待遇其实是"排挤"和"边缘化"，所以他极少内耗。虽然在发展过程中，老赵接连几次的晋升、评优都因人事受阻，他曾经很郁闷，但父亲说："在哪里都一样，踏踏实实地干吧！"于是他继续埋头苦干。

而且，ISTP太"懒"了，向上，他们懒得应付"官场"人际关系的处理；向下，他们懒得组织大家群策群力或优势互补地完成一件事。在自我管理方面，他们甚至连最简单的穿衣打扮都懒得遵照组织要求，觉得没必要。

这也是为什么老赵在升职后频繁被领导"点名"的原因。在大家普遍的认知中，你既然坐上了"高位"，就要有管理者的样子，事事都要全面考虑，不能再由着自己的性子来。可对于老赵来说，他还像个孩子一样需要观察、理解、学习和成长。

二、适当戴上人格面具

对以老赵为代表的这一小波人而言，他们需要在不违反原则的基础上，适当戴上自己的人格面具，以适应社会和职场对自己的要求。

这时，他们需要较为信任的、关系稳定的身边人，例如，领导、同事、朋友、爱人等，这些人可以向他们解释清楚各类现象背后的原因或原理，能在认知上帮助他们扭转固有"成见"。

我给老赵讲了个自己的经历。有一次，我受邀到某能源集团讲课，在座的学员有正厅级干部，还有不少分公司的总经理。他们的态度非常谦逊，我们在课间有不少交流，连正厅级的领导都积极参加课堂互动。还有一次，我到某学校讲课，听课的都是在校学生，大都在玩手机、聊天，非常吵闹。我告诉他，我对这两个合作伙伴的体验是非常不同的，若有人问及第一个单位,我一定赞誉有加;若有人问及第二个单位,我难免摇头。这就是作为讲师最真实的体验和评价。

我进一步向他解释:"给你们授课的都是国内顶级专家,他们平时接触的学员可能都是国家部委级别的领导。在讲课的时候,如果学员都像你这样动不动就离席,表现得有点散漫,讲师的感受会怎么样?你们都是院里最高级别的领导,如果不懂基本礼节,会不会影响设计院在他们心中的整体形象?谁知道他们一句败兴的话会说给谁听,然后造成什么影响?"

这种通过现象说明背后原理、影响的表达方式,采用的是Ti内倾思维功能的语言模式,能让追根究底的老赵彻底理解"为什么",目的是逐渐促进他Fe外倾情感功能的感知和发展。

看来还是得戴……

ISTP

Ti 促进→ Fe

为什么需要"人格面具"　　确实需要"人格面具"

这个小小的事件只是管中窥豹,想要走好职场下半段的路,老赵需要在方方面面进行学习和改变,以完善人格发展并更好适应职场挑战。

因此,对于老赵或者大多数已经走上管理岗位的ISTP来说,晋升后的职场危机,其实就是发展适应性问题。他们需要重新适应职场规则,适当地戴上一些人格面具,在保持真实自我的同时,更好地完善社会功能,从而进一步放大自己在专业技术领域的优势,扩大个人影响力,这样很可能促使他们在某个领域成为真正的领军人物,为组织或社会做出更大、更有价值的贡献。

14.3 ISTP操作者/演奏者性格解读及发展建议

一、性格解读

ISTP在人群中占比约10%，是人类社会的能工巧匠，他们善用工具。他们安静内敛，惜字如金，注意力都放在当下现实问题的解决上。他们的观察能力强、动手能力强，追求完美和精准。随性自由，尊重他人，重视平等，处事乐观，不受约束。

典型代表人物：墨子、普京。

↳ 性格优势

（1）善于观察世界，分析事物背后的原理，解决现实层面的问题，通常是技术层面最终解决方案的提出者。而且他们的方案省时、省力、省钱，精准、有效、可落地。

（2）善于和工具、机械对话，在技术领域不断钻研和创新。我有个ISTP性格类型的朋友在机场从事飞机维修工作，工作起来游刃有余。

（3）在他们擅长的技术领域，他们理性客观、尊重事实，脑力特别强大，善于攻克技术难题。在工作的其他场景中，他们随和、包容、平等，不太受制度约束，甚至略为单纯。

二、高频问题及发展建议

1. 缺乏 Se 外倾感觉功能的发展，使他们在决策关键点上陷入停滞

每个以 Ti 内倾思维为主导功能的 ISTP，想要发挥优势的前提是能搜集到所需要的信息。否则，他们会由于缺少必要信息而难以作出判断，进而卡在关键点上。

几年前，我有位 ISTP 性格类型的客户金子，她当时在银行做基金经理，从小的梦想是做一个野生动物保护专家，哪怕成不了专家，每天做观察记录工作也行。可是，由于大学的专业被家里人选择了金融，她觉得自己永远都做不了想做的事，非常抑郁。

咨询中我问她："哪些地方有野生动物保护者相关的招聘信息吗？具体工作内容是什么？能力要求有哪些？"

我教她如何搜索、核实这些信息，我们得知野生动物保护者的核心要求之一是具备与动物学相关的硕士研究生学历。接着，我让她去核实这个专业的硕士研究生是否接受跨专业考试，结果是可以跨考。也就是说，她只需要跨考与动物学相关的硕士研究生，毕业后即可加入野生动物保护工作。原来，理想职业是有希望实现的！金子重新找回了生活和动力，抑郁状态一扫而光。

这就是缺乏 Se 外倾感觉功能中搜集信息的环节，让他们错失时机、平白内耗、停滞不前。

另外，着重补充一点：ISTP 性格类型的女生通常喜欢机车、摩托、电脑，爱冒险，爱做人们传统想法中认为女孩子不应该喜欢的事。但是，ISTP 性格类型的女生应该尊重自己的爱好和优势，别被传统观念束缚。

我的另一位ISTP性格类型的女性客户小糖，做了7年的公务员，自己攒钱出国留学。当她32岁时向我咨询：她能否零基础转行做软件开发工程师？身边人都认为她疯了，可她真的喜欢电脑，哪怕她已经32岁，又是女性，缺乏行业竞争力。我们分析后认为想法可行——她未来会在海外定居、从业，国外不允许用人单位有年龄和性别歧视，且软件开发工程师是当地就业市场需要的人才，工作强度不像国内这么大，社会地位高、收入高，能带给她很好的生活品质。

➢ 发展建议

（1）在面对重要决策时，我们应当遵循一个基本原则：先搜集相关信息，再做决断。这意味着在做出任何重要的决定之前，我们需要充分地收集和分析相关信息，确保我们的决策基于充分的事实和数据支撑。

（2）当ISTP有想法却因缺乏外部信息而无法决策时，可以向专业人士求助。他们能帮助ISTP搜集和筛选所需信息，客观全面地评估局面，打破传统观念和ISTP的认知盲区，提出合理的解决方案。

2. 技术路上遭遇的"拦路虎"

ISTP往往是技术攻坚的中坚力量，在各个领域都有一群ISTP性格类型的优秀人才。可是，他们太依赖他们认为舒适的工作方式（独自工作专注本职），所以，哪怕这个技术难题大幅度超过他们的能力水平，他们也会坚定不移地完成。

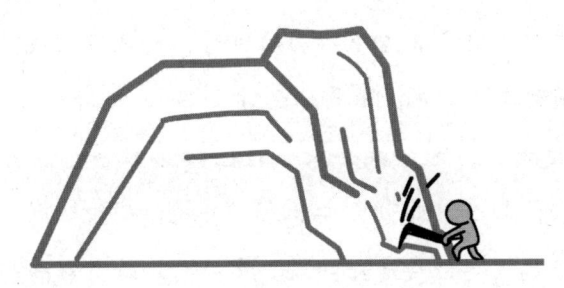

（1）ISTP在技术方面是艺高人胆大的存在，甚至到了自负的程度。但是，世界上有偶然因素以及人力不可为的因素存在。当一些ISTP在自负之下却完不成技术交付，脸面无光，自尊被严重打击时，可能会陷入长时间的萎靡状态。

（2）ISTP在人际交往方面太懒。他们礼貌、正直，情感反应有些迟钝，以普适性的情感待人——为了节省精力投入到技术中，在人际交往上非常被动。他们更懒得组织他人群策群力或优势互补地完成一件事。他们非常善于把不同的零件组合成一个功能部分，然后把不同功能部分安装到一起发挥作用，却完全不愿意用同样的思路管理团队人员。

而一个人的力量在巨大项目面前是有限的，因此，他们会卡在那里，无法攻克。于是他们随遇而安，顺其自然。其实，这对他们自己、他们所在组织甚至社会而言，都是巨大的损失。

↘ 发展建议

（1）学习一些必要的人际交往技巧。不论在职场还是生活中，ISTP都需要学习一些必要的人际交往技巧，百利无一害，耽误不了他们多少时间。

在平级或向下管理中，学会肯定对方的优点，多鼓励对方，称赞别人做得好的地方；学习倾听别人，而不是回避沟通。当人际关系上遭遇矛盾或阻碍时，向善于人际交往的人请教，这可以让ISTP的生活和工作顺利很多。

（2）面对有核心价值的项目时，ISTP要突破舒适圈。ISTP在面对有核心价值且远远超出自己能力范畴的项目时，要理性且成熟一点。多搜集关键信息，多调动周围资源，不要那么懒。

如果实在太懒了，可以找个人帮自己做这部分，把自己的需求说清楚，EF类型的人能帮ISTP找到需要的人，并把他们组织到一起，配合ISTP的工作。ET类型的人可以快速组织人、事、财、物，和ISTP一起高效解决问题。

在面对专业领域内的技术难题时,保持敬畏,接受人的局限性。只有立足长远的职业发展,才能开拓更多技术空间。

3. ISTP的固执和冲动,使他们的才华容易被淹没

平时ISTP待人接物其实是很随和、包容的,几乎不会有脾气爆发的时候。但一旦外界环境过分侵犯他们的原则,ISTP是非常冲动且固执的。这个时候他们会告诉你什么是真正的强势,即使是九头牛也拉不回一个ISTP。就像当时在设计院拦住班车不让走的老赵一样。

ST类型的人极其讲究原则,他们不会因为私交、面子就改变原则,且轻视名利、社会地位和权威,难以懂得他人的立场、利益和需要,因此会得罪许多人,给事业发展带来巨大阻碍。

↘ 发展建议

(1)跟对领导。ISTP一定要选一个头脑清晰、善于抓主要矛盾的领导,他们更懂得赏识自己的才华,涵容自己的小毛病,有他们的支持,能帮ISTP扫清更多人际关系上的障碍,让ISTP专心技术事业。

(2)觉察情绪。ISTP对自己的情绪也很迟钝,导致他们容易冲动爆发。爆发可以,问题是爆发时没有指向清晰的对象。就像老赵一样,他可以每次都揪着迟到的人爆发情绪,使迟到的人不敢再迟到,而不是对着一

群人，那会导致对象模糊，自己反倒成了众矢之的。

（3）建立系统观。把自己放到一个系统中，观察自己和系统之间的互动。从系统的角度看待问题、找到资源、解决问题。就像老赵一样，班车多次晚点，他提出调整建议是没有问题的，但对象应该是院里负责此类业务的领导；方式应该是理性的；角度应该是以系统建设为主的。这样，就变成对组织有益的建设性提议。

4. 活在当下，沉浸在个人世界中，对未来缺乏规划

一位中年客户老金，突然遭遇了各方面的危机：父亲癌症晚期、孩子厌学、妻子吵着离婚、事业连续遭遇两次晋升失败，让这个不懂什么是心理学的硬汉实实在在地体会到了"心理危机"。老金说他要抑郁了。

通过逐步咨询澄清，我们发现老金的生活早在几年前就出现了问题。这些年，他的父亲、孩子、妻子、事业问题频频向他发出信号，但都被他拒绝了，他太活在当下，沉浸在自己的世界里了，回避成了习惯，导致每一个问题都越来越严重且复杂，集中在45岁这一年，避无可避。

同时，老金拒绝以发展的眼光看待问题。尽管事实一次次告诉他：癌症病人的症状由轻转重，孩子的学习习惯会影响成绩进而影响态度和自信，妻子的情感和需要一直被忽视和否定必然带来不满和关系危机，随着年龄和环境的变化事业晋升会越来越棘手。

这样的情况在ISTP中十分常见，会带给他们巨大危机。

↘ 发展建议

（1）正视问题不逃避。以老金为例，父亲得癌症这件事带给他强烈的情感冲击，他很难接受父亲即将离世的事实，也很恐惧。尽管如此，我还是建议他正视对分离、死亡的恐惧，把对父亲的情感转化为行动，珍惜和父亲剩余的时间，好好陪伴父亲，不给彼此留下遗憾。关于孩子的教育和学习，他要承担起作为父亲的教养责任，设计亲子时间、亲子活动，陪伴孩子成长，这是长期的工作，不必急于一时的结果。

（2）在复杂问题中先找关键冲突，再逐步拆解。在老金的家庭系统中，他和妻子的关系是第一序位的，也是最需要他优先解决的冲突。我建议他和妻子恢复沟通，了解她的感受和需要。老金后来反馈，他主动找妻子沟通后，妻子竟然一改歇斯底里的态度，他们第一次以平静的方式处理冲突。在后续的咨询中，他和妻子的关系逐渐修复，家庭恢复秩序和生机，老金有了更多精力面对事业问题。

三、职业选择建议

1. 在职业选择上，ISTP要避开的工作

ISTP应尽量避开社交型的工作，那是他们的短板，无法使他们发挥优势和专长。如与咨询、人事、行政相关的工作，还有文书、语言类的工作。即使从事教育工作，也应该做技能类方向的教育。

2. 推荐职业方向

首先，ISTP最擅长和机械、工具打交道。所以，他们适合从事电子生产、电力设计、建筑设计、桥梁工程、枪械设计等与工程学、科技相关的工作。

其次，ISTP擅长处理数字、程序，适合软件开发、硬件开发、数据分析、金融精算、证券投资等工作。

再次，ISTP动手能力强。所以他们适合各种飞机维修、汽车维修，自然科学领域实践操作的工作，以及一些极限运动。

最后，一定要做自己感兴趣的事，兴趣是一切之源。

四、如何与ISTP相处

如果你的亲友是ISTP，那么，在物质基础层面，他们不需要你操心。如果你的爱人是这个性格类型，他们会非常专一而忠诚。

另外，你要知道他们不善于表达沟通，也不善于分析、理解别人的情绪和情感需要。因此，你需要对自己的需求很敏感，然后清晰地告诉他们："我希望你怎么做。"

太过批判他们不够爱你或过于情绪化的表达，反而会让他们在沟通中退缩。他们不清楚发生了什么，为什么你会这样，他们到底该怎么做才是对的。

如果你的孩子是ISTP，在学习阶段，你可能会比较操心。因为他们坐不住，容易被误认为是多动症，专注力不足。由于不擅长通过书本学习和理解知识，容易被认为有阅读理解障碍，甚至学习困难。他们尤其不喜欢文学类、语言类的科目，这导致家长和老师认为他们学不好这方面。其实这些都是误解，他们很善于在实践中学习。你需要帮助他们有方法地完成基本学业要求，然后节省出来更多精力，让他们在实践中探索并发展自己。比如，学习英语，他们喜欢游戏化的听说读写，这时候他们会无比专注并乐在其中，学习效果也非常好。

如果你的领导是ISTP。首先，大多数ISTP不太会成为管理者或选择管理路线，因为他们如果放弃了自己的技术才干就亏大了。但在各种因缘际会之下，他们即使走了管理路线，也是技术型管理者。这时候，他们能在技术上对下属进行指导，而恰巧你想发展一门精湛的专业技能，那真是你的福气了。

他们不太会夸人，但在他们的指导下，你一定可以成为技术高手，远超过行业80%的水平。ISTP喜欢爱学习、爱钻研技术的员工或学徒，不喜欢对待工作的态度是散漫或不思进取的人。他们不太会直接表达什么，但是会让"朽木们"逐渐退出自己的工作圈。

第十五章

ISTJ

忠诚勤奋、使命必达的战术高手

15.1 从"退役军人"到"职场新兵"的二次择业

前言

由于军人职业的特殊性,绝大多数基层士兵在服役期满、退役还乡后,都要面临二次择业的问题。在从"战场"到职场的转变过程中,他们需要克服什么困难?还在服役期的部队士兵,如何提前进行退役后的职业规划?

志明,男,26岁,是一名藏区现役军人,还有一年服役期满。志明有一个女友,两人到了谈婚论嫁的年纪,女友希望他能早点回乡就业结婚。因此,志明想在退役前规划好未来的发展方向,利用这一年的时间储备技能。

这是典型的职业定位类问题,是职业规划中最基础的问题。咨询师只要带着客户挖掘出他的个人特质和未来愿景,再搜集足够的职场信息以匹

配客户需求,基本上就可以清晰客户的职业方向和行动方案。而志明的案例在实际咨询过程中,却推进得异常困难。

一、案例咨询实况

志明开门见山,表示自己对互联网行业感兴趣。

他觉得互联网行业节奏快、前景好,市场需求大、入行门槛低,同时,薪资水平可以和当下持平(每月1万元左右),可以很好地满足他的需要。

但问题是,志明目前不具备转型基础。

志明在专科时读的是汽修专业,掌握的是一门实用技能,但志明明确表示不喜欢且不打算从事相关工作。在部队里,他学习办公软件的基本应用,但仅限于基础操作。这些仅有的职业技能并不能支撑他实现再就业。于是,我们从性格、兴趣入手,寻找合适的探索方向,再根据自身情况补充和积累相关能力。

在咨询中,我利用生命线技术、成就事件法引导志明做兴趣和能力探索,却发现他是一个简单得如白纸一样的男孩子,生活平淡、无波无澜,毕业就参军入伍,没有明显的个人爱好,平日里最大的娱乐就是利用休息时间上网。另外,志明是典型的ISTJ性格类型,缺乏想象力,没有兴趣爱好,经历较为单一,缺少客户个性化的"素材"。因此,咨询师很难"对症下药",给出合适的方向,这给我们的咨询提出了挑战。

于是，我采用最原始的咨询方法：拿出一份详尽的职业信息表，让他先根据自己对字面意思的理解，挑选想进一步了解的职业；根据他的性格特点，推荐一部分职业选项；根据行业特性和发展前景筛掉一部分职业选项；布置咨询作业，让志明自主搜集留下的5～8种职业的相关信息，了解岗位职责、能力要求等；等到二次咨询时，我再补充详细信息，再次筛选留下1～3个职业选项。

就这样，经过几轮艰难的筛选，志明才把目标锁定在数据分析师（互联网公司）。有了暂时的方向并不意味着有了明确的定向，接下来我们还要通过专业书籍、试听免费课程等方式进行小成本尝试，再步步深入。

二、退役军人就业难

结束了志明的咨询，我陷入了深思。

自2016年成为全职咨询师以来，我辅导过多位退役军人，对这个群体的整体职业规划现状感到忧心。

按照《退役军人安置条例》第二十五条：军士和义务兵退出现役，符合下列条件之一的，由安置地人民政府安排工作：

（一）军士服现役满12年的；

（二）服现役期间个人获得勋章、荣誉称号的；

（三）服现役期间个人荣获三等战功、二等功以上奖励的；

（四）服现役期间个人获得一级表彰的；

（五）因战致残被评定为5级至8级残疾等级的；

（六）是烈士子女的。

不符合条件的退役军人需自主择业。这意味着每年会有大量的年轻军人面临再就业的问题。他们很多人都和志明一样，二十多岁的年纪，把最好的青春年华奉献给国家和部队。他们是值得我们尊敬的国家军人！但现实中，他们退伍后的就业情况并不乐观！

1. 就业方向窄，且偏向基础类岗位

对于大批高中毕业就入伍的退役军人来说，他们的再就业范围普遍集中在学历要求不高、入行门槛较低的基础性岗位，如快递员、外卖员、驾驶员、销售人员等。条件稍好一些的退役军人，会去学习一门实用技能，如电路维修、机电维修、焊接工艺等，成为一名技术工人。在部队里有一些管理经验的退役军人，会选择大堂经理、保安队长等岗位，或者做一些专业性要求不高的基层人员管理工作。

由于学历受限、起点较低，这些岗位都呈现出共同的特点：职业发展后劲不足，难以应对中年危机。

2. 小规模自主创业

由于自身条件受限，不受市场环境的青睐，一部分退役军人会利用退役安置费作为第一笔资金，走上自主创业的道路。但创业方向仍然受限，多是餐饮、酒店等传统行业的小型创业。

另外，由于不了解当地市场行情、缺乏创业经验，创业成功率不超过10%，一旦创业失败，就意味着几年青春换来的安置费要血本无归。这时，他们要再次面对择业问题。

可见，无论是就业还是创业，对于退役军人来说都是困难重重。

退役军人再就业之所以如此困难，离不开以下几个原因。

缺乏职场必备技能。退役军人在部队学习的知识和技能是为军队服务的，一旦他们回归职场，这些过往的经验和技能无法迁移，更无法形成职场上的竞争优势，导致他们不符合"市场需求"。

职业信息匮乏。由于部队的特殊性，军人几乎生活在封闭的环境中，很难接触到前沿的职场信息。当他们面临二次择业时，就好比海底捞针一般，难上加难。

缺乏求职技能。退役军人由于没有求职经验，在求职过程中写简历比较困难，不知如何筛选机会，不懂面试技巧和沟通技巧，导致他们在求职过程中屡屡受挫，自信心受打击。

缺乏双向沟通意识。在部队中，沟通多数是单向的，军人以服从命令为天职。而在职场中，员工需要主动汇报工作进展，及时向上反馈有效建议。

对收入抱有较高期待。部队整体薪资水平高于普通职场，这源于组织特殊性的加持。而本例中的志明还有一部分收入源于服役于藏区这个艰苦环境。退役军人再就业时，会失去组织和地域的特殊性，完全凭借个人能力赚取回报，因此普遍情况下需要接受降薪的事实。

三、退役军人群体如何顺利再就业

针对退役军人的再就业现状，从职业规划的角度，我有以下几点建议。

重视学历提升。在职教育、成人教育、专升本乃至升硕对于退役军人来说都可实现。《教育部办公厅关于做好2022年普通高等学校专升本考试招生工作的通知》（教学厅〔2021〕8号）规定：从2022年招生起，高职（专科）毕业生及在校生（含高校新生）应征入伍，退役后完成高职（专科）学业的，可申请参加相关高校的退役大学生士兵免试专升本招生。

从获取知识入手，提前做职业探索。关注各类行业信息，关注与职场相关的网站或公众号，利用线上获取的知识为自己开拓眼界。充分利用学习强国、中国大学MOOC、网易公开课、网易云课堂等App或在线学习平台，选择自己喜欢的专业课进行知识积累，为再就业做好知识铺垫。

参加专业培训，打破学历限制。利用线上学习平台和资源，在时间允许的条件下参加线下培训，积累岗位所需专业技能。考取相关专业或行业的从业证书、等级证书等，以专业优势弥补学历缺陷。

调整期待，先适应再发展。刚从部队"无菌"环境中走出来的退役军人，就像刚入幼儿园的小朋友一样，要经历一波又一波的考验。他们需要学习沟通、主动表达、调整期待，不断提高职场适应力。

建立支持性社交网络。在假期或业余休息时间，利用社交媒体和平时的学习机会，多连接各行业从业者，了解行业信息、职场规则，同时积累人脉资源，必要时可以寻求就业指导师、简历优化师、职业规划师的专业帮助。

写在最后

ISTJ和ISTP性格类型的人群在军人中占有较高比例，同时，这两类人群对路径较为依赖，在单一的环境中适应良好，一旦遭遇环境变化，需要早做准备。希望大家保持终身学习的态度，主动迎接市场变化和挑战，秉持军人踏实肯干、吃苦耐劳的宝贵精神，在新的岗位上充分发挥个人优势和价值！

15.2 老实人别把自己活成职场"蠢驴"

前言

雾满拦江在《职场动物进化手册》中把一类职场人比喻成"蠢驴"：他们可以享受的特权是因为繁重的工作而'累倒'，承担的义务是继续保持现有的高强度工作，不得中途撂挑子。

这类职场人的工作成果容易被别人抢走，当他们去找领导理论时，轻轻松松就会被怼回来，升职加薪的机会总是被办公室里出名了的"刺儿头们"抢到。当你的工作越来越多，而付出和收获完全不成正比时；当你的老板动不动就挑你的毛病，而忽略你的贡献时；当你明明工作能力很强，却总是觉得自己很差劲儿时，那么请小心了，很可能你已经进入了"蠢驴"状态。

一、我把自己活成了"蠢驴"

客户高博，男，38岁，农村长大，已婚已育，双方父母养老压力大。本科毕业后，高博就进入当地一家设计院，工作兢兢业业，领导交付的所有任务都会保质保量完成，随着能力的提升，高博负责的项目越来越多，频繁地出差、加班。高博觉得，年轻人的职业状态理应如此，谁不得拼搏奋斗个几年呢？

第一次被能力不如自己的同事抢走升职机会时，领导"推心置腹"地和他谈了一次话，表示下一次一定帮他争取。高博心想，反正木已成舟，这个时候只能理解对方的用心，不要闹脾气得罪了领导。

第二次在能力不如自己的同事晋升前，高博负责的项目出了点小错，高博被领导在会上狠狠地骂了一顿，会后领导找他谈话时，"痛心疾首"地埋怨他怎么能在关键时期犯错。高博恨不得抽自己耳光，只能自认倒霉。

第三次当同样的事情发生时，领导无奈地告诉他，对方后台很硬，自己也拗不过，但是为他争取了加薪（当然，加薪幅度足够袖珍）。

一天，高博加完班已经是凌晨1点钟，走出办公室时，他突然意识到，自己已经在一线苦苦挣扎15年了，他做的是科室最多也是最难的工作，却还是个可怜的一线员工。一个人的职业生涯总共才三十几年，自己用一半青春换回的东西屈指可数。比这更可悲的是，升职加薪的好事儿竟总是被"刺儿头们"抢走。

我替高博不甘，但他面对的问题恐怕是许多ISTJ普遍面对的问题，也是许多踏踏实实工作的老实人普遍面对的问题。

二、为何"刺儿头"更易取得主动权？

在令人愤怒的不公平待遇之下，藏着什么样的原因呢？

1."刺儿头们"无形中采取了"仙人掌定律"

心理学中有个原理叫"仙人掌定律"，指的是在职场中，那些更有棱角、懂得为自己发声的人受到的职场霸凌更少，薪资也比普通职员平均高15%；而任打任挨的老实人，他们的薪资则比这些人平均低8%。

当"刺儿头们"在关系中主动发起冲突并表达不满时，领导会首先感到压力，进入应激状态，下意识地依靠本能做出反应。

"在人类天性中，最深层的本性就是渴望得到别人的重视。"

有决策权的领导也会本能地争取对方的重视和认可，自然地做出妥协和退让。等事情过后，他们回过味儿来，也会感到不爽，可"刺儿头"太难"搞"，领导的气愤只能转嫁到老实人身上，"刺儿头"干不了的活儿也会安排到老实人的身上。

2."刺儿头们"的挑战会让被挑战者产生解决问题的成就感

当"刺儿头们"发起挑战时，被挑战者会进入应激状态，注意力都集中在"我该怎么解决问题"上。当问题被解决时，除了危机解除的轻松感，被挑战者还会产生"我又解决了一个问题"的成就感。但他们往往会忽略一个事实：这个问题本可以不出现。

老实人常常害怕给别人添麻烦，殊不知，不添麻烦的同时，意味着失去存在感——老板感觉不到你的存在，因为他们无法从你的身上获取解决问题的成就感。

3. 老实人的性格和行为会助长领导的决策

高博是典型的ISTJ，过度追求稳定感和确定感，依赖过往经验，厌恶风险，行动多于语言表达，容易忍耐，即使遭遇不公，也不会伸张自己的合理权益。这就导致领导认为在做决策时"牺牲"老实人的代价最小，他们何乐而不为呢？

三、老实人该怎么维护自己的利益？

1. 展示工作成果，主动争取升职加薪的机会

对于ISTJ来说，有两个重要的时机：求职时、年底考核前（包括项目合作谈判时）。ISTJ要学会在对方发出评论前，就把自己的优势、价值、工作成果展示出来，让对方在客观情况的基础上开始对话。

2. 在日常工作中提高个人影响力

我的一位朋友从事电力行业的工作，集团正在筹建企业大学，邀请他作为该专业的兼职讲师，长期任教。他问我要不要接受这份"兼职"，课时费不高，还很花费时间。

我问了他一个问题："同样做直播工作，为什么罗永浩一上来就能做到销售额1.1亿元呢？"比能力，专业直播博主比他专业；比学历，他是高中毕业；比态度，直播博主可要认真多了。罗永浩和专业直播博主相差最大的，就是个人的影响力。能力可以让你的收入完成从0到1，甚至100的突破；而影响力可以实现1000倍，甚至10000倍的突破。

3.偶尔扔一些软钉子，迫使对方改变态度

在日常生活和工作中，有些人习惯性地反驳别人的观点和方案，以显示自己的高明。他们可能还没听清楚你表达的意思，就已经像倾倒垃圾一样，倾倒对你的评价和批判了。

一次会议中，当我提出建立对标系，明确公司品牌营销的策略，并调整具体方案时，一位团队管理者马上说："我们应该有自己的特点，创造自己的风格，而不是对标别人。"

我鼓励她说下去，想耐心地听她说完，然后抱着虚心的态度请教："我非常认同您的观点，如果要具体到行动层面，您觉得我们可以从哪里开始呢？"

很多时候，据理力争不如顺势而为，顺着对方的意愿走下去，看看结果会怎么样。不要习惯性保留你的观点，偶尔给"刺儿头们"扔几个软钉子，会让他们清晰你的边界。

4.不惧怕关系破裂，学会说"不"

归根结底，老实人之所以老实，是因为害怕关系破裂。老实会导致对方习惯性地向我们索取，我们的生存空间变得越来越狭窄。一开始你只是加加班，后来经常出差，错过妻子生产，父母在生病时无法陪伴，在孩子的成长经历中缺席……

学会说"不"是我们的必修课，面对过量的工作，懂得拒绝或把决定权交给领导："好的，领导，我愿意支持您的安排，把这个项目放在最重要的位置来跟进。为了保质保量完成工作，也需要您帮我做个决定，在其他的这些任务里，我该放弃哪些？"

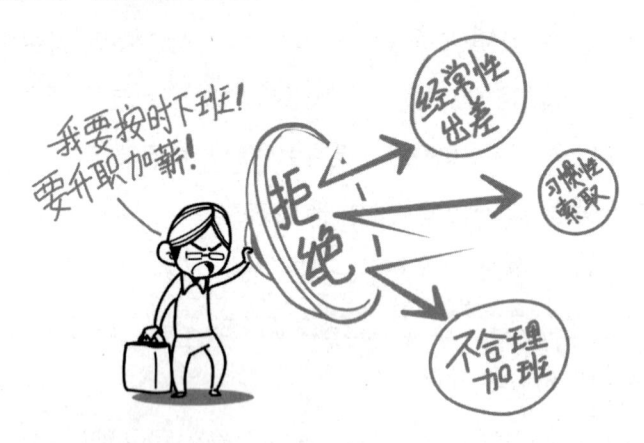

写在最后

高博的专业技能非常强，又积累了扎实的行业人脉资源，我建议他考虑创业——这能最大限度提高他的收益，为家人创造更好的物质基础。起初，高博很恐惧这个方案，但经过不到半年的探索和尝试，高博就开创了自己的公司。进入新的职业角色之后，他才发现，现实情况与他原来设想的困难完全不同，他原以为最难的是业务拓展，而现实情况中最难的是技术人员的招募。

从性格发展的角度来讲，这无形中促进了他ISTJ性格类型中Ne外倾直觉功能的发展（对环境趋势的预判，对可能性、创新性的发展）。

15.3 ISTJ检察官/督察员性格解读及发展建议

一、性格解读

ISTJ在人群占比约11%~13%，他们专注内心世界的人和事，比较内敛、安静。他们的行动多于表达，认真细致，非常务实，通常也比较节俭。他们用心做事，遵纪守法，极度理性、公正，甚至看上去有些冷酷无情。他们善于维持秩序，遵从且严格执行传统价值观。因此，他们是忠诚勤奋、使命必达的代言人。

典型代表人物：曾国藩。

↘ 性格优势

1. 坚守原则

对于ISTJ来说，无论你是他们的父母还是孩子，与他们有着怎样的人情关系，不行就是不行。他们的原则非常坚定，以法规制度、传统价值观为准绳指导自己的生活和工作。我有位朋友，十几年前买房被一房多卖，开发商拒不退款。她一直起诉了对方十多年："你不遵守法律，我就要起诉你，起诉不赢是起诉不赢，但坚持起诉是我要做的事。"生活上，她认为网络上的信息难以辨别，电视和游戏对孩子的诱惑性太强，影响学习，因此，她家孩子在上大学之前，家里没有电视、电脑这些电子产品。在坚守原则方面，他们是雷打不动的钢铁战神。

2. 使命必达，是战术执行的高手

ISTJ身上有着军人一般的气质，以服从命令为天职。在明确目标和任务之后，会坚决地推进，不达目的誓不罢休。他们严肃认真、细致谨慎，又有着强大的责任感，这使得他们在其他人厌倦迷茫时，依然坚定地推进着计划，日拱一卒、步步为营。就像曾国藩"结硬寨"的重要思想一样：每次到达战场后，他们会立即展开工程，如挖掘壕沟、伐木建筑、筑起防线和栅栏，以确保在战斗开始前建立坚实的防御工事。虽然打得慢，但只要打到下一个战场，别人就无法抢占战场。

3. 忠诚可靠，值得信赖

ISTJ信守承诺，一是一，二是二，尊重客观事实，不说谎，对自己和他人的要求都非常严格，甚至苛刻，在工作中以身作则。因此，ISTJ在职场上是极度靠谱，值得信赖的伙伴。

二、高频问题

1. 容易成为职场中的"蠢驴"型员工

如前面案例中的高博，ISTJ过于闷头干活，而不懂得争取和保护自己应得的利益，以至于成为像雾满拦江在《职场动物进化手册》里所描述的"蠢驴"一样的员工——干最多的活，待遇却最差。

他们认为，工作持久而踏实地推进，能力持续地积累是应该的；项目按时交付，是应该办到的；领导既然安排了，大家都把分内之事办好，是理所应当的事情。因此，他们不太会拒绝领导安排的任务，以至于工作越来越多，苦活、累活、项目攻坚都是他们的。

如果有晋升机会，他们会觉得自己平常做的事情，领导们都会看在眼里，该是自己的，跑不了，因此他们不太会主动争取。再加上他们习惯于对企业忠诚，几乎不会动跳槽的心思，因而成了最老实的下属。可最老实的下属，往往在利益分配时最容易被忽视。

↘ 发展建议

（1）推荐阅读雾满拦江的《职场动物进化手册》，调整认知。理解现在职场环境中个人和组织之间的雇用关系、个人在组织中扮演的角色以及角色的变化，尊重个人价值，而非一味地传统保守，使自己和家人陷入被动局面。

（2）提高向上管理的意识和能力。何川老师曾在自己的课程中对向上管理进行总结：理解上级、交流信息、管理预期、推动决策、争取资源、汇报成果、寻求评价。ISTJ尤其适合这样以分层和"流程化"的方式进行向上管理。

2. 多发人际关系冲突及障碍

首先，ISTJ的表达很直接，不考虑对方的感受，能轻松找到对方的缺点和逻辑漏洞，让人无从反驳。因此，他们容易在关系里给人留下强势、冷酷、挑剔的印象。

其次，ISTJ对于行动的关注大于对语言表达的关注，关注细节和结果——"你说的话再好听也没用，我就看你是怎么做的，有没有做到位，我会盯着你，直到你做好"。可人的行为习惯并不是一时半会就能改变的，所以，常被他们挑剔的人就会感到压力，然后出错，接着再被挑剔，然后他们压力更大，导致他们反复出错，以至崩溃。这会导致ISTJ在职场中缺乏支持系统，甚至在发展中举步维艰。

例如，我的一位ISTJ性格类型的客户，在电建工地做技术代表。无论是不是自己专业的事儿，只要别人做得不对，她就会指出来，真的跟督察官一样。她的领导每天都会收到很多有关她的投诉。

我的另一位客户从中层向高层连续晋升两次受挫，我问他："谁会发自内心希望你成功？当你达成事业目标，哪些人会因此受益？"他回答："亲人和朋友。"我又问："除了他们，再没有别人吗？你的领导、同事、下属呢？"他说："没考虑过他们。"我猜想，他在工作中的人际冲突较多、跨部门沟通协作常遇困难。他承认的确如此。

▶ 发展建议

（1）责权清晰，不越界管理别人的事或担任组织内督导、督查等角色，如内部审计者、质量控制者、监督者。这样一来，ISTJ能发挥自己的优势，有利于组织和系统的发展，包括优化流程、建立规章制度等，考察各分支机构的落实情况。

（2）向高层跃迁的ISTJ需要找到赏识自己的上司，能为你们处理"投诉"等人际冲突。另外，需要学习沟通技巧，降低跨部门协作的人际阻碍；学习领导力和员工管理，尤其是倾听、理解和共情的能力。积累公司外部各类行业人脉的资源。

（3）ISTJ在创业或管理团队时，最好搭配一位NF类型的助理，可以将ISTJ的想法以其他人能理解的方式传达下去。要知道，ISTJ和大多数人并不在一个沟通频道，NF类型的助理的作用就是帮助他们随时调频，把"ISTJ语"翻译成"其他语言"。

ISTJ在选择员工的时候要考虑不同的人在不同的位置，而不是一味地选择踏实靠谱的老实员工——都跟自己一样是扑克脸，这个团队反而脆弱，过刚易折。

3. 不擅长宏观战略和应变，中层向高层跃迁困难

中层管理者的执行工作需要上传下达，要具有强大的抗压能力，能够平衡上下级之间的矛盾，又能坚决执行高层管理者的指令，ISTJ是非常强的战术执行者。但是，在职场中期继续向上跃迁时，高层管理者需要具备宏观的战略，整体统筹规划的能力，这需要NT类型人的能力，而直觉型（N）是ISTJ的短板。

ISTJ更关注自己做的事情是否符合制度、流程和规则，符合的话他们就安心了。他们保守、传统、安分。而高层管理者更关注利益实现，即便不符合规矩，一旦有利于团队利益目标的实现，他们就会快速打破原有规则，建立新的制度。这样的行事风格会让ISTJ非常困惑，手足无措，不知如何应变，进而陷入压力情境。

➤ 发展建议

培养自己直觉型（N）的功能。这指的是接受新想法、新事物、新视角和新的可能性——尽管这会挑战ISTJ的过往经验，尤其是他们的成功经验。

大多数ISTJ会本能地抵抗变化，他们抗拒用新的、陌生的方式处理问题，甚至这种体验会引发他们的危机感：他们害怕快速发展和变化的人

和事。

例如,他们对咨询工作就很排斥,与其信任一个陌生的咨询师,不如相信自己的经验。几年前,我的一位高管客户的爱人找我咨询,咨询之后,他爱人的发展又快又好,相比之下,我的这位高管客户事业的停滞给他带来了强烈的危机感,两人之间形成鲜明对比,他这才找到我。即便已有爱人"吃螃蟹"似的在咨询中受益的例子,他也没有立刻拍板咨询,而是反复提问,确认关键信息,又核实每一个咨询流程,才决定咨询。

因此,ISTJ在面对未知和新鲜的人、事、物时,可以先观望,看看实效,有实效的不妨纳入自己的关注圈,看看内部的运行机制如何。

再者,ISTJ要不断挑战自己的未知领域,如积极表达,学会肯定别人的努力和用心,看到别人的优点和优势。同时,进行战略层面知识的投资,认识与自己不同的人,尤其是比自己维度高的人,看他们是如何思考的。总之,将未来的、未知的、未计划的压力转化为跃迁的助力。

三、职业选择建议

1. 在职业选择上,ISTJ要避开的工作

首先避开社交型工作,像公关人员、产品经理等需要对人敏感,同时又需要做大量沟通协作的工作。

其次避开高度灵活的,需要快速学习、随机应变的职业,比如记者、咨询师……即使是与咨询相关的工作,也只适合做技术咨询顾问,负责解决某个专业领域的技术难题,而不是像我们这种服务于人群的咨询工作。

通常,感觉型(S)人的创新、创造能力体现在技术革新上,他们不太擅长类似广告策划这种需要想法或文化输出的工作,因此,也不推荐相关方向。

2. 推荐职业方向

推荐标准明确、有客观评价的职业。

首先，在军政校企的范围中，适合ISTJ的工作非常多。

我们的适用范围很广……

军 政 校 企

其次，可以考虑行政路线，如果是人力资源方面，需要注意团队的多元性；如果是销售方面，更适合专业性产品的销售工作。例如，一位ISTJ性格类型的销售总监，他平时少言寡语，但是在展会上讲半个小时就能开单无数，以对产品全方位无死角的了解打动消费者，魅力无限。

最后，ISTJ审慎保守，善于和数据打交道，擅长解决实际的技术难题。因此，医学、法律、数据分析、金融风险管控、软件开发、电子工程等各技术行业相关的工作，都有ISTJ的一席之地。

ISTJ未来可选择的空间较多。总之，以技术为基础，拓展职业上的机会空间还是很适合他们的。

四、如何与ISTJ相处

如果你的孩子是ISTJ，他们需要明确的规则和具体的要求，模糊的表达会令他们感到困惑。内倾的孩子通常需要较多独处的空间来思考和充电，因此，不要强迫他们参与过多的社交活动或

在他人面前表演等。他们大多不善于表达自己的情感，可以以开放和支持的态度倾听，鼓励他们适当表达自己的想法和感受。他们喜欢可预见的、稳定的环境，因此，尽量保持日常生活的规律性，避免过多突然的变化带给他们太大冲击。

如果你的亲友是ISTJ，那么，你可能会感到家里的条条框框好多，觉得他们乏味无趣，总是一副扑克脸。但是，据我观察，很多当代人都缺少原则和底线，在人际关系中，边界不清会带来各种问题。ISTJ在清晰边界、坚守原则方面是天生的教练，我们可以多向他们学习。另外，ISTJ不善于用语言表达情感和需要，更倾向通过行为表达，如分担家务、改善家庭生活环境，为家人提供良好的物质保障等。

如果你的领导是ISTJ，那么，你在汇报工作时需要做到以下几点：数据清楚、逻辑清晰、结论明确。不要一开口都是模糊又抽象的概念和结论，如你不应该说："讲师应该快到了。"你应该说："正常情况下，讲师还有10分钟到现场。"

在与他们的相处过程中，你可能容易感受到被时刻督查的压力，被他们冷峻的态度吓着，以至于想蒙混过关。但他们是细节控，逻辑缜密，我建议大家千万不要试图糊弄他们！

有一次，我在一家企业做外聘顾问，接待我的小干事迟到了，让我在门口等她一起进去，她以为这样一来，领导会看在我是顾问同时也迟到的面子上，应该就不会再批评她。结果，领导一眼就识别出来了，说她作为工作人员居然迟到，还让专家在外面等那么久，是怎么想的？资料没准备，一问三不知，是来干什么的？她被领导劈头盖脸地一顿训斥……我都替那个小干事捏把汗。

其实，ISTJ虽然严肃冷酷，但如果你犯错后认错并改错，只要你态度是好的，他们是愿意接受的。

第十六章

ESTP

四两拨千斤的商业奇才

16.1 慌不择路的心理学毕业生

前言

近几年，高校毕业生人数持续递增，就业压力越来越大。以《2024高校毕业生就业数据报告》的数据显示为例，2024届全国普通高校毕业生规模预计达到1179万人，比去年增加了21万人。智联招聘发布的《2024年春季招聘市场报告》数据显示，2024年第一季度面向应届毕业生的全职岗位数量同比下降约15%，互联网、金融等行业招聘规模明显缩小。大学生就业普遍会遭遇哪些问题，要如何应对？本文将以ESTP性格类型的毕业生为例进行系统性说明。

陈青，女，22岁，是一名普通本科院校应用心理学专业的应届毕业生，坐标深圳。大学期间参加了不少实习活动，当过社工助理、心理+互联网公司的项目助理、运营助理、HR、小学心理老师。

如今，陈青即将毕业离校，其他同学都已找到工作或考上研究生，陈青的就业方向却迟迟未定。大学那么多的实习经历，却在就业时一点儿帮助都没有。明明已经降低薪资要求了，面试结束还是没收到Offer。拓展求职范围？陈青通过网络搜集公安系统的心理咨询师、咨询师助理、康复中心治疗师以及偏向市场方向的产品经理、用户运营官、新媒体运营官等岗位信息。但就算她探索得再多，也没有合适的岗位。这让陈青越来越着急，也越来越自卑。

咨询时，陈青干脆直接留给咨询师一个封闭式提问：我到底应该去学校当心理老师还是应该继续做新媒体运营官。

一、细节中暗含着问题群

陈青是典型的ESTP性格类型，她的表达方式也很符合ESTP的特点——语速快，带着大量肢体语言，信息量巨大，包含很多细节，但缺乏一定的条理性。于是，咨询师也用感觉型（S）的语言方式和她对话，提出了很多具体问题：

"每段实习的选择原因、真实体验、退出原因是什么？通过每段实习，你对自己的喜好、优势的理解如何？"

"既然不喜欢学校的氛围，不喜欢当老师，为什么把心理老师作为一个备选项？为什么没有考虑心理咨询或心理学其他就业方向？放弃考研的原因是什么？除了实习，还搜索了那么多其他岗位，是怎么筛选方向的？"

"你是通过哪些渠道求职的？有几版简历？一共投递了多少简历？面试中哪个环节容易出问题？面试中哪些问题不易回答？"

二、大学生就业时普遍遭遇的问题

从陈青的回答中，我们能看到大学生就业时普遍存在的以下几个问题。

（1）缺乏职业规划，职业定位不明确，胡子眉毛一把抓，慌不择路时干脆随大流。

就像陈青一样，她明确了不考研准备就业的计划，但没有明确职业方向，在求职时针对自己感兴趣的岗位海投一遍，简历没有针对性地修改，在这种情况下，经验丰富的HR大概率能识别出问题，筛掉简历。时间久了，求职者缺乏市场的正向反馈，干脆放弃较有意向的方向。

（2）不够重视求职能力的提升，认为找好工作是靠运气的。实际上，毕业生应该把求职这件事当作第一份工作，有意识提高自己的求职能力：明确求职目标和方案，评估求职渠道，筛选并分类招聘信息，按照不同的应聘目标制作不同版本的简历并不断完善，列出面试问题清单并不断完善，搜集行业信息（历史、现状、发展前景和趋势等），关注行业官方网站和媒体等信息渠道，持续关注和更新用人方的核心需求，阶段性复盘求职中的高发问题和收获，管理身心状态，以较好的面貌迎接下一阶段行动和挑战，这些都是求职能力的体现。求职能力代表了一个人的综合素质和能力。

（3）在求职过程中易受情绪影响。许多学生在求职过程中会过度恐惧就业这件事，变得焦虑、自卑，陷入自我怀疑和贬低，这会影响求职计划的落地。

如上所述，求职是个不小的项目，这个过程中需要稳定情绪，如果有负面情绪，学生需要及时积极寻求家人、朋友、同学的情感支持，从而保证自己在求职过程中以较好的状态迎接每一次面试。情绪太激烈时，可寻求心理咨询师的专业帮助。在这个过程中，学生能够增加对自己的认知和了解，提高压力和情绪管理能力，促进求职目标的达成。

三、ESTP发展前期的高频问题

除了求职问题，陈青还有作为ESTP容易遭遇的以下问题。

（1）缺乏对过往经验的总结和复盘。陈青有过5段实习经历，这是不小的"财富"，但每段的实习经历几乎没有进行过总结和复盘，这就像"熊瞎子掰玉米一样"——掰一个，扔一个。没有把"经验财富"揣进兜里。

（2）缺乏目标导向。陈青通过对5段实习经历的梳理，搞清楚了自己"不要什么"：不要工资太低的社工（尽管工作体验很好）、不要约束性的体制化工作、不要HR机械重复性的面试邀约……但是，当我问她想要什么样的工作和生活时，她的回答就很模糊了。缺乏清晰的目标会导致ESTP专注力不足、行动力下降，不能快速完成求职的正循环。

（3）过于重视当下体验。陈青在回答离职原因和筛选职业方向时，都提到了"体验感"。可见，她太关注当下的工作体验，忽视之后的工作发展，还像"粗筛子"一样，筛掉很多不错的方向。

（4）缺乏换位思考能力。由于外倾情感（Fe）的发展不足，陈青不能站在用人方的角度看待自己在求职中的表现。例如，她会在面试中表露自己还没考虑好要不要创业，会在简历中如实罗列所有实习经历，包括只尝试了5天的HR经历——HR有理由怀疑陈青的稳定性。而职业稳定性是用人方考虑的重要因素。

（5）缺乏耐心。陈青在求职中放弃了信息质量更优、对学生更友好的校招，而选择了招聘信息质量参差不齐、对社会人士更友好的社招，这会大大降低她的竞争力和求职效率。在咨询中，我们问及原因，陈青坦言，校招要填写各种测评、问卷，太烦琐。这也是ESTP的常见问题——面对必须完成的细节，缺乏足够的耐心和定力。

四、问题中蕴含资源和力量

问题和原因一旦明确，也就迎刃而解了。

咨询中，我们帮陈青完成了"换框"——把"不要什么"转换成"要什么"，根据她的兴趣、能力、价值观、核心需求等梳理出她的职业倾向性要素：月薪5千元以上，若能达到7千元会更有动力；能接触不同人群或新鲜事物；有挑战性和发展空间的工作；企业文化较为多元、开放，氛围好的组织环境。综上，外企、创业型团队、互联网公司很适合陈青考虑，尤其是心理+互联网平台的运营岗。陈青说，如果找不到合适机会，之前实习的社工也很好，至于学校老师那些就彻底放弃了。

方向明确了，我们又对陈青求职的细节进行了针对性干预，包括回归校招求职渠道、求职态度和行动一致、心态管理和必要求助、简历修改和完善以及薪资谈判等具体面试问题的完善。

16.2 没毕业就年入百万的"小财神"

前言

有数据显示，50%~60%的大学生有兴趣创业，10%~20%的大学生在就业前尝试过创业，5%~10%的大学生创业团队存活期超过5年。那么，创业失败的大学生就不得不面对是继续创业还是就业的选择。

ESTP作为性格类型中的创业"小能手"，常常遭遇此类问题。

一、年入百万的"小财神"

家栋，男，24岁，是一名普通本科传媒专业已经毕业两年的毕业生，坐标上海。

家栋在大一时，为了赚钱改善大学生活，有了创业的打算。可是做什么项目呢？他看中了新媒体赛道，觉得大有商机。于是，他每天跑到学校周围的产业园扫街，给每家公司发名片、加对方微信，告诉对方自己能做公众号等新媒体代运营，欢迎咨询，若对方没有需求，欢迎帮忙把自己转介绍给周围有需求的朋友。做着做着，家栋在众多方向中发现星座类账号流量不错，于是把自己的公众号锁定在星座方向，账号被几次爆点之后，粉丝大幅扩充。依靠粉丝基础和成功案例，他开始承接广告，代运营的业务也发展起来了，家栋还利用人脉资源在客户和公众号博主中间代理商务，仅一年的时间，家栋的商业模式就成型了。大二结束，家栋就已年入百万元。

回忆创业成功的那两年，家栋用四个词总结：年纪轻轻、名利双收、风光无限、潇洒自由。赚了钱就各种消费、享乐，游历祖国大好河山，住最好的酒店，找最好的饭店，好不痛快。之后，家栋又看中了剧本杀行业，注册公司、成立团队，但幸运之神没有再次降临。短短两年时间，公司就彻底破产，积蓄败光不说，还欠下一堆贷款。

在上海生活，每月房租、还贷等固定支出就一万多元，家栋决定先找个工作，至少先覆盖每月的支出，缓解经济压力，再考虑下一步的发展。

可投出去的简历都石沉大海。第一次求职的家栋弄不清原因，他猜测是不是因为失去了应届生的身份或者缺乏职场经验。更困惑的是，他完全不知道哪些行业和岗位适合自己，海投了那么多，为什么一个适合自己的都没有。

二、创业小能手——ESTP

家栋的MBTI性格类型是ESTP，听完他的叙述，我不得不感慨，这个性格类型的人真是创业小能手。

在我辅导过的ESTP性格类型的客户中有不少在上学期间就创业的。他们的主导功能外倾感觉（Se）使得他们善于发现身边的需求，也很清楚具备哪些条件就能满足这些需求——商机。另外，他们的行动力超强，拼起来废寝忘食，体力要强过大多数人。他们能快速收获市场反馈，更新完善产品和服务，继续下一波行动……在这个过程中，外倾的性格让他们自如地投入在各种社交场合，像个"小喇叭"一样散发名片，让每个人都知道他们在做什么。他们再把各种资源拉到项目里，指数级的变化能让他们赚得盆满钵满。

这种模式有点像"地摊经济"：什么赚钱他们就做什么，非常擅长搜集身边可利用的资源，通过最小化可行性产品、服务或商业模型实现盈利，还可以遍地开花，就像娴熟的"摊贩老板"一样，同时支起好几个"地摊"，商业版图遍布整条街。

他们赚钱的目的也很现实——改善生活品质。外倾感觉（Se）的特点是注重五感，追求刺激和精彩，享受生活的美好。就像家栋说的一样，最初的创业动机就是想赚更多的生活费，出去旅游、吃喝玩乐。很像电影《功夫熊猫》里的场景，师父通过各种美食诱惑"教"熊猫学会了功夫。

但任何事物都有两面性，就像程序存在Bug一样。

ESTP在发展初期容易冲动决策、缺乏长远规划。家栋对剧本杀行业了解不充分，在合作对象和项目没有做详细背调的情况下就一股脑扎进去，缺乏创业所需的风险把控能力，也缺乏"预警系统"。当所有数据证明做剧本杀这个项目不适合时，家栋没有及时"刹车"，他不甘心之前的投入，直到公司完全运营不下去，才不得不宣告破产。

ESTP欠缺团队管理能力。充满激情的个性使得他们最擅长烘托氛围、激发员工动力，一旦到了具体执行的阶段，烦琐的事务会让他们很抗拒。每次家栋带领团队到全国各地洽谈商务或团建时，他总是激情满满，连续出差和通宵加班都不觉得累。但当项目在推进时出现卡点或困难时，他却不知道如何指导员工解决问题。

出现卡点或困难的主要原因是ESTP缺乏内倾直觉（Ni）功能的发展，导致他们不重视对未来的预测和对风险的把控，当遇到复杂问题时自己先失去耐心，沉不住气，更无法支持员工稳住心性。同时外倾感觉（Se）的过度发展，导致他们过度追求刺激和新鲜体验，用"赌"的心态对待创业——大不了重来。但"赌"带来的失败和代价惨重，往往是ESTP未能预见和承受的。

创业小能手
ESTP
高 Se 善于发现 → 商机
低 Ni 不注重 → 预判未来

根据前文所述，以ESTP为代表的大学生创业人群往往会创业失败。这时，他们不得不面对选择——继续创业还是就业？

这类问题可以从以下几个方面考虑。

1. 回顾、判断：你是带着创业的就业还是带着就业的创业

"带着创业的就业"指创业失败，个体以就业的方式度过危机期后，希望通过创业实现事业目标。这时，他们就业的方向、岗位、经验要服务于未来创业目标。

"带着就业的创业"指在创业过程中，个体主动性不足，依赖外部激励，不愿承受创业的不确定性和风险等，以就业者或打工者的态度创业。那么，创业结束后，重新就业更适合个体的发展。

而家栋属于前者，他明确表示度过经济危机后要继续创业——创业适合自己，也能带给自己足够的回报。因此，他下一步的就业选择也要服务于未来创业的需要。

从学历、创业经历、家族背景来看，他的主要商业价值和优势集中在传媒领域，因此，大的行业方向可以确定。

其实，家栋的职业定位问题很好解决。结合他的性格、兴趣、价值观以及能力、资源等各项要素，适合的岗位包括销售、新媒体/社群运营官、IP运营操盘手、公关策划者、商务拓展者、媒体推广者等过往的经历也验证了他在组织里适合冲在前端。

这些岗位都具备积累人脉资源的特点，有利于他未来重新创业。

2. 聚焦目标、明确现实差距

无论是阶段性回归职场还是长期回归职场，有过创业经历的大学生对职场现状的了解都不多。

因此，建议再就业的大学生能够在求职前进行职业生涯访谈，了解真实的工作场景、薪资福利、能力要求、压力挑战、未来发展空间等。只有分析当下自己与该岗位要求的具体差距，才能进一步制订学习计划、能力提升计划以缩短差距。

3. 求职就业指导的必要性

有过创业经历的大学生在求职方面缺少经验，容易轻视求职渠道的

问题、简历的重要性，不懂得如何制作有竞争力的简历、如何筛选招聘机会、如何准备面试、如何进行阶段性求职复盘……

因此，这些大学生可以寻求专业的就业指导师、职业规划师的帮助，提高自己的求职能力。对于家栋而言，未来还要有意识地修复他作为ESTP容易遇到的一些问题，为他的事业保驾护航！

16.3 ESTP发起者/挑战者性格解读及发展建议

一、性格解读

ESTP在人群占比约10%。他们的能量从外向内流动，精力十足，对外界人和事的关注多于自省；善于观察周围的人和事，重视五感的体验，活在当下；善于分析问题、解决问题，依靠逻辑思考去做判断；随性自在，好奇心强，喜欢打破规则，不喜欢被约束。

代表人物：电视剧《欢乐颂》中的曲筱绡。

> "除了你自己，没人有义务让你快乐。"
> ——《欢乐颂》曲筱绡

➤ 性格特点

（1）精明懒。ESTP善于投机和钻空子，花最少的投入，置换最多的实际回报，能够敏锐地觉察商机。同时，他们是享乐主义者、"外貌协会"会长，注重形象、好面子，会不由自主地被那些能够刺激他们感官的人、事、物所吸引。

（2）利己主义。在生活中，ESTP往往被误解为"渣男""渣女"，为什么呢？通常我们说一个人比较"渣"时所带有的愤怒和不满情绪，往往是因为对方不按我们的意愿去行事，不愿为我们改变自己。

ESTP天生不会为别人改变自己。他们会对你好，会夸你，会满足你诸多需要。但是，他们真的很会坚持做自己，这是性格使然啊，他们分得清哪些是你的事，哪些是我的事，哪些是我愿意为你做的事。但是对于越界的要求，"你想让我变个样子，不行"。另外，ESTP讨厌被条条框框束缚。

（3）行动派、发起者。ESTP能敏锐地看到商机，知道把有限资源投入到哪里可以产生丰富回报。他们善于发现哪些人拥有资源，然后动用他们的谈判能力，让这些人为自己所用。他们是商业运作中能做到"四两拨千斤"的一群人。

通常情况是，他们发起了一个项目、做出了一些动作，其他人才明白其中的奥义，跟在他们后面去复制。所以，ESTP是总经理、创业者的典型性格类型。

二、高频问题

1. 易受诱惑，坐不住，早年多遇"学习危机"

ESTP精力旺盛、好奇心强，经常将注意力放在外界的人和事上，一有风吹草动，他们就跟着跑。成长早期的ESTP懂得是非道理，可是缺乏自控能力，明知自己做得不对也忍耐不住去做。一位性格类型是ESTP的小学生跟我说："我很喜欢前桌的女生，想跟她玩，然后就拽她的辫子，踢她的椅子……总是惹恼她。我跟她承诺不再拽她的辫子，她问我如果再拽怎么办？我说我会用石头砸自己手。后来，我还是没忍住拽她的辫子……为了信守承诺，我用石头砸自己的手来惩罚自己了。"我问这个小学生，之后还会去拽吗？他说还是会……

成长早期的ESTP应该是最令父母头疼的一个性格类型。ESTP习惯依赖别人，因为这样一来他们很省心省力，一旦脱离家长和老师的视线和监管，他们就会"偷奸耍滑"、懒散度日。若家长放任不管，他们更是贪玩成性，令父母不知如何是好。

错过了几个成长关键期的ESTP很容易错失良机——错过继续受教育的机会、与兴趣方向擦肩而过、与中意的就业机会擦肩而过……人生际遇大相径庭，难免遗憾。

↘ 发展建议

无论是ESTP本人还是ESTP的父母，在其成长的过程中，都要优先培养独立制定规则、目标和自我管理、激励的能力。

要耐住性子，不以学习成绩或结果为导向，以培养其独立自主的能力为核心。

例如，父母让ESTP性格类型的孩子制定年度目标、月度计划、奖惩措施，每个阶段结束后，和他一起总结阶段目标达成情况，让他评估满意程度，为下一阶段调整方向。

就像那个小学生一样，我让他继续观察自己，还会不会拽女生辫子，如果想和别人玩，怎么表达更合适。允许他有探索和试错的过程，允许他存在做不到自我要求的阶段，慢慢来，他会发展出自我管理和自我约束的能力。

2. 缺乏耐心，追求当下享乐，错过关键机遇

我的几位年轻的ESTP性格类型的客户在求职过程中都呈现出缺乏耐心的现象——他们对校招过程中要填写大量测评表、问卷表示不耐烦，他们认为面试环节多、流程长，要修改简历、准备面试问题清单、背调公司情况……于是，干脆放弃校招改为社招渠道求职，这当然会造成损失。校招工作机会质量更高、要求更低，对学生的保障更好，而社招工作机会质量良莠不齐、要求普遍偏高，学生要投入的潜在成本更大。

我有位忘年交是ESTP，他是20世纪70年代农学院的大学生，毕业时老师让他留校，当时教师岗位没有空缺，安排他先去食堂帮几天忙，一有空缺就会让他补上。他觉得在食堂帮工没面子，回家务农去了，至少还落个

逍遥自在，于是把名额给了别人。不到两个月的时间，那个人就转教师岗了。他偶尔感慨农民和大学老师之间命运的巨大区别。

↘ 发展建议

（1）ESTP之所以如此，是因为他们过于注重当下的感受，缺乏想象力——无法用发展的眼光看待问题。就像我的这位忘年交一样，他没有看到眼前逍遥自在的农民是用劳动力赚钱，而随着年纪越来越大，体力越来越差，他能赚的钱会越来越少。因此，ESTP应重视事物发展的规律和趋势，而后做判断。

（2）ESTP缺乏目标思维和基于目标导向对决策进行利弊分析的能力。就像性格类型是ESTP的求职大学生一样，核心目的是找到好工作，为此，应选择更有利于目标达成的求职渠道。在求职过程中缺乏耐心时，可以稍作休息或完成一个阶段性目标和任务就奖励自己一次。

（3）在做重大决策前，多听取INJ类型亲友、师长的分析和建议。

3. 人际危机

ESTP通常会有很多能吃到一起、玩到一起的朋友，偶尔也能彼此交换信息，促进生意往来，是锦上添花的存在。

在普通人际交往中，ESTP特别爱嘚瑟、爱显摆、爱拉仇恨。就像电视剧《欢乐颂》中的曲筱绡一样，看见樊胜美背着一个假包，就要讽刺挖苦两句；跟赵医生谈恋爱，恨不得昭告天下。这样的ESTP虽然精明，但是容易吃暗亏。

另外，ESTP更信奉个人价值观，不理会传统的社会价值观，他们的道德观也和常人不同，容易被群体孤立和排挤。

在重要关系中，发展初期的ESTP可能会由于对新鲜感、刺激感的追求，做出冲动行为而难以在感情中专一，从而引发重要关系危机。另外，

ESTP很善于随时索取，让另一方感到疲惫进而放弃关系。

曾经有一位INFJ性格类型的女性客户向我咨询亲密关系议题。她的男朋友是典型的ESTP，她发现，每天自己都要替对方做很多事——对方的工作遇到问题，要她帮忙解决；对方在职研究生的毕业论文希望她帮写；所有家务都要她做，就连每天早上都要她叫醒对方……她像是一个对方360度无死角的高级助理。

这是ESTP的普遍现象。

↘ 发展建议

ESTP要有意识地完善个人的社会支持系统，有吃喝玩乐的朋友，也要有同甘共苦的朋友，有优势互补的合作伙伴，还要有危机关头可求助的、值得信任的咨询顾问（心理咨询师、律师、猎头、理财顾问等），懂得亲密和重要关系的管理和维护。在不同关系中发挥不同功能，满足自己的不同需求，提高关系层面的抗风险能力。

4. 缺乏长久规划，导致生存/财务危机

ESTP是典型活在当下的人，他们认为当下逍遥自在最重要。可是，如果身边没有得力助手帮他们筹谋把关，晚年可能要凄惨。

如一位ESTP性格类型的客户，曾经年收入上千万元，可是钱来得容易去得也容易，给自己、爸妈、亲戚朋友，穿金戴银，吃喝玩乐，全都挥霍了。年富力强时就罢了，周围人看他有钱有势，都愿意跟随他。可是等他缺乏能力和优势了，树倒猢狲散。这位客户已经50多岁了，失去了赚钱的能力，没有理财规划的意识和经济储备，连基本

生活都需要儿女接济才行。

➘ 发展建议

（1）建立宏观视角，有长远规划的意识。ESTP要么培养自己NJ类型的能力，要么身边要有NJ类型的参谋，而且通常会是INTJ，因为ENJ会把风头都抢走，ESTP会极度不爽；NFJ太容易骄傲，ESTP往往看不上他们。所以，往往都是INTJ能令ESTP信服。

（2）无论是生活还是事业，ESTP身边第一需要有SJ类型的人（或理财顾问）。他们帮ESTP把想法复制并落地，控制ESTP大手大脚的享乐主义，把ESTP赚的钱合理利用，持续积累起来。

我那位忘年交，因为自己具备农业知识和技术，培育玉米种子，全家只有2亩薄地，以小博大，硬是赚了钱，在20世纪80年代，他是村里第一批万元户。他的爱人性格类型是ISFJ，特别节俭，常年省吃俭用把他赚的钱都攒起来了，后来供两个孩子上大学，却一分外债都没有。这十分难得。

三、职业选择建议

1. 在职业选择上，ESTP要避开的工作

ESTP最擅长的是号召大家做一件有商机的事情，这个过程中自然会带动一些人，做出点成绩再一顿显摆，这是他们的风格；或者以比较高姿态的英雄形象摆平一些难题，凸显他们的能力和魅力。

因此，ESTP需要避开的就是接触不到人的岗位，如医药研发这类环境闭塞、工作内容单一的岗位，会计这类工作重复单调的岗位，以及挑战空间小的岗位，如客服等。

ESTP比较缺乏耐心，所以不太适合从事一些纯粹跟人打交道的职业，如职业规划师、心理咨询师、幼师、护理……

2. 推荐的职业方向

首先，ESTP适合创业，也适合在创业型团队中工作，没有太多世俗的规矩和制度。

其次，在一个组织里，ESTP适合冲在前端，ESTP对商业有着敏锐的嗅觉，具有丰富的人脉拓展和资源链接能力，适合金融（证券、银行、保险、信托）、投资领域。

ESTP谈判能力、公众演讲能力和表达能力强，适合从事律师、商业咨询师、培训师等职业。

ESTP的持久性略差，有冲劲儿，善于快速行动、快速获取反馈、快速完善跟进，因此，他们更适合项目制的工作方式，不太适合传统的管理路线。

四、如何与ESTP相处

如果你的孩子是ESTP，请设立明确的规则和责任，这有利于ESTP建立秩序感，促进他们提高独立意识、自我管理能力，这需要家长耐心引导和陪伴，绝不要替他们完成任务或替他们建立规则和习惯。ESTP性格类型的孩子喜欢动手操作，通过实践学习知识，家长可以提供他们参与各种活动的机会，如体育活动、手工活动或科学实验，他们精力旺盛、好奇心强、探索欲强，家长可利用课余时间多安排游学、夏令营等体验类活动，满足他们的需要。同时，鼓励ESTP进行社交，在关系中直接表达需要。

如果你的领导是ESTP，他们喜欢直接、具体的沟通方式，请避免冗长的理论讨论，展示实际工作成果，用数据说话，更能证明你的价值，让

ESTP看到你工作的实效，更能得到他们的重视。ESTP不拘一格，不执着于绝对的公平——他要招一名销售经理，不管你是"黑猫白猫"，凭的是自己本事还是家里资源，你能给他们搞定绩效就行。他们灵活性较强，变化比较多，因此，需要你有比较强的适应变化的能力和开放的态度。

如果你的伴侣是ESTP，据我观察，ENTP更容易和ESTP玩到一起，共享体验，直接而诚实地进行沟通；INTJ容易令ESTP信服，优势互补，更快达成一致；ISTP较ESTP更沉稳，又能理解他们的感受，也能较快达成一致的节奏和彼此舒服的相处模式。如果你是其他性格类型的伴侣，可能会在关系中期和ESTP爆发较多冲突，无论如何，保持彼此的独立性，不过度干预对方决策是继续相处的前提。

第十七章

ESTJ

总是站在权力中心的"霸总"

17.1 拒绝"画大饼"的务实青年

前言

在16种性格类型中，ESTJ是典型的军政校企全部都适合的类型，他们高度重视传统和规则，欣赏秩序和组织，且倾向于让组织中的其他成员共同遵守规则、制度和法律。因此，他们擅长执行和管理，是组织中最容易走上管理岗位的人群之一。ESTJ最常采取的生存模式是什么？他们需要规避的发展危机有哪些呢？本文客户的经历可供参考。

一、"预防性"职业咨询

王浩，男，27岁，在"双一流""985"院校研究生毕业后成功拿到满意的Offer，却又申请成为我们公益咨询团的咨询对象。他对这次咨询的定位是："预防性"咨询，希望探讨入职后可能遇到哪些问题，如何在企业中实现个人发展。

从专业的角度讲，"未雨绸缪"很有必要，这样的话，在发生各种情况时，个体都能合理应对，避免问题来了再招架的被动局面。但矛盾的是，王浩并不信任职业规划，也不信任那些看不见的规律、可能性和未来的事。

在咨询时，有老师问："在你计划入职的这个岗位上，你对未来的发展有什么期待？"

王浩说："我觉得这是在'画大饼'，而我不喜欢'画大饼'。在我的观念里，最重要的是做好眼前的事，未来谁也说不准。之前就有同学分享过，他们大多数人很难在企业里按照预期实现目标、顺利晋升。我觉得关注太多不确定性的事情意义不大。很多企业都有晋升通道，但它是真实存在的吗？我对此持怀疑态度……就像职业规划一样，人真的能规划未来吗？规划了就能实现吗？没实现那规划也就没用了。"

王浩非常真诚地阐述了自己对于职业规划的理解和看法。我们能明显感觉到，他不太相信规划的作用和价值。可能这也是在职业规划咨询的客户中ESTJ人群数量非常少的原因。他们坚信的是已发生的过去、可掌握的现在、短期明确的目标、清晰的差距和行动方案，他们很少关注"虚无缥缈"的未来和可能性，他们厌恶不确定性。

二、ESTJ是擅长总结的经验累积者

王浩是ESTJ，从他的个人历史中就能看到ESTJ的成功模式。

大三时，王浩参加了一次校内组织的小型技能竞赛，原本自我感觉还不错的他，却在自我介绍环节就差点败下阵来。其他参赛选手的简历上密密麻麻地写着项目参与经历、实习经历、获奖和奖学金情况等，而他的

自我介绍却乏善可陈。在那一瞬间，自尊心备受打击的王浩决心要给自己"镀金"。从那以后，他争取各种荣誉，参与各类活动，寻找各种大厂实习机会，凡是能写进简历的事，他都有执念。

王浩有个习惯，每更新一次简历，就会给简历编个号。截至目前，他的简历已经更新到第33版了。这种明确目标、分析差距、制订计划、有效执行、复盘总结、存储经验、持续迭代，再遇到问题就从"经验库"中提取相关模型、快速解决问题、达成新目标的模式太强悍了！

本科毕业后的第一份工作经历是王浩的至暗时刻。当时他从小语种专业毕业，阴差阳错入职了一家房地产公司。试用期还没结束就被迫调岗至销售一线，莫名其妙成了一名房地产地推，分部门的时候还遭受歧视。王浩愤然离职，并且坚定地认为是不够亮眼的学历导致他受此对待。于是，他下定决心脱产考研，仅用一年的时间就成功上岸"985"院校的研究生。王浩的人生从那一刻起，真正走上了正轨。这一经历再次印证了王浩过往的有效模式，并成功拿到第一个成果！

研究生期间，王浩更是积极参与到大厂实习中，求职目标明确、积极主动，忽略情绪压力投入到行动中，拿到了好几个Offer，最终选定了山东某老牌企业。

由此我们能看出，作为ESTJ的王浩擅长从历史教训中总结经验、分析事实、制订计划并按步实施,目标任务管理能力极强,一旦确定目标便能使命必达。同时,ESTJ倾向于维护秩序和原有体系并主动掌控,因此,他们能快速成为领导的得力助手,容易进入管理岗或权力的中心圈,在权力、地位、金钱等生涯取得成就。

三、一体的另一面:拒绝"画大饼"

然而,中国文化讲究"一体两面"和"物极必反",这也符合MBTI人格发展的基本规律。ESTJ近乎本能地以传统观念、社会价值和客观环境要求为标准指导个人选择,过于依赖和维护已有秩序、体系和过往有效经验模式,使得他们在快速收获成果的同时,思维和模式僵化,进而给个体发展带来意想不到的风险。

例如,王浩只相信看得见的自己简历与他人简历上的差异,只相信完成简历优化带来的好处,却拒绝看见所处环境有哪些机遇和风险,拒绝看不见的岗位发展路径和规划,认为那不可信、做了也没用,这已经很危险了。

王浩应聘的是山东省一家实力雄厚的老牌企业的海外事业部营销岗,平时在国内办公,据说工作压力不大,很清闲,薪资和待遇还都不错,简直是完美Offer。

但由于产品的特殊性、海外文化的适配性等原因，这个企业主营产品90%以上的销量都在国内，官网对于海外事业部的宣发信息极少。显然，王浩所在的海外事业部还处于初步成立和"试水"阶段。简言之，这个部门目前在该企业并不是核心部门。从已掌握的数据来看，发展和改变的可能性较小——国外消费者宁愿选择中式茶饮料，也不愿选择这个备受国人爱戴的产品。那么，他作为部门一员，必须考虑自己未来的发展和规划，以便部门发生变化，自己能够主动应对。

我建议王浩在入职后做好本职工作的前提下，仍要多关注外部信息，其中包括以下两个方面。

一方面，对于公司内部来说，国内营销团队的发展空间更大。在轮岗期间，王浩要多留意是否有转岗到国内事业部营销岗的机会，有的话可以积极争取。

另一方面，如果王浩希望在国际贸易领域长足发展，则要多多关注外部行业信息和机会，向稳定性和发展性更好的外贸企业跃迁。正所谓水涨船高，在外贸企业的海外事业部就职，个人发展会更有前景。

从个人成长方面来说，建议王浩能多关注外倾直觉（Ne）功能的发展，不仅要低头干活，还要抬头看路。观察环境，包括公司、行业、国际环境；观察数据，包括抽象的、看不见的事实数据。尝试从更长远的角度看到职业发展的各种可能性，提前规避可能存在的障碍或风险，从而更加顺利地发展个人事业。

写在最后

约翰·毕比在《心理类型与原型》中将主导功能与英雄进行匹配，代表着人们最初最善用的思维和行为模式，这极可能带给个体成就感和价值感。但个体发展到一定程度，不能只依赖原有的成功模式，还要进一步分化和发展其他功能，以ESTJ为例，除了主导功能、第二主导功能的优势，他们还要试着发展外倾直觉（Ne）这一劣势功能，以及其他功能。不同个体、阶段发展的主题、顺序各有不同，但不变的目标是自我得以完整的发展。

17.2 彻底切换人生赛道的教培行业女老板

前言

从职场女性到全职妈妈再到创业公司老板，从迷茫到产后抑郁再到重拾信心，6年间经历几次转变，一位传统女性如何冲破桎梏重获新生？在客户原丽的身上我找到了答案。

一、严重的产后抑郁

原丽，40岁，已婚已育，两个孩子的妈妈。在普通本科大学毕业后，在山西某兵工厂工作。35岁那年，二胎出生，爱人工作繁忙，公婆身体不适，养育两个孩子的压力都落在原丽一个人身上。

当时单位效益不好，薪资低、没有发展空间，经多方考虑后，原丽跟单位买断了工龄，成为一名全职妈妈。

不久之后，原丽的公公得了重病需要照顾，爱人作为家中长子把自己的父母接来同住。上有老，需要原丽时常陪诊；下有两小，原丽每天要做大量家务。原丽和婆婆的观念不同、饮食起居习惯不同，艰难地支撑着。

让她懊悔不已的是，离职不久，原单位就开始改制，所有员工薪资上涨3倍，辞职的决定太蠢了！失去收入和原单位前后巨大落差让原丽一时难以接受。

更糟心的是，在原丽失去收入的情况下，爱人不仅常年负担父母的生活开支、医疗费用，还要负担弟弟结婚、买房等大额开销。有时经济十分紧张，爱人甚至通过透支个人信用卡来贴补他们。短短几年，贴补原生家庭和外借给亲戚朋友的金额就高达30多万元。这笔钱对于要还房贷、给父母养老、养育两个孩子的小两口来说，真不是个小数目。原丽难以理解爱人的行为，彼此多次争吵、协商，却没有任何改变。

原丽就这样患上了严重的产后抑郁。她想不明白为什么短短几年的时间，生活就被现实挤压得支离破碎。

但我能理解为什么。

一方面，原丽作为一个ESTJ，是典型的传统主义者，受传统社会价值观的影响。在父母的影响下，她认为，作为儿媳，孝敬公婆是应该的；作为妻子，相夫教子是应该的；"长姐如母，长兄如父"，所以爱人作为能力较强的人，帮扶弟弟、同学、朋友也在情理之中。

另一方面，原丽受过高等教育，在"女性也要经济独立、人格独立"的影响下，她追求个人价值的实现。从小在贫穷中艰难长大，经历告诉她"有钱才是硬道理，才有安全感"。

这两组观念是较为冲突、矛盾的。孝敬公婆、相夫教子、帮扶他人，就得牺牲自己，辞职在家，像个保姆一样，花大量时间照顾老人、孩子的饮食起居，还要孤军奋战；经济独立、人格独立就得工作，不能做个好儿媳、好妻子、好妈妈。

ESTJ非常需要成就感，他们的成就感往往来自在工作和组织中成为佼佼者、领导者这样富有影响力和社会地位的角色。但原丽辞职了，退出社会工作，进入家庭生活。社交少，交往的都是家庭主妇，唠着家长里短，只会花钱不会赚钱——原丽绝难接受这样一个自己。加上成为原单位改制的"牺牲品"，持续的经济输出带来的生存焦虑，原丽体验了太多的牺牲不公平和低价值感，她愤怒又无力。

二、找回生活的掌控感

无论是在生活中还是在职场上，ESTJ都习惯扮演"大总管"的角色，擅长全盘把握家庭或组织内部的人、财、物、事，是多维度工作的高手。但原丽在成为全职妈妈后，在家庭管理和个人职业发展方面长期处于失控状态，这对喜欢掌控局面的ESTJ来说是十分恐怖的。想要把她从抑郁状态中解救出来，就要帮助她重新找回对自己生活的掌控感。

首先，我建议原丽要尽快恢复社交，重建支持系统，对于ESTJ而言，家庭是最重要的支持系统。原丽一人远嫁山西，苦苦维系婚姻生活多年，其中的苦闷和"孤军奋战"可想而知。原丽的父母亲都在西安，西安是新一线城市，经济和文化环境的综合条件更好，我建议她把自己的小家庭移回西安。有了家人的帮扶和支持，她能更好地应对未来生活。当然，这个决定需要她与爱人共同商议。

其次，我建议原丽要逐步开始职业探索，尝试丰富个人的社会角色。ESTJ适合在组织中做管理者，也适合创业。但原丽毕业后在兵工厂工作多年，可迁移技能较少，因此，职业探索方向要更加开放大胆。ESTJ比较踏实传统，进入实体行业，从事看得见、摸得着的工作会更加适合。

最后，我建议原丽要转变认知，重新找回自我认同。这个过程中，先要学会自我关爱和设定界限，在家庭和个人生活之间设立健康的界限，确保有时间和空间专注于个人需求。另外，要学会说"不"，保护自己的能量不被过度消耗。同时，要摒弃传统观念对思想的束缚，接受职业形态的多样化，无论未来是自由职业还是创业，只要能实现可持续发展，就都是稳定且有价值的职业。

三、彻底切换人生赛道

咨询后的一两年内，我在原丽身上亲眼见证了ESTJ的行动力和目标管理能力。

原丽和爱人一致协商，爱人向单位申请调岗至西安，他们举家搬迁至西安，暂住在原丽弟弟学校附近的家属院，周边的教育资源非常丰富，两个孩子的教育问题顺势解决。

有了觉醒意识的原丽，通过持续的沟通，帮助爱人逐渐切断了与原生家庭之间的"畸形脐带"关系。外债逐渐收回，家庭经济状况明显好转。

原丽通过运动彻底摆脱了抑郁，渐渐地，她发现了创业机会——弟弟妹妹在体育领域有多年的经验和丰富的人脉资源，运动如此有益身心，可现在的孩子普遍缺少运动。于是，她和弟弟合伙开了一家青少年羽毛球培训机构，弟弟负责教学内容，原丽负责招生、续费、售后服务等管理工作。短短两年时间，年营业额轻松上百万元。原丽说，她自己都不敢相信能把培训机构做得这么风生水起。

写在最后

原丽创业成功的最主要原因是她找到了适合自己的赛道，并且在创业团队中找到了适合自己的位置。ESTJ的主导功能外倾思维（Te）使得他们具备较强的逻辑性和组织能力，能够系统地解决问题、优化流程，确保使命必达。原丽在教学管理工作中制定的各种奖惩机制、续费优惠机制等为培训机构带来了持续的生源，这充分展现出了她作为组织管理者的性格优势和能力优势。因此，机构盈利顺理成章。

但原丽的经历也告诉我们，ESTJ应警惕价值观冲突。

在过往的职业、家庭经历中，原丽出现中年危机并陷入抑郁状态，源于自我认同感的缺失，而缺乏自我认同感源于ESTJ很难处理传统价值观和内心情感之间的关系。他们在思考问题或做决定时总是以传统的价值观和信念作为主要评判依据，牺牲个人想法和个人情感，长此以往，个体内心极度痛苦，影响身心健康。

因此，ESTJ面对的一个议题是在传统观念和个人信念之间，保持觉察、动态平衡。

17.3 ESTJ督导/监督者性格解读及发展建议

一、性格介绍

ESTJ在人群中的占比至少为10%。他们的能量从外向内走，热情、精力充沛、擅长社交，在关系里能够推动并影响他人。他们非常务实，善于打理大大小小的具体事务，是解决现实层面问题的高手。他们非常理性，并以此进行决策，能把事情推进得很好。通常，他们的眼光较为挑剔，能轻而易举地发现人和事的缺点、漏洞，而缺少人情味儿。他们的目标管理能力极强，喜欢规矩、规则和制度化的工作，认为这是团队高效合作的强大基础。他们通常可以做到使命必达。

典型代表人物：《红楼梦》中的王熙凤。

↳ 性格特点

（1）ESTJ利落能干、高调强势，能把家里家外的大事小情安排得井然有序，是典型的大总管、总经理型的人格；眼里揉不得沙子，也是传说中最无情的管理者。他们善于不断总结有效经验，量化并评估进度，以此获得满足感、成就感。例如，案例中的王浩在明确了自己与其他求职者的差距之后，努力学习、实习，丰富经历，一共更新了33版简历。

（2）ESTJ是传统主义者，他们信奉规则，对公司和上级非常忠诚，能一路贯彻领导的标准。作为领导的ESTJ更是如此，他们的目的是让团队所有人整齐划一，不能接受有人破坏或不遵守规则，是适应传统规则最成功的一群人，非常受权威者赏识。

（3）在三大类动机里（权力动机、成就动机、亲和动机），ESTJ通常是以权力动机、成就动机为中心的人。他们善于竞争，喜欢掌控局面，是多维度工作的高手，能走到组织的权力中心，是商业社会的成功者。

二、高频问题

1. 人际关系危机

ESTJ过于追求实际，关注物质世界，而忽略情感和精神层面的力量。他们理所当然地认为自己的想法是正确的，要求他人以自己的标准为准绳，这会导致他们频繁爆发关系危机，最后"穷得只剩钱了"。

首先，ESTJ容易得到领导的赏识，但在平行管理、向下管理中容易出现关系危机。

ESTJ说话直接，不考虑别人的感受，还可能利用权力在公开场所批评他人，给他人施压，以达成自己的目的。就像《红楼梦》中的王熙凤一样，以为大权在握就高枕无忧了，得罪了许多人，一旦她失去权力，就会墙倒众人推。

在现实职场中，你会发现，单纯以ESTJ的方式行事会越来越难以开展工作。因为年轻人越来越多，ESTJ能给别人的是实实在在的物质上的好处，可是，物质条件越来越好的年轻人并不"买单"，如果ESTJ不够尊重他们，就会分分钟被年轻下属"炒鱿鱼"。

ESTJ很聪明，他们会选择最适合自己团队的人，而不是最优秀的人。例如，有一次我去给一家企业做咨询，发现他们的中高层普遍是二本学历，或出身农村，或经济压力极大，这些客观条件使得他们"被迫稳定"。但即便如此，令ESTJ倍感压力的是这些中高层也会面对离职危机——光杆司令是ESTJ最尴尬的局面。

ESTJ主导的家庭生活，在物质层面会十分富足，而在精神层面，他们既不了解自己的情感需求，也不关注他人的情感需求，这可能会导致家庭从内部开始瓦解。我之前的一位性格类型是ESTJ的女客户，她本人八面玲珑、非常能干，但是在她眼里，老公懦弱无能，女儿叛逆不懂得体谅自己，她一直过得很辛苦，婚姻也濒临破裂。

我的一位朋友的父亲的性格类型是ESTJ，直到父亲去世前，他们父女俩都是断绝关系的状态。我在医院陪诊时，旁边住着一位70多岁的大娘，是典型的ESTJ性格，非常能干，手里攒了好几套房和二百多万元的存款。可是在她手术后住院的一个月里，她的女儿从没露过一次面。每天都听她在抱怨女儿和女婿多无情、多不孝顺。

对于这些高频出现的共性问题，我想，ESTJ应该好好想一想，这样的关系危机和走向，是不是你们想要的。

↘ 发展建议

只要ESTJ重视与亲友间的关系，以及与同事、下属间的关系，就能处理好它们。为什么呢？

请拿出你们面对领导、客户的态度和沟通方式与其他人相处，你们就几乎不会有任何人际关系问题了。也就是说，把你处理好的关系管理能力迁移到其他关系里即可。

2. 过于忽视个人感受，只能"强"不能"弱"

看完第一点，ESTJ应该会很不高兴——"如果我对所有人的态度都那么好，还让我怎么活？"

这的确很辛苦，尤其在家里家外所有事务一把抓的情况下，ESTJ更难把精力分给其他关系和自己了，甚至他们为了达成目的努力维系与领导、客户的关系中牺牲的个人感受就是从其他关系中找回补偿和平衡的。

这是因为ESTJ过于追求目标达成，过于仰赖传统的社会评价系统。他们认为在与领导、客户、权威的关系中，自己的感受当然不重要；对比目标达成，个人的情绪当然不重要；对比喜怒哀乐，客观的成就和成果更重要。

他们只能"强"不能"弱"，当ESTJ的真情实感流露时，会为此感到羞耻。久而久之，ESTJ习惯性地与自己的情感隔离，但过刚易折。我辅导过的许多ESTJ会通过买买买来疏解压力，满足个人需求，补偿对自己的忽视，但即便这样还是很容易形成躯体化的防御方式，身体通过生病的方式迫使他们停下来、走进医院，达到"照顾自己"的目的。

⤵ 发展建议

学习放松和娱乐，就像我们踩着油门跑久了，也要适当减速、保养车辆一样。这里的"放松和娱乐"指的是"一个人的旅行"、艺术类活动。因为ESTJ的经典娱乐方式是组织家庭聚会或家庭旅游（他们又是最忙碌的人），而ESTJ切实需要个别独立的、自由的空间和体验，只照顾自己。

就放松和娱乐而言，NP类型的人是最会玩的。因此，ESTJ可以结交一些NP类型的朋友。

3. 缺乏战略视角和创新能力，跟不上世界的飞速变化

其一，ESTJ是目标明确、计划清晰，喜欢人、事、物一切有序行进的一群人。在一切有序行进的过程中，包括自己在内的所有人都是行进中的一颗螺丝钉。整个组织就像一台庞杂的、运行良好的机器一样。他们是制度化的代表。这就导致他们缺乏创新。

ESTJ日常的痛苦往往来源于具有INFP气质的人，他们会被这些人搞到挠头。他们觉得内倾型（I）人有话不说，很烦，沟通起来像挤牙膏一样；直觉型（N）人总是想却不做，关注虚无缥缈的东西；情感型（F）人太感性了，磨磨叽叽；感知型（P）人太散漫了，绝对受不了。但ESTJ往往又会被INFP所吸引，简直是欢喜冤家。因为INFP极大地弥补了ESTJ的短板。他们是理想主义、浪漫主义的人，他们随性、自在、包容，能让那些

只关注"如何做""怎么做"的ESTJ体验到"为什么做"的魅力以及"不做也没关系"的被抱持。

其二，ESTJ成为高管，创业成为老板，他们的精力集中在看得见的工作上：如何开展业务、如何提高业绩，他们认为"不管黑猫白猫，能抓到老鼠的就是好猫"，而往往容易忽略无形的战略规划，认为那些都是空谈。他们能够赚钱，但未必可以长远稳定地赚钱，一旦外界游戏规则变了，就全盘皆输。SJ类型的人过于依赖过往经验，新的跑道也要铺得很长，因此难以重开局面。

在当今变化极快的时代，懂得借助战略规划的人则可以预测趋势，及早撤出，并提前做出第二曲线的准备。

↘ 发展建议

重视NF维度能力的提高或保持身边有这样特质的人，会补充ESTJ的思维盲区。很多时候，当"NJ"在思考去哪、"NF"在思考为什么时，"STJ"已经在成功的路上了。但ESTJ"成也萧何败也萧何"，总是关注如何做，会让他们非常短视，白白付出很多无用功，而"NF"的一句"为什么"也许就会让他们免于无用功，也会带给他们解决问题的新思路，这些新思路可以让ESTJ免于辛苦劳作，轻松达到目的。

三、职业选择建议

1. 在职业选择上，ESTJ要避开的工作

（1）请避开以情感为代表的，需要共情能力和关系维护的职业，如个体咨询、幼儿教育、公关服务等方向。

（2）请避开以战略能力为代表的职业，如创意创造、艺术创作、写作等缺乏客观评价标准的方向。

（3）请避开具有趣味性或变化较快的行业，如互联网、新媒体等。

2. 推荐职业方向

从宏观概念来看，军政校企都适合他们，因此能够推荐给他们的职业清单非常多。

ESTJ遵守命令和规则，使命必达，是天生的政治家。因此在体制内有着非常好的适应能力和进取空间，是执行校长、医院院长、执行经理人的经典类型，擅长传统的运营管理，能够把公司规则和制度标准化地推行。

具体的职能划分，推荐如下。

（1）ESTJ是活在人间的"小财神"，对金钱有着极强的兴趣及驾驭能力，他们的商业嗅觉敏感，依赖可靠的数据、报表、事实。因此，对于财务工作，他们都很擅长。

由于喜欢金钱，销售、营销类赛道也很适合ESTJ，这种有着客观绩效考核标准的工作，最能激发他们的工作动力。尤其是销售有形的产品和服务，如家具、衣服、化妆品和围绕人们衣食住行的服务。

哪怕做教育，他们也倾心于实体教育，如通过体育类培训帮助孩子获得加分资格、国外交换资格等。同理，中医养生、舞蹈等各种实操类技能教育也很适合他们。

（2）ST维度使得他们有着缜密的逻辑思维，公事公办，因此，法律方向很适合他们。无论是律师还是检察官、法官、法务以及和政法相关的

职业，如警察、交警等，都是他们的职业推荐选项。

（3）高实感S属性使他们对色彩敏感。因此，摄影师、色彩搭配师、视觉陈列师、形象管理师等很适合ESTJ［PS：我的衣服都是我老公帮我搭配的，他是绝对的感觉型（S）人］。

四、如何与ESTJ相处

如果你的孩子是ESTJ，他们需要稳定和秩序，因此，请尽量避免生活环境的频繁转换。他们喜欢竞争，但往往不善于处理关系和冲突，需要家长引导他们正向、积极地表达，教他们如何与人建立友善的关系。另外，为他们创造参与良性竞争的机会，如运动会、各类赛事，并及时给予肯定。鼓励他们自己制定目标和计划，并记录过程，使成果随时可见。培养他们享受过程的能力，不单纯以结果评判成败。

如果你的上级是ESTJ，你需要遵守规则，主动汇报工作，且逻辑清楚、条理分明、非常高效，因为ESTJ是非常精明的人，他们不喜欢笨拙的下属，就像王熙凤赏识小红一样，这是他们的本能取向。在沟通方面可以直接、坦率、清晰，避免含糊其辞。

如果你的伴侣是ESTJ，那么，你的物质基础会非常有保障，房、车、钱这些产权通常会比较多。你可以非常省心，他们能把所有事情打理得非常清楚。当你遇到问题时，可以多听听他们的建议，因为ESTJ是解决现实问题的靠谱高手，他们的建议往往都很靠谱。当你们发生冲突时，你需要以理性、冷静的态度与其沟通，避免过度情绪化。

反侵权盗版声明

电子工业出版社依法对本作品享有专有出版权。任何未经权利人书面许可，复制、销售或通过信息网络传播本作品的行为；歪曲、篡改、剽窃本作品的行为，均违反《中华人民共和国著作权法》，其行为人应承担相应的民事责任和行政责任，构成犯罪的，将被依法追究刑事责任。

为了维护市场秩序，保护权利人的合法权益，我社将依法查处和打击侵权盗版的单位和个人。欢迎社会各界人士积极举报侵权盗版行为，本社将奖励举报有功人员，并保证举报人的信息不被泄露。

举报电话：（010）88254396；（010）88258888
传　　真：（010）88254397
E-mail：　dbqq@phei.com.cn
通信地址：北京市万寿路 173 信箱
　　　　　电子工业出版社总编办公室
邮　　编：100036